AF829570

Fürstenberg
Soziale Unternehmenspolitik

Friedrich Fürstenberg

Soziale Unternehmenspolitik

Strategien und Perspektiven

Walter de Gruyter · Berlin · New York 1977

Dr. rer. pol. *Friedrich Fürstenberg*,
o. Professor an der Universität Linz/Österreich

Mit 6 Schaubildern im Text

CIP-Kurztitelaufnahme der Deutschen Bibliothek

Fürstenberg, Friedrich
Soziale Unternehmenspolitik, Strategien u.
Perspektiven. – 1. Aufl. – Berlin, New York,
de Gruyter, 1977.
ISBN 3-11-007022-7

© Copyright 1976 by Walter de Gruyter & Co., vormals G. J. Göschen'sche Verlagshandlung, J. Guttentag, Verlagsbuchhandlung, Georg Reimer, Karl J. Trübner, Veit & Comp., Berlin 30.
Alle Rechte, insbesondere das Recht der Vervielfältigung und Verbreitung sowie der Übersetzung vorbehalten. Kein Teil des Werkes darf in irgendeiner Form (durch Photokopie, Mikrofilm oder ein anderes Verfahren) ohne schriftliche Genehmigung des Verlages reproduziert oder unter Verwendung elektronischer Systeme verarbeitet, vervielfältigt oder verbreitet werden. Printed in Germany.
Einbandentwurf: Armin Wernitz, Berlin. Satz: Niko Jessen, Hamburg. Druck: Karl Gerike, Berlin. Bindung: Dieter Mikolai, Berlin.

Vorwort

Es gehört zu den Paradoxien der modernen Unternehmenswirtschaft, daß die Steigerung ihrer Leistungsfähigkeit in gleichem Maße neue soziale Probleme schafft und bestehende Ordnungen fragwürdig werden läßt. Unser Wirtschaftssystem erhält seine soziale Dynamik nicht zuletzt aus der Eröffnung neuer Wunschperspektiven auf der Grundlage wachsender, aber einseitiger Bedürfnisbefriedigung. Für eine verantwortungsbewußte Unternehmensführung bedeutet dies die Herausforderung eines ständigen Problemlösungsprozesses im Spannungsfeld wirtschaftlicher, technischer und sozialer Zielsetzungen.
Soziale Unternehmenspolitik ist deshalb mehr als bloße Ergänzung technisch-wirtschaftlicher Entscheidungen durch systematisierte betriebliche Sozialpolitik. Sie ist der Versuch, auf einer möglichst breiten Konsensus-Basis eine den gesellschaftlichen Veränderungen entsprechende Sozialordnung des Unternehmens zu schaffen. Hierzu sind neben der Mitwirkung der Beteiligten sozialorganisatorische Initiativen und Innovationen des Managements erforderlich.
Das vorliegende Buch soll hierfür einige Anregungen bieten. Es ist also nicht so sehr ein Lehrbuch für Studenten oder eine Sammlung von Management-Techniken. Es bietet nicht Rezepte, sondern Konzepte, weil der Verfasser davon überzeugt ist, daß soziale Unternehmensgestaltung stets situationsspezifisch von den Beteiligten selbst durchgeführt werden muß, die ja auch die Konsequenzen zu tragen haben. Sie müssen aber ihre Entschlüsse durch ein umfassendes Problembewußtsein fundieren. Insofern soll dieses Buch zur schöpferischen Auseinandersetzung mit der Praxis unter Berücksichtigung theoretischer Überlegungen und einschlägiger Forschungsergebnisse anregen.
Den persönlichen Erfahrungshorizont des Verfassers bildet eine nun 25-jährige Tätigkeit im sozialen Spannungsfeld der Industrie, als einfacher Arbeitnehmer, als leitender Angestellter, als „teilnehmender Beobachter“, als Leiter von Forschungsteams und als Hochschullehrer zukünftiger Ingenieure, Betriebswirte und Soziologen. Daraus entstand die Einsicht, daß nur ein ständiger Kreislauf von Problemstellungen und -lösungen zwischen Theorie, Forschung und Praxis Grundlagen für eine rationale Bewältigung der sozialen Aufgaben bieten kann, denen sich ein

modernes Management angesichts des Widerspruchs von Sacherfordernissen und Interessenlagen gegenübersieht. Hierin liegt die Chance einer wissenschaftlich gestützten fortschrittlichen Unternehmenspolitik, die der Persönlichkeits- und Organisationsentwicklung gleichermaßen dient.

Linz, im November 1976 Friedrich Fürstenberg

Inhalt

1. Soziale Unternehmenspolitik – eine Herausforderung des modernen Managements

Das Management steht vor der schwierigen Aufgabe, sich nicht allein ständig im marktwirtschaftlichen Leistungswettbewerb, sondern auch im gesellschaftlichen Wettbewerb der Wirtschaftsformen behaupten zu müssen. Zwar steht im Mittelpunkt seiner Aufgaben die optimale Erstellung von Wirtschaftsleistungen. Der am Markt zu erzielende Wirtschaftsertrag ist jedoch nicht alleiniges Kriterium hierfür, wie die fortdauernde Diskussion über mögliche Verschlechterungen der Lebensqualität unserer Bevölkerung anzeigt. Immer stärker wird die Aufgabenstellung einer rationellen Wirtschaftsführung mit der Übernahme bestimmter sozialer Verpflichtungen verknüpft. Während aber die Risiken unternehmerischer Entscheidungen aufgrund des technischen Fortschritts sowie der Marktausweitung und -verflechtung weithin anerkannt und deshalb auch mehr oder weniger bewältigt werden, reagiert man auf die *Risiken gesellschaftlicher Strukturwandlungen* eher emotional. Für manchen Manager erscheinen soziale Spannungen und Konflikte immer noch als eine Störgröße, deren Beseitigung er lieber anderen überläßt. Der unternehmerisch handelnde Mensch in unserer Gesellschaft ist aber nicht nur für technische und wirtschaftliche, sondern in seinem Bereich auch für soziale Problemlösungen zuständig. Diese soziale Dimension des unternehmerischen Entscheidungsfeldes wird besonders deutlich, wenn wir die Problemkreise der humanen Arbeitsgestaltung, der Verbesserung organisatorischer Flexibilität durch Mitarbeiterförderung, der Aktivierung zielorientierter Zusammenarbeit durch Mitwirkung und schließlich der Legitimation des Unternehmens in seiner gesellschaftlichen Umwelt betrachten.

Der traditionelle Schwerpunkt unternehmerischer Entscheidungen liegt im marktnahen Bereich und betrifft die Gestaltung von Arbeitsstrukturen oft nur indirekt. Gerade am Arbeitsplatz erlebt der Mitarbeiter jedoch den für ihn mehr oder weniger sinnvollen Leistungszusammenhang des Unternehmens unmittelbar. Eine soziale Unternehmenspolitik braucht deshalb auch Konzepte und Strategien für eine *Gestaltung von Arbeitsstrukturen und -abläufen*, die nicht allein aus wirtschaftlich-technischer Sicht zielführend, sondern aus der Sicht der Betroffenen annehmbar ist und Spielraum für deren Mitwirkungsmöglichkeiten läßt. Insofern sind die arbeitsplatzbezogenen Probleme im Unternehmen nicht bloße „Delegationsangelegenheiten". Investitionen z. B., die zu sozial fragwürdigen Arbeitsbedingungen führen, können für Jahre hinaus Konfliktstoff für Arbeitgeber-Arbeitnehmer-Verhandlungen im Unternehmen geben.

Jedes Unternehmen verändert sich fortwährend im Verlaufe interner Problemlösungen und in Auseinandersetzung mit den Herausforderungen seiner Umwelt. Es wäre kurzsichtig, diese Veränderungen lediglich als Anpassungsprobleme zu interpretieren und deshalb Vorgesetzte und Mitarbeiter zu Anpassungsvirtuosen heranzuzüchten. Wer im modernen wirtschaftlichen Konkurrenzkampf nur reagiert, verliert an Handlungsspielraum. Pointiert ließe sich sagen, daß man die Zukunft nur gewinnt, wenn man sie strategisch zu beeinflussen sucht. Deshalb müssen im Unternehmen Flexibilität und Kreativität miteinander verbunden sein. Nicht Veränderung an sich, sondern *schöpferische Veränderungen* sind notwendig. Ihr Ausgangs- und Zielpunkt ist aber stets menschliches Verhalten. Wenn zum Beispiel bestehende Informationsprobleme durch den Einsatz neuartiger Mittel, etwa einer EDV-Anlage zu bewältigen sind, ist hierzu ein umfassender Lernprozeß erforderlich. Es geht keineswegs nur darum, bestimmte Maschinen und Spezialisten einzusetzen, es geht vielmehr darum, Sinn, Zweck und Methode jedes Arbeitsablaufs in seinem technisch-wirtschaftlich-sozialen Zusammenhang zu überprüfen. Dies gelingt nur, wenn sich Menschen damit beschäftigen, die einen weiten Orientierungshorizont haben und sich auch die Sekundärauswirkungen ihrer Entscheidungen gerade auf die Zusammenarbeit im Unternehmen konkret vorstellen können. Dieser Aufgabe wird sich aber nur ein Management gewachsen zeigen, das sich von einem Kollegium von Fachexperten zu einem Team von Strategen zur schöpferischen Umwandlung der Organisation fortentwickelt. Das neue Bild der Organisation gleicht also eher einem kontinuierlichen Problemlösungsprozeß als einer bürokratisch festgefügten Struktur von Über- und Unterordnungsverhältnissen.

Ein zweites Grundproblem, dem sich jedes Management gegenübersieht, besteht darin, den Zwang zur Rationalisierung und Bürokratisierung durch *Mitwirkungsmöglichkeiten* zu mildern und an die Stelle der bloßen Hinnahme von Expertenentscheidungen gemeinsame, d. h. partnerschaftliche Bemühungen um Problemlösungen zu setzen. Hierin liegt der tiefere Sinn moderner Führungsmodelle. Hierbei geht es jedoch keineswegs um die Erfindung einer neuen Sozialtechnologie, sondern um glaubwürdig praktizierte „Industrial Statesmanship". Der Kern des Autoritätsproblems im Unternehmen und damit auch der Forderungen nach erweiterter Mitwirkung und Mitbestimmung ergibt sich aus der Tatsache, daß der arbeitende Mensch nicht nur Funktionsträger, sondern auch Vertreter von Interessen ist. In jedem Betrieb gibt es zweifellos eine Fülle sachbezogener Aufgaben, die nur funktional richtig gelöst werden können, wenn Kenntnisse und Erfahrungen vorhanden sind. In diesem Bereich hat offensichtlich die funktionale Autorität ihre Berechtigung. Daneben gibt es aber auch sehr entscheidende Bereiche, in denen es um die Bestimmung und Durchsetzung von Interessen der Mitarbeiter geht, zum Beispiel die Regelung der Arbeitsbedingungen. In diesen Fällen ist jede Person unmittelbar existentiell betroffen, so daß ihr Mitwirkungsrechte eingeräumt werden sollten. Wo also die Entscheidungen nicht zweckrationalen, sondern wertrationalen Charakter haben, also letztlich auf Wertvorstellungen der Interessenten beruhen, bleibt jeder Interessent im Grunde genommen seine eigene Autorität, die er lediglich zeitweilig delegieren kann. Es besteht also im Unternehmen ein Dualismus von Sacherfordernis und Interessenlage. Deshalb läßt sich das Autoritätsproblem von Führungskräften nur lösen, wenn gleichzeitig Sachgesetze anerkannt und Interessenlagen von vitaler Bedeutung respektiert werden. Der Spielraum für freiwillige Kooperation ergibt sich aus den Möglichkeiten des Interessenausgleichs.

Von entscheidender Bedeutung für die Möglichkeiten des modernen Managements, seine Aufgaben zu lösen, ist jedoch das *Legitimationsproblem.* Der Gestaltungsspielraum des Managements hängt immer von der Antwort auf die Frage ab, wer in welchem Umfange bestimmte Entscheidungen zu treffen hat und auf welches Recht er sich hierbei berufen kann. Zwar haben Führungsgremien in der modernen Industrie häufig eine quasi-technokratische Struktur. Dies darf aber nicht darüber hinwegtäuschen, daß sie in einem gesamtgesellschaftlichen Spannungsfeld operieren, dessen Rahmenbedingungen ebenso wie die aktuellen Kräftekonstellationen von unterschiedlichen Interessengruppen bestimmt werden. Allein aus wirtschaftlicher Sicht sind zum Beispiel die Belegschaft, die Zulieferer, die Kunden und die Eigentümer an den Unternehmensentscheidungen vital interessiert. Jedes Unternehmen steht aber darüber hinaus in engen Wechselbeziehungen mit seiner sozialen Umwelt und wirkt zugleich auch auf die Gestaltung von Lebensbedingungen ein, an denen eine breitere Öffentlichkeit interessiert ist. So wichtig es nun ist, gerade dem interessierten Laien klarzumachen, daß Unternehmensführung nur auf dem Niveau einer hohen Fachlichkeit, vielleicht sogar Wissenschaftlichkeit verantwortungsbewußt gehandhabt werden kann, so wichtig ist es andererseits, den Fachleuten im Unternehmen klarzumachen, daß Detaillösungen von Spezialproblemen und gestaltende Beeinflussung des Wirtschaftslebens mit all ihren Auswirkungen auf die Lebenslagen der Menschen zweierlei ist. Wer die Wirtschaftsnachrichten aufmerksam verfolgt, dem wird täglich deutlich, daß es im Wirtschaftsleben nicht allein darum geht, Mittel in hinreichender Qualität und Quantität zum rechten Zeitpunkt zur Verfügung zu stellen, sondern daß die Ziele, die den Mitteleinsatz steuern, von ausschlaggebender Bedeutung sind.

Das Management in unserer Gesellschaft rechtfertig sich deshalb nicht allein als Vertretungsinstanz von Eigentumsinteressen und auch nicht allein mit dem Hinweis auf spezielle Fachlichkeiten, ja nicht einmal allein mit dem Hinweis auf bisherigen Unternehmenserfolg. Hinzu kommt die Rechtfertigung aus einem *gesellschaftspolitischen Auftrag*, für dessen Verständnis in breiten Bevölkerungsschichten erst noch vom Management selbst geworben werden muß. Die Aufrechterhaltung einer positiven Einstellung gegenüber dem technischen Fortschritt, der marktorientierten Unternehmenswirtschaft und einer sich freiheitlich weiterentwickelnden betrieblichen Sozialordnung hängt davon ab, daß die Handlungen des Managements glaubwürdig bleiben. Dies ist nicht nur eine Frage der Verbesserung materieller Lebenslagen, sondern ebenso auch eine Frage der Herausbildung sinnvoller Lebensformen.

Es kann kein Zweifel darüber bestehen, daß die wirtschaftlichen Führungskräfte in unserer Gesellschaft eine zentrale Position einnehmen. Deren komplexe Dimension zu erkennen, ist unumgänglich erforderlich, damit situationsadäquat gehandelt werden kann. Technische, wirtschaftliche und soziale Herausforderungen müssen fortwährend analysiert werden. Die Flexibilität des unternehmerischen Handlungsfeldes hängt aber von schöpferischen Veränderungen ab. Um sie durchzusetzen, ist die Kooperation der Mitarbeiter erforderlich. Hierbei müssen die Führungskräfte ihre Befähigung zum Interessenausgleich beweisen. Das Ausmaß ihrer Vollmachten und damit ihres Entscheidungsspielraumes hängt aber letzlich davon ab, daß sie ihre Funktionen nicht allein vom technokratischen Standpunkt aus richtig, sondern vom gesellschaftspolitischen Standpunkt aus sinnvoll erfüllen. Insofern beruht die Anerkennung, die ein Führungsteam genießt, sowohl auf technisch-wirtschaftlichen Leistungen als auch auf einer glaubwürdigen sozialorganisatorischen Gestaltung der Zusammenarbeit. Darin liegt die Herausforderung einer sozialen Unternehmenspolitik für ein modernes Management.

2. Humane Arbeitsgestaltung

Der arbeitende Mensch hat meistens ein sehr persönliches Verhältnis zu seiner Umwelt. Er spricht von seinem Chef, seinen Kollegen, seinem Werkzeug. So ist auch der Übergang zwischen Sachproblemen und persönlichen Anliegen oft fließend. Hierfür ein Beispiel: Eine Werkstatt mit vorwiegend weiblicher Belegschaft war allgemein als „Irrgarten" bekannt. Gegen den Meister wurden zahlreiche Beschwerden vorgebracht, die schließlich zum Eingriff der Betriebsleitung führten. Die Werkstatt wurde geteilt, und jeder Mitarbeiterin blieb es freigestellt, zwischen dem alten Meister und einem neuen Vorgesetzten zu wählen. Drei Viertel entschieden sich für den alten Meister. Die Unzulänglichkeit objektiver Arbeitsbedingungen war offensichtlich zunächst dem Meister ganz persönlich angelastet worden, trotzdem überwog später die Einsicht in die Sachzusammenhänge. Auch der umgekehrte Fall, daß persönliche Probleme als vermeintliche Sachfragen vorgebracht werden, läßt sich in der Praxis oft beobachten: In der Gießerei eines Großbetriebes beklagten sich die Arbeiter ständig über eine erhebliche Beeinträchtigung durch Zugluft. Obwohl die Betriebsleitung recht kostspielige Maßnahmen zur Abhilfe traf, zeigten die Arbeiter weiterhin große Unzufriedenheit. Es stellte sich heraus, daß eine große Rivalität zwischen Stammarbeitern und Neulingen bestand, in der sich die Tonangeber durch möglichst radikale Forderungen Gehör zu verschaffen versuchten. Die sachlichen Mißstände hatten also nur Symbolcharakter für ganz andersartige soziale Spannungen.
Auch bei fortschreitender Rationalisierung in einer von den Arbeitsmitteln her immer stärker versachlichten Arbeitswelt besitzen also persönliche gefühlsbetonte Einstellungen ein großes Gewicht. Auf einen bestimmten Arbeitsbereich bezogen stellt ihre Summe das sogenannte „Arbeitsklima" dar. Man kann in einer Werkstatt oder in einer Abteilung durchaus feststellen, ob eine „gespannte" oder „gelockerte" Atmosphäre die Zusammenarbeit erschwert oder erleichtert. Die Kenntnis des Arbeitsklimas kann also wesentlich zur Diagnose sozialer Spannungen im Betriebsgeschehen beitragen. Allerdings wird manchmal vergessen, daß es sich beim Arbeitsklima um die Summe subjektiver Einstellungen zu sehr unterschiedlichen Problemen handelt, also um einen recht vielschichtigen Symptomkomplex. Bemühungen um die Verbesserung des

Arbeitsklimas erweisen sich deshalb regelmäßig als oberflächliche Symptomkuren, wenn sie lediglich auf eine Verbesserung sozialer Umgangsformen abzielen, etwa nach dem Motto: „Seid nett zueinander".
Das Arbeitsklima wird durch subjektive Einstellungen der arbeitenden Menschen bedingt. Diese hängen aber nicht nur von subjektiven Faktoren, wie z. B. der Persönlichkeitsstruktur oder der jeweiligen Arbeitsmotivation ab. Sie werden auch von der objektiven Situation geprägt, in der sich der arbeitende Mensch befindet. Sie hat einen technisch-wirtschaftlichen Aspekt, der sich in den Leistungsanforderungen des Arbeitsplatzes widerspiegelt, und einen sozialen Aspekt, der in der sozialen Organisation des Arbeitsablaufs deutlich wird. Jede Maßnahme, die Arbeitsmotivation, Arbeitsanforderung oder Arbeitsorganisation berührt, wirkt sich also letztlich auch auf das Arbeitsklima aus. Dementsprechend groß ist der Kreis der Instanzen, die spannungsfördernd oder spannungsmindernd das Arbeitsklima schaffen. Keineswegs ist hierbei stets in erster Linie an den unmittelbaren Vorgesetzten und seine Mitarbeiter zu denken. Das Dilemma der zweifellos notwendigen Vorgesetztenschulung besteht ja gerade darin, daß die erlernten, abstrakten Grundsätze fortschrittlicher Menschenführung in Situationen praktiziert werden sollen, die der Vorgesetzte nicht geschaffen hat und die er auch nur sehr begrenzt beeinflussen kann. Die Gestaltung der Arbeitssituation hängt wesentlich von der Tätigkeit betrieblicher Expertengruppen ab und von dem Ausmaß sozialer Einsicht, das sie dabei leitet. Hierbei ist u. a. an die Planung der räumlichen Verhältnisse, die Konstruktion der Maschinenausrüstung, die Schutzmaßnahmen für den arbeitenden Menschen, die Art und Anwendung des jeweiligen Lohnsystems, die Überwachung der Betriebsdisziplin und an vieles andere mehr zu denken. Da es sich hierbei meistens zunächst um die Lösung spezieller Fachprobleme handelt, schwindet mit wachsender Spezialisierung das Vorstellungsvermögen für die sozialen Sekundärwirkungen „fachgerecht" gelöster Probleme. Sicherlich kann hier manches dadurch verbessert werden, daß schon in der Grundausbildung der zukünftigen Techniker, Ingenieure und Betriebswirte auf die Auswirkungen ihrer späteren Tätigkeit im sozialen Spannungsfeld des Betriebes hingewiesen wird. Aber immer noch wird in der Praxis ein Fachmann in erster Linie für seine fachliche Zuständigkeit bezahlt. So sind entscheidende Fortschritte in der Verbesserung von Arbeitssituationen und damit auch der Verbesserung des Arbeitsklimas weniger von der Schulung als von der praktischen Erfahrung her zu erwarten. Diese Erfahrung muß geeignet sein, die Spezialisten miteinander

in Kontakt zu bringen, was zur Relativierung ihrer begrenzten Fachlichkeit führt. Wenn der Ingenieur sich mit dem Meister, dem Betriebsratsmitglied, dem Betriebswirt, dem Facharbeiter auseinandersetzen muß, wird ihm rasch klar, daß der Wirkungsgrad einer Maschine sich in der Praxis nicht nach einer einfachen Formel berechnen läßt.

Besondere Beachtung verdienen die Versuche, das Problem der Verbesserung des Arbeitsklimas oder grundlegender der humanen Arbeitsgestaltung nach alter Tradition wieder bestimmten Fachleuten zu übertragen. So gibt es in manchen Unternehmungen „Renommierpsychologen", „Renommiersoziologen" und andere Experten, die Denkschriften ausarbeiten, Vorträge halten und letztlich doch nur einen sehr begrenzten Wirkungskreis haben. Ähnliche Gefahren drohen auch dem Arbeitsingenieur, der mit dem Vorsatz einer Bestgestaltung der Arbeitsbedingungen seine Tätigkeit aufnimmt. Diese Bestgestaltung kann aber in der Praxis eine Person allein unmöglich bewirken. Sie müßte deshalb als „sozialer Katalysator" auftreten, alle Beteiligten zur Mitwirkung an diesen Problemen stimulieren und in der Lage sein, hierfür organisatorische Vorkehrungen, z. B. die Einrichtung bestimmter Arbeitsteams, zu treffen. Geschieht dies nicht, so wird nur eine Expertenposition mehr geschaffen, die dem einzelnen Arbeitnehmer den Eindruck einer immer komplexer werdenden bürokratischen Superstruktur stärkt.

Wer die Bedürfnisse des arbeitenden Menschen ernst nimmt, kann nicht dessen subjektive Einstellungen übersehen und an ihnen vorbeiplanen. Man muß also in der Lage sein, das Arbeitsklima, wie es sich in vielen kleinen Einzelheiten (Beschwerden, Fehlzeiten, Vorschläge, Arbeitsplatzwechsel) zeigt, zu diagnostizieren. Dies setzt die Fähigkeit zur Objektivierung personaler und sozialer Probleme voraus. Eine weitere Aufgabe ist, aus der Diagnose die richtigen Schlüsse zu ziehen und wirksame Maßnahmen zur Behebung von Mißständen zu treffen. Dies mag von der Anordnung her Sache eines einzelnen sein, die Aufgabe selbst kann jedoch nur in effektiver Teamarbeit geleistet werden. In Großunternehmen können interdisziplinär zusammengesetzte „Arbeitswissenschaftliche Teams" beachtliche Erfolge erzielen. Man sollte sich jedoch vor dem Kurzschluß hüten, die Verbesserung der Arbeitssituation sei Angelegenheit der Fachleute. Die Realität des sozialen Spannungsfeldes, das die betriebliche Wirklichkeit bildet, beruht auf zwei Grundvoraussetzungen: den technisch-wirtschaftlich-organisatorischen Sacherfordernissen und den subjektiven Interessenlagen der beteiligten Personen und Gruppen. Sachprobleme werden durch Anwendung der Sachlogik gelöst. Interessenkonflikte werden durch Interessenausgleich beigelegt. Beides ist erforderlich, um die Arbeitswirklichkeit zu „humanisieren". Daraus ist zu folgern, daß Fachleute im Betrieb nicht unter sich bleiben dürfen, sondern mit den Interessenlagen der von ihren Entscheidungen Betroffenen konfrontiert werden müssen. Das Arbeitsklima spiegelt Sacherfordernis und Interessenlage wider. Die sachlichen Voraussetzungen zu seiner Verbesserung werden deshalb auch nur dann wirksam, wenn die Betroffenen zu der Einsicht gelangt sind, daß dies in ihrem Interesse geschieht.

2.1 Das Arbeitsverhalten in sozialorganisatorischer Sicht

Als Arbeit können wir den Leistungsaufwand des Menschen bei der systematischen Lösung von Aufgaben bezeichnen, die der Anpassung an eine natürliche oder soziale Umwelt oder ihrer Veränderung dienen. Das Arbeitsverhalten als leistungsbezogenes Handeln ist in allen höheren Kulturformen eingebettet in einem komplexen sozialen Zusammenhang. Man arbeitet nicht isoliert, sondern auf die Mitmenschen bezogen. Die entsprechende Forschung hat sich bisher bemüht, die sozialen Determinanten des Arbeitsverhaltens nach drei Richtungen hin zu untersuchen.
Einen Ansatzpunkt bildet die Frage nach der auch bei fortschreitender Rationalisierung und Automatisierung nicht an Bedeutung verlierenden *Arbeitsmotivation*. Es hat sich gezeigt, daß entgegen den schematischen Annahmen der klassischen Nationalökonomie und der frühen Psychotechnik die Arbeitsmotivation nicht allein von der Lohnhöhe abhängt, sondern ein komplexer, sozial vermittelter Sachverhalt ist. Er wird auch nicht durch eine rein technisch-wirtschaftliche Rationalisierung kontrollierbar.
Ein zweiter Ansatzpunkt sind die Formen der *Arbeitsorganisation*. Auch hier hat sich gezeigt, daß die Art und Weise, in der Menschen im Arbeitsablauf miteinander in Beziehung treten, nicht ein zufälliges Nebenprodukt wirtschaftlich-technischer Planung ist. Wir müssen die Arbeitsorganisation als einen selbständig wirkenden sozialen Tatbestand auffassen, der große Bedeutung für das Leistungsverhalten hat.
Ein dritter, immer wichtiger werdender Ansatzpunkt sind schließlich die Richtung und das Ausmaß der *Arbeitsnormierung*. Darunter sind die Bestimmungsgründe der Regelung eines Arbeitsvollzugs zu verstehen, z. B. Umfang, Qualität und Zeitaufwand einer bestimmten Arbeitsaufgabe, sowie die hierbei einzuhaltenden Vorschriften, wie etwa Unfallverhütung u.

dgl. Auch hierbei handelt es sich um soziale Sachverhalte mit eigengesetzlicher Wirkungsweise.
Aus soziologischer Sicht wird also das Arbeitsverhalten in seiner jeweiligen Form und Intensität durch die Arbeitsmotivation, die soziale Organisation des Arbeitsablaufs sowie durch die jeweilige Arbeitsnormierung bestimmt. Dieser Wirkungszusammenhang wird nicht allein durch die jeweiligen Arbeitsverhältnisse im engeren Sinne, z. B. die Struktur eines Betriebes oder einer Behörde bestimmt. Auch die Merkmale des gesamtgesellschaftlichen Kulturzusammenhangs, wie z. B. soziale Lebensformen, die soziale Machtverteilung und die in der Gesellschaft vorhandenen und geltenden Wertvorstellungen sind bedeutsam. Wir wollen uns in unserer Darstellung aber im wesentlichen auf die Analyse der drei zuerst hervorgehobenen Determinanten des Arbeitsverhaltens konzentrieren.

Bestimmungsgründe der Arbeitsmotivation
Die Einstellung des Menschen zu seiner Arbeit und die Zielsetzungen, die er dabei verfolgt, sind nicht allein auf persönliche, schon bei der Geburt vorhandene Anlagen zurückzuführen. Die Arbeitsmotivation als zielgerichteter Verhaltensantrieb wird in der Regel erlernt. Ihre Grundstruktur bildet sich im Verlauf des Hineinwachsens des Menschen in die Gesellschaft heraus. Hierbei spielen die Erziehungseinflüsse eine grundlegende Rolle. Ebenso wichtig sind aber auch die in der konkreten Arbeitssituation vorhandenen Leistungsanreize. Die Leistungsanreize wirken gleichsam als Katalysatoren, die eine gegebene Motivation aktivieren.
Die im arbeitenden Menschen wirkenden Antriebskräfte sind auch durch kulturelle Traditionen vermittelt, die ihrerseits wieder die Erziehungsziele prägen. Die vielfältigen Erfahrungen mit Arbeitskräften in und aus den Entwicklungsländern haben neuerdings die aktuelle Bedeutung solcher Zusammenhänge zwischen kulturellem Wertsystem und Arbeitsmotivation bestätigt. Wir brauchen aber gar nicht in die Vergangenheit oder in die Entwicklungsländer zu gehen, um entsprechende Erfahrungen zu sammeln. Auch die gegenwartsbezogene arbeitssoziologische Forschung hat die Tatsache erhärtet, daß es viele Formen kulturell vermittelter Arbeitsmotivationen gibt. Die Untersuchungen des amerikanischen Soziologen William Foote Whyte und seiner Mitarbeiter zeigen, daß es selbst in der Arbeiterschaft mit gleichem Ausbildungsniveau sehr unterschiedliche Motivationsstrukturen gibt. Sie wurden schon durch die Er-

ziehung im Elternhaus vorgeprägt. So stellte Melville Dalton im Verlauf einer vierjährigen teilnehmenden Beobachtung fest, daß es unter den 300 Beschäftigten seiner Werkstatt drei Gruppen von Akkordarbeitern gab, die jeweils unterschiedliche Leistungsniveaus zeigten. Die hochproduktiven Arbeiter waren ländlicher oder kleinstädtischer Herkunft und hatten kleinbürgerlich-individualistische Lebensziele. Die Gruppe der Personen mit geringer Arbeitsleistung stammte aus der großstädtischen sozialen Unterschicht und war von starker Gruppensolidarität geprägt. Die dritte Gruppe mit durchschnittlichem Leistungsniveau hielt auch die Mitte zwischen solidaritätsfördernder und wettbewerbsbetonender Grundeinstellung. Zweifellos ist auch im europäischen Kulturbereich die Stärke der Orientierung an der Gruppensolidarität oder an der individualistischen Leistungskonkurrenz in verschiedenen Kreisen der Arbeitnehmerschaft unterschiedlich. Sie wirkt sich in jedem Falle auf das Leistungsverhalten aus.

Manchmal wird die Auffassung vertreten, der moderne Mensch sei in wachsendem Maße zweckrational motiviert und strebe allein den höheren Geldverdienst an. Dies sei insbesondere eine Folge seiner fast vollständigen Einbettung in die monetäre Erwerbswirtschaft und die dadurch gegebene Abhängigkeit vom Geldverdienst. Diese Meinung ist jedoch einseitig, wie z. B. genauere Analysen von Arbeitskonflikten immer wieder zeigen. Zwar ist das Verdienstniveau sehr wichtig, aber es ist keineswegs ausschließliches Anliegen des Arbeitnehmers. Es gibt auch viele nicht zweckrational erklärbare Reaktionen im Arbeitsleben. Schließlich müssen wir uns auch fragen, ob nicht der zu beobachtende Wunsch nach Mehrverdienst zugleich die Unmöglichkeit reflektiert, andere Ansprüche und Wünsche im Rahmen der gegebenen Arbeitsverhältnisse zu verwirklichen. Sicherlich ist die geldorientierte und damit auch zugleich konsumbestimmte Grundhaltung vieler Arbeitnehmer ein Aspekt unserer spätkapitalistischen Zivilisation, die ihrerseits einem raschen Wandel unterworfen ist.

Die kulturelle Entwicklung von Arbeitsmotivationen ist insbesondere Gegenstand wissenschaftlicher Forschungen von Wladimir Eliasberg gewesen. In seiner schon 1926 veröffentlichten Lehre von den Motivationsstufen gibt er einen großen historischen Überblick. Er unterscheidet hierbei die Stufen des Zwangs, der freiwilligen rationalen Einordnung, der Hingabe, der Revolte und schließlich der Selbstbestimmung. Entsprechend den jeweiligen sozialen Verhältnissen sind die Motivationsstufen unterschiedlich ausgeprägt. Eliasberg kam zu der Schlußfolgerung,

daß in der modernen Arbeitswelt die Schaffung wirtschaftlicher Arbeitserträgnisse vorwiegend auf der Motivationsstufe der übermäßigen rationalen Einordnung beruhe. In diesem Zusammenhang verweist er etwa auf jene Angestellten, die fast ganz in ihrer Tätigkeit aufgehen und beispielhaft im Hinblick auf Gewissenhaftigkeit und Sorgfalt sind. Die Kehrseite dieser übertriebenen Hingabe an das Berufsleben sei jedoch eine wachsende Ungeselligkeit und Vereinsamung.
Neuere Forschungen in automatisierten Betrieben haben die Tatsache bestätigt, daß auch bei weit fortgeschrittener Rationalisierung und Spezialisierung die Menschen wie eh und je eine komplexe Arbeitsmotivation zeigen. In ihr spiegelt sich der gesamtgesellschaftliche Zusammenhang wider und damit auch ein bestimmtes Kulturniveau. Daraus ergibt sich die Folgerung, daß am Arbeitsplatz selbst diese umfassenden Wirkkräfte nicht völlig umgestaltet werden können. Man kann sie fördern, vielleicht auch modifizieren. Die Arbeitsmotivation selbst läßt sich aber nicht von irgendwelchen Spezialisten im Betrieb vollständig umstrukturieren. Wer dies annimmt, wird zum Rationalisierungsutopisten. Eine bessere Erkenntnis der unterschiedlichen Motivationsstrukturen der Mitarbeiter kann aber zweifellos dazu beitragen, daß sie in richtiger Weise und am richtigen Platz eingesetzt werden. So wird es auch möglich, Leistungsanreize vernünftig zu planen. Hier ist in der Vergangenheit viel falsch gemacht worden. Insbesondere die manchen Einzelakkordsystemen zugrunde liegende Auffassung, der einzelne Arbeiter reagiere ganz individuell und unmittelbar auf die Chance eines persönlichen Mehrverdienstes, hat die innerbetrieblichen Arbeitsbeziehungen mit manchem Konfliktstoff angereichert.
Von praktischer Bedeutung ist vor allem die Umwandlung allgemeiner Motivationen in situationsspezifische Interessen. In Kapitel 2.3 wird gezeigt werden, daß im Betrieb insbesondere das Interesse des arbeitenden Menschen an der Verwertung, Erhaltung und Gestaltung seiner Arbeit zu berücksichtigen ist.

Soziale Aspekte der Arbeitsorganisation
Während die Frage nach der Arbeitsmotivation und ihren Beeinflussungsfaktoren auch von der betrieblichen Sozialpsychologie untersucht wird, ist die Erforschung der Wechselbeziehungen zwischen Arbeitsorganisation und Arbeitsverhalten die eigentliche Domäne arbeitssoziologischer Forschung. Den entscheidenden Impuls gaben hier die berühmten Hawthorne-Experimente unter Leitung von Elton Mayo. Durch sie konnte

nachgewiesen werden, daß neben der offiziellen Formalorganisation im Betrieb noch informelle Gruppenbildungen bestehen, die sich auf das Arbeitsverhalten auswirken können. Diese an sich richtige Grunderkenntnis führte allerdings dazu, daß man in der innerbetrieblichen Gruppenpflege ein Allheilmittel gegen soziale Spannungen erblickte. Durch derartige betriebspolitische Reformpläne wurden die wissenschaftlichen Erkenntnisse häufig überinterpretiert und unzulässig verallgemeinert. Zunächst einmal haben auch informelle Gruppen im Betrieb in der Regel nur eine begrenzte Bedeutung im unmittelbaren Arbeitsfeld des Menschen. Außerdem muß die Bindung an informelle Gruppen nicht notwendigerweise von vornherein leistungssteigernd wirken. Es gibt auch das Phänomen des Gruppenzwangs, das den einzelnen behindert, und die Erscheinung der kollektiven Leistungszurückhaltung.

Von bleibender Bedeutung ist jedoch die Erkenntnis der amerikanischen Mayo-Schule, daß jede Arbeitsverrichtung, jeder Arbeitsablauf in einen sozialen Wirkungszusammenhang eingebettet ist. *Es genügt deshalb für eine soziale Arbeitsorganisation nicht, das Verhalten des arbeitenden Menschen gleichsam nur punktuell zu studieren, um seine Beeinflussungsfaktoren zu erkennen.* Das Verhalten des arbeitenden Menschen wird durch diese übergreifenden organisatorischen Zusammenhänge wesentlich geprägt. Ohne eine genaue Situationskenntnis kann das Verhalten des einzelnen Menschen in der Arbeitswelt gar nicht erklärt werden. Es genügt auch nicht, die einzelnen Arbeitnehmer im Hinblick auf diese Probleme zu befragen, denn der einzelne wird sich selten dieser Tatsachen ganz bewußt. Viele Schwierigkeiten, die sich für den arbeitenden Menschen im Betriebsleben ergeben, sind nur im Hinblick auf die übergreifende Arbeitsorganisation zu erklären. Hier treten teilweise widerstreitende Ansprüche auf, denen der einzelne nur schwer gerecht werden kann. So sind z. B. häufig die Anforderungen an Genauigkeit und an ein einzuhaltendes Produktionstempo nur schwer zu vereinen, ebenso wie Anforderungen an Gruppensolidarität und Leistungskonkurrenz oder an die Loyalität gegenüber dem Vorgesetzten und an die Einhaltung objektiver allgemeiner Weisungen. Je mehr wir über die allgemeine Arbeitsorganisation wissen, die ein soziales Spannungsfeld ist, desto leichter fällt es auch, Konfliktursachen im Einzelfall zu erkennen und zu mildern.

Leider sind gegenwärtig soziologische Analysen der Arbeitsorganisation noch relativ selten. Stattdessen verläßt man sich in der Praxis häufig noch auf eine einseitig technisch-wirtschaftliche Sichtweise, die auf der vermeintlichen Erkenntnis beruht, es gebe bestimmte Verhaltenskonstanten des arbeitenden Menschen. Dies gilt am ehesten noch im rein physiologischen Bereich, wo man z. B. feststellen kann, wie hoch eine Lärmbeeinflussung sein kann, ohne zu einer Gehörschädigung zu führen. Die fortschreitende Rationalisierung führt jedoch zu einer Belastungsverschiebung im Arbeitsprozeß. Er wird nun immer stärker durch psychische und soziale Anforderungen gekennzeichnet, die sich kaum noch durch meßbare Konstanten erfassen lassen. Um so bedeutsamer wird es nun für den Betriebspraktiker, sich die Gesamtsituation vorzustellen, die vom arbeitenden Menschen zu bewältigen ist. Die Berechtigung dieser Forderung wird einleuchtend, wenn wir z. B. die Strukturwandlung der Arbeitsorganisation bei Einführung der Automatisierung betrachten. An die Stelle des Hand-in-Hand-Arbeitens von bestimmten festfixierten Einzelarbeitsplätzen aus tritt nun die abstrakte Verknüpfung von Funktionen, die durch hochkomplexe Aggregate vermittelt wird, wie z. B. eine Crackanlage zur Benzingewinnung, eine Transferstraße zur Herstellung von Motorblöcken oder auch eine Großrechenanlage in einer Bank. Nicht nur der Inhalt der einzelnen Arbeitsverrichtung verändert sich hierdurch grundlegend, sondern auch die traditionelle Vollmachtabgrenzung und damit das System der Über- und Unterordnung im Betrieb. Die betriebliche Gruppenstruktur, insbesondere die Zugehörigkeit des arbeitenden Menschen zu bestimmten Kollegenkreisen wird ebenfalls tiefgreifend beeinflußt. Selbstverständlich haben diese einschneidenden Änderungen auch Änderungen des Arbeitsverhaltens zur Folge. Sie lassen sich aber nicht allein durch eine Untersuchung dessen erfassen, was der einzelne unmittelbar tut, sondern nur durch eine weitere Analyse der übergreifenden organisatorischen Strukturen.

Merkmale der Arbeitsnormierung

Wir kommen nun zum dritten Beeinflussungsfaktor des Arbeitsverhaltens, zur Arbeitsnormierung. Es ist allgemein bekannt, daß die moderne Arbeit dem Menschen nur ein sehr begrenztes Maß an Spontaneität und Eigeninitiative läßt. Das Arbeitsverhalten ist normiertes Verhalten, d. h. zur Erreichung des Arbeitszwecks ist die strenge Einhaltung von Sachgesetzen erforderlich. So steht z. B. jegliches Arbeitsverhalten unter dem Zwang zur Effizienz, die die Einhaltung bestimmter Vorschriften zur Bedingung hat. Andererseits ist aber das genaue Verhalten des arbeitenden Menschen in vielen Arbeitssituationen nicht völlig festgelegt. Wir können hier einen Spielraum, etwa eine gewisse Toleranz hinsichtlich der Reaktionsgeschwindigkeit oder der Einhaltung von Qualitätsvorschriften

u. dgl. feststellen. Während nun die unabdingbaren Erfordernisse eines rationalen Arbeitsvollzugs in wachsendem Maße von Maschinen und Apparaturen erzwungen werden, also die Normenkontrolle schon in der Arbeitsvorbereitung stattfindet, gibt es hinsichtlich der Verhaltensspielräume nur die Kontrolle durch die Aufsicht des Vorgesetzten. Die Arbeitsnormierung ist also einmal von der Sache her, zum anderen von der Person her gewährleistet. Diese Teilung hat eine für die Soziologie des Arbeitsverhaltens ausschlaggebende Bedeutung, denn daraus ergibt sich, daß der arbeitende Mensch in zweifacher Weise die Normierung seines Verhaltens erfährt. Einmal stellt sie sich als eine objektive Zwangsläufigkeit dar, gegen die man schlechthin nichts einwenden kann, es sei denn, man sei in der Lage, die sachlogischen Entscheidungen von Spezialisten zu kritisieren. Demgegenüber kann die Arbeitsnormierung über den Weg der persönlichen Autorität des Vorgesetzten durchaus den emotionalen Protest hervorrufen. Es kann sogar so sein, daß bei immer stärker werdendem Sachzwang gerade dieser Weg als eine Möglichkeit des Selbstausdrucks des arbeitenden Menschen an Bedeutung gewinnt. Das bedeutet, daß Menschenführung, d. h. die soziale Gestaltung des Leistungsvollzugs, immer schwieriger wird. Persongebundene Autorität im Arbeitsleben wird zweifellos nur durch eine Ergänzung, wenn nicht sogar eine Fundierung durch funktionale Autorität diese Krisensituation überdauern. Darüber hinaus wird die Erzielung von Konsensus durch Mitwirkung immer wichtiger.

Die Konsequenzen zeichnen sich bereits ab. Immer mehr werden zumindest die technisch-wirtschaftlichen Vorschriften zum Ausdruck technisch-wirtschaftlicher Sachlogik. Diese kann der Vorgesetzte nicht ändern, jedoch situationsbezogen interpretieren. Das bringt den Vorgesetzten gleichzeitig in die Rolle des Ausbilders seiner Mitarbeiter. Sein Erfolg oder auch Mißerfolg hängen entscheidend von seinem pädagogischen Geschick einerseits und dem geistigen Fassungsvermögen der Mitarbeiter andererseits ab. Da auch die Überwachung des Arbeitsablaufs dem Vorgesetzten häufig durch hochmechanisierte Einrichtungen abgenommen wird, gewinnt er andererseits Spielraum für diese neuen Aufgaben einer Vermittlung sachlogischer Arbeitsnormen durch person- und situationsbezogene Auslegung.

Dieser Rationalisierungsprozeß der Arbeitsnormierung wird in seinen Fortschritten weitgehend davon abhängen, in welchem Ausmaß Arbeitsprozesse überhaupt sachlogisch gesteuert werden können und die Beteiligten in der Lage sind, diese sachlogischen Zusammenhänge zu akzeptieren. Eine völlige Rationalisierung des Arbeitsverhaltens wird jedoch von dieser Seite her nicht erreichbar sein. Dies hängt damit zusammen, daß Sachlogik stets partielle Bedeutung hat. Es gibt sachlogisch begründete technische, wirtschaftliche und soziale Regelungen, die zudem nicht immer klar voneinander abgegrenzt sind. So entstehen häufig auch Widersprüche zwischen technischer Sachlogik einerseits und sozialer Sachlogik andererseits. Damit tritt das Problem auf, welcher Fachmann die entstehenden Probleme auf übergeordneter Basis lösen kann. Hierfür wäre ein allgemeiner Konsensus über die grundlegenden Ziele, die sich durch Arbeit verwirklichen lassen, erforderlich. Davon sind wir aber gerade in der industriellen Arbeitswelt noch weit entfernt. So bieten die entstehenden Kompromißformeln auch immer wieder Ansatzpunkte für Ermessens- und Interpretationsspielräume.

Unsere Ausführungen sollten zeigen, wie die Analyse von Arbeitsmotivation, Arbeitsorganisation und Arbeitsnormierung zu einer besseren Kenntnis des Arbeitsverhaltens beitragen kann und wie damit zugleich auch die Voraussetzungen für eine sachadäquate Gestaltung der Arbeitsbedingungen zu schaffen sind. Wir dürfen allerdings nicht vergessen, daß dieser soziologische Problemansatz sich auf die Geschehnisse im engeren, durch die Organisationsstruktur des jeweiligen Unternehmens oder der jeweiligen Behörde abgegrenzten Arbeitsfeld bezieht. Nun sind aber die Vorgänge in diesem Ausschnitt der sozialen Gesamtwirklichkeit keineswegs unabhängig von Umwelteinflüssen.

Umfassende technisch-wirtschaftliche Wandlungen und Veränderungen im gesamtgesellschaftlichen Kulturzusammenhang wirken sich auch auf das Arbeitsverhalten aus. In dieser Hinsicht ist etwa nur daran zu denken, daß unsere moderne Lebensweise mit der Trennung von Wohnort und Arbeitsstätte, von Arbeitszeit und Freizeit ganz andere Verhaltensweisen am Arbeitsplatz hervorruft als dies etwa zu einer Zeit noch der Fall war, als Arbeitsraum und Lebensraum weitgehend identisch waren. Überreste dieser Lebensformen treffen wir z. B. noch bei Bauern, selbständigen Handwerkern und Kleinhändlern an. Immer noch können wir auch unterschiedliche Einstellungen zur Arbeit, etwa bei Frauen und Männern, bei jungen und alten Menschen, bei Hilfsarbeitern und Akademikern u. dgl. feststellen. Diese Unterschiede im Arbeitsverhalten spiegeln oft auch relative soziale Benachteiligungen wider. Besonders deutlich wird uns das, wenn wir einmal unser eigenes Land verlassen und das Arbeitsverhalten in Entwicklungsländern beobachten. Was uns dort besonders auffällt, sind aber Auswirkungen von Zusammenhängen, die sich in wesentlich gemilderter Form auch bei uns zu Hause nachweisen lassen. So können wir zusammenfassend zu dem Schluß kommen, daß sich im Arbeitsverhalten des Menschen wesentlich mehr ausprägt als nur eine Reaktion auf technisch-wirtschaftliche Anforderungen und Rationalisierungsmaßnahmen, nämlich die kulturellen und sozialen Werte einer Epoche. Damit wird aber zugleich auch festgestellt, daß zumindest in nächster Zukunft die möglichst genaue Kenntnis der sozialen Einflußgrößen und ihrer Wirkungsweise auf das Arbeitsverhalten grundlegend auch für die Organisation leistungssteigernder und spannungsmindernder Zusammenarbeit bleibt. Diese Erkenntnis soll nun zu einer kritischen Auseinandersetzung mit aktuellen Problemen der Arbeitsgestaltung dienen.

2.2 Soziale Beeinflussungsfaktoren des Arbeitsstudiums

Im rationalisierten Betrieb erfolgt die sozialorganisatorische Gestaltung der Arbeit weitgehend auf der Grundlage von Arbeitsstudien. Die soziale Problematik des Arbeitsstudiums ergibt sich aus dem Grundsachverhalt, daß es nicht unter experimentellen Bedingungen durchgeführt werden kann. Da eine völlige Umweltkontrolle also nicht erreichbar ist, wirken auch auf die Untersuchungsergebnisse Beeinflussungsfaktoren ein, deren Eigengewicht je nach der Umweltstruktur wechselt. Es ist deshalb von mitentscheidender Bedeutung für die Gültigkeit der Arbeitsstudien, daß die mit ihnen betrauten Fachleute über die jeweilige Betriebsumwelt informiert sind. Hierbei ist zu beachten, daß sich technische und wirtschaftliche Zielsetzungen stets nur im Rahmen von Wechselbeziehungen zwischen Individuen und Gruppen verwirklichen lassen. Dieser Sachverhalt legt eine Erweiterung der Sichtweise des Arbeitsstudien-Fachmannes nahe. Während detaillierte Kenntnisse über technologische Abläufe und Verfahren sowie über betriebswirtschaftliche Grundsätze schon seit langem zu seinem Rüstzeug gehören, begnügt er sich doch auch heute noch weithin mit sehr globalen Aussagen über die sozialen Komponente seiner Tätigkeit. Es heißt z. B., daß der arbeitende Mensch im Mittelpunkt zu stehen habe, und hierfür werden auch einige psychologische Leitsätze herangezogen. Der Hinweis auf *den* arbeitenden Menschen ist aber der Hinweis auf eine abstrakte Fiktion. Man kann über *den* Menschen ebenso sprechen wie über *die* Maschine oder *die* Betriebskosten und vergißt dabei, daß erst die jeweilige Situation diesen Begriffen einen Bedeutungsgehalt gibt. So muß weithin noch damit gerechnet werden, daß bei den Rationalisierungs-Fachleuten eine gewisse Unklarheit über die sozialen Beeinflussungsfaktoren ihrer Tätigkeit zur Unklarheit über die soziale Reichweite des eigenen Handelns führt. Es soll nun der Versuch unternommen werden, durch eine Darstellung des sozialen Spannungsfeldes, in dem das Arbeitsstudium durchgeführt wird, einen Beitrag auch zur Analyse des Handlungsraumes zu liefern, den der Fachmann für Arbeitsstudien besitzt (vgl. Schaubild 1).

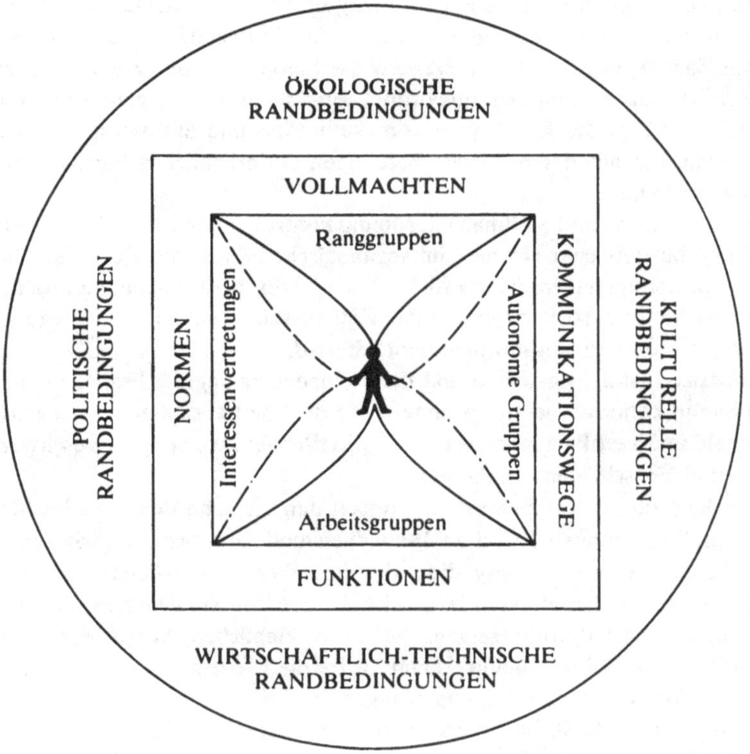

Schaubild 1. Das soziale Spannungsfeld der Organisation

Der soziale Einflußbereich der Arbeitsstudien

Aus soziologischer Sicht erscheint die betriebliche Umwelt des Arbeitsstudien-Fachmannes als ein soziales Spannungsfeld. Seine beiden Pole sind die institutionelle Rahmenordnung und das soziale Interaktionsgefüge. Zur Rahmenordnung gehören alle Merkmale der Betriebsorganisation, die unabhängig von den jeweils tätigen Personen Gültigkeit beanspruchen und deren Beachtung bzw. Befolgung erzwungen werden kann. Im einzelnen handelt es sich hierbei zunächst um die Funktionen bzw. Funktionskreise der im Betrieb Tätigen. Sie ergeben sich aus dem Betriebszweck und den Formen betrieblicher Arbeitsteilung. Ohne diese Grundbedingung der Festlegung der jeweiligen Arbeitsaufgabe und eines Systems von Arbeitsabläufen kann kein Betrieb bestehen.

Ein zweiter Aspekt der Rahmenordnung sind die Vollmachten, ihre Definition und ihre Verteilung. Erst durch die Festlegung von Befugnissen über Sachen und Menschen werden die Funktionen unter einheitlichen Gesichtspunkten einander zugeordnet. Eng mit der Festlegung von Vollmachten hängt die Entstehung von Autoritäts- und Statussymbolen zusammen, die aus der Sicht der Beteiligten ein erhebliches Eigengewicht erhalten können.

Um Funktions- und Vollmachtausübung kontrollierbar zu machen, ist ein System betrieblicher Normen im soziologischen Sinne des Begriffes, also von Verhaltensregeln erforderlich. Ihnen liegen ganz bestimmte arbeitstechnische und sozialökonomische Zielvorstellungen zugrunde, wie es etwa bei den Leistungsnormen deutlich wird.

Schließlich ist als vierter Aspekt der Rahmenordnung die Festlegung der Kommunikationswege zu erwähnen. Für den Betriebsablauf ist der horizontale und vertikale Austausch von Mitteilungen, Weisungen, Beschwerden und Vorschlägen unerläßlich.

Innerhalb dieser Rahmenordnung finden nun die zahllosen tatsächlichen Wechselbeziehungen zwischen Individuen und Gruppen statt. Sie konstituieren das Interaktionsgefüge, das eigentliche „Sozialleben" des Betriebes. Auch hier müssen wir verschiedene Merkmale unterscheiden. Wenn wir einmal voraussetzen, daß im betrieblichen Arbeitsleben niemand sozial isoliert bleiben kann, wird die Bedeutung der verschiedenen Formen sozialer Gruppierungen im Interaktionsgefüge deutlich. Einmal gibt es die Arbeitsgruppen, die zunächst formal durch Zuordnung der Arbeitnehmer im Rahmen eines Abschnitts des Arbeitsablaufes entstehen. Sie können sich aber auch informal durch spontane Bindungen der durch den Arbeitsprozeß koordinierten Personen bilden. Einen anderen Entstehungsgrund haben die Ranggruppen, Verbindungen von Menschen mit gleicher Stellung im Rahmen der Betriebshierarchie. Ein entsprechendes Zugehörigkeitsgefühl kann durch tatsächlich gleiche Vollmachten, aber auch durch Beteiligung an den gleichen Autoritäts-

und Statussymbolen geweckt werden. Neben diesen beiden Gruppentypen gibt es noch autonome Sozialbeziehungen, die sich nicht am Betriebszweck orientieren, sondern außer- oder überbetriebliche Bindungen, z. B. zwischen Freunden oder Vereinsmitgliedern reflektieren. Schließlich entstehen noch Gruppierungen im Betrieb durch die Interessenvertretungen der Arbeitnehmer, insbesondere den Betriebrat, der ja ein nach gesetzlichen Vorschriften konstituiertes soziales Organ ist.
Dieses soziale Spannungsfeld bildet also den Rahmen für all die Vorgänge, die Techniker und Wirtschaftler zum speziellen Gegenstand ihrer Tätigkeit machen. Aber diese Vorgänge sind auch soziale Erscheinungen oder zumindest sozial bedingt. Deshalb ist es so wichtig, die jeweilige soziale Betriebstruktur zu kennen und zu berücksichtigen. Auch die Methodik des Arbeitsstudiums, die dazu dient, betrieblich vorgegebene Leistungsziele zu verwirklichen, muß situationsgebunden angewendet werden, soll sie erfolgreich sein. Wir wollen nun im einzelnen untersuchen, wie das Arbeitsstudium auf das soeben beschriebene betriebliche Spannungsfeld einwirkt.
Betrachten wir zunächst den Komplex der *Arbeitsgestaltung*, so können wir feststellen, daß es sich hierbei im wesentlichen um die Ergebnisse von Ablaufanalysen handelt, die die einzelnen Funktionen, bisweilen auch den Funktionszusammenhang im Betrieb unter dem Aspekt der Leistung betreffen. Dadurch berührt die entsprechende Tätigkeit des Arbeitsstudien-Fachmannes einen Grundpfeiler der betrieblichen Sozialorganisation überhaupt. Es wäre ein Trugschluß anzunehmen, daß man sich lediglich mit einem isolierten Arbeitsplatz und einer sozial isolierten Individualleistung beschäftigt. Die Arbeitsplätze und die Leistungen ihrer Inhaber sind in unauflöslicher Interdependenz mit anderen Arbeitsplätzen und anderen Leistungsvollzügen verbunden. So erscheint auch die Leistung eines Arbeiters als das Ergebnis eines fortlaufenden Anpassungsprozesses zwischen den subjektiv empfundenen Anforderungen der Arbeitssituation einerseits und der teils von der sozialen Umwelt, teils von den eigenen Erwartungen vorgegebenen Einstellung zur Arbeit andererseits. Hier gibt es nur wenige Konstanten. Diese haben meist den Charakter physiologischer Meßwerte, und gerade sie verlieren bei der zu beobachtenden Verlagerung zugunsten psychischer und sozialer Beanspruchungsfaktoren ständig an Bedeutung. Wir können also auch bei einfachen Arbeitsplätzen schon eine komplizierte Leistungsstruktur feststellen, die sich durch die Modellbeziehung Mensch-Maschine keineswegs erfassen läßt. Das tatsächliche Arbeitsfeld ist mehrdimensional. Neben

dem Arbeiter und seiner Maschine sind die Organisation des Arbeitsablaufes, der soziale Kontakt zwischen den Arbeitskollegen, das Vorgesetztenverhalten und schließlich die große Zahl allgemeiner betrieblicher Umwelteinflüsse Variable im Arbeitsvollzug. Sie wirken sich um so stärker aus, je mehr sozialpsychologische Faktoren das Leistungspotential bestimmen, wie es z. B. bei Überwachungstätigkeiten deutlich der Fall ist. So wird mehr und mehr der Versuch einer punktuellen Arbeitsgestaltung zu dem Versuch, eine utopische Modellvorstellung zu verwirklichen, in der das betriebliche Leistungsgefüge zusammenschrumpft zu jeweils isolierten, arbeitsplatzgebundenen Handlungsabläufen.
Noch stärker ist der Zusammenhang zwischen *Zeitermittlung und Arbeitsbewertung* einerseits und dem betrieblichen Spannungsfeld andererseits. Bei diesem Tätigkeitsgebiet des Fachmannes für Arbeitsstudien handelt es sich um den Versuch sozialer Normbildung. Auf der Grundlage empirischer Untersuchungen werden Richtmaße für die Arbeitsleistung ermittelt, von deren Verwirklichung bzw. Überschreitung die Chancen des Mehrverdienstes abhängen. Aber diese Normsetzung betrifft nicht allein das Leistungsverhalten des jeweils betroffenen Individuums, sondern auch seine soziale Stellung. Sie wirkt sich darüber hinaus auf das Status- und Prestigegefüge der Umwelt, zumindest der betreffenden Werkstatt oder Abteilung aus. Leistungsnormen beeinflussen stets das soziale Interaktionsgefüge, da sie Verhaltensrichtmaße festlegen und von deren Innehaltung die Verteilung materieller Vorteile oder Nachteile abhängig machen. Da die beteiligten Arbeitnehmer häufig am Prozeß dieser Normbildung nur passiv mitwirken, erscheint er als Ausdruck betrieblicher Herrschaftsausübung bzw. als Prozeß sozialer Kontrolle. Gerade während des Vorganges der Zeitermittlung und Arbeitsbewertung wird dem Arbeitnehmer seine abhängige Stellung im Betrieb, der Zwang zur Disziplinierung besonders bewußt. Deshalb ist es nicht verwunderlich, daß der Arbeitsstudien-Fachmann und seine Tätigkeit in vielen Betrieben geradezu Symbole des Betriebszwanges sind. Es gehört sehr viel Einfühlungsvermögen in die jeweilige soziale Gruppenstruktur der Werkstatt bzw. in die Einstellungsweisen der beobachteten Arbeitnehmer dazu, diese Identifizierung zu mildern. Dabei ist gerade ein Erfolg oder Mißerfolg in dieser Hinsicht entscheidend für den Erfolg der Arbeitsstudie überhaupt. Gelingt es nicht, Ressentiments bei den vom Zeitstudium betroffenen Personen abzubauen, und gelingt es nicht, ihre Mitwirkung zu erreichen, so entstehen Kampfsituationen, in denen mit allen verfügbaren Mitteln auf den Arbeitsstudien-Fachmann sozialer Druck ausgeübt wird

und, wenn dies keinen Erfolg hat, zumindest die praktische Konsequenz aus dem Ergebnis seiner Untersuchungen verwässert wird.
Wenn wir schließlich das vierte Tätigkeitsgebiet des Arbeitsstudien-Fachmannes, die *Arbeitsunterweisung* betrachten, so stellen wir fest, daß es sich hierbei um einen Versuch der Verhaltensbeeinflussung handelt, und zwar mit dem Ziel der Rationalisierung. Die Arbeitnehmer sollen von einer Änderung ihres Arbeitsverhaltens im Sinne der Arbeitsbestgestaltung überzeugt werden. Das Arbeitsverhalten ist aber Ergebnis der Einwirkungen von betrieblicher Rahmenordnung und betrieblichem Interaktionsgefüge auf den Menschen einerseits und andererseits der Einwirkungen von Motivationen, die dieser Mensch mit an den Arbeitsplatz bringt, um sie in der Arbeit oder mit deren Hilfe zu verwirklichen. Nun soll der Betreffende dazu gebracht werden, seine Beziehung zur Arbeit ganz nüchtern ohne Berücksichtigung dieser Beeinflussungsfaktoren lediglich unter dem Gesichtspunkt der jeweiligen Bestleistung zu sehen. Der Erfolg solcher Bemühungen wird stets entscheidend davon abhängen, welche Vor- oder Nachteile man sich von einer derartigen Rationalisierung verspricht. Auf die Kontrolle dieser Vor- oder Nachteile hat aber in der Regel der Fachmann für Arbeitsstudien nur einen sehr begrenzten Einfluß, weil sie sich aus der betrieblichen Gesamtsituation ergeben.
Wir können zusammenfassend feststellen, daß das Arbeitsstudium sowohl die Situation als auch die Motivation des arbeitenden Menschen in einschneidender Weise tangiert, darüber hinaus aber auch das Interaktionsgefüge und zumindest bestimmte Aspekte der betrieblichen Rahmenordnung beeinflußt. Es handelt sich aus soziologischer Sicht beim Arbeitsstudium um den Versuch, das betriebliche Spannungsfeld in Richtung einer Rationalisierung der Verhaltensweisen sozialer Gruppen und Personen zu beeinflussen.

Die soziale Problematik der Arbeitsstudien

Aus der Umweltabhängigkeit der Arbeitsstudien im betrieblichen Spannungsfeld ergibt sich ihr eigentliches soziales Dilemma, das gleichzeitig einen erhelichen Teil der Berufsproblematik des Arbeitsstudien-Fachmannes ausmacht. Es soll ein rationales Leistungsverhalten durchgesetzt und zur Anerkennung gebracht werden, das in einem Teilbereich der Betriebsorganisation zu verwirklichen ist. Dieses Leistungsverhalten berührt aber durch seinen Bezug auf die normative Struktur der betrieblichen Rahmenordnung in entscheidender Weise die unterschiedlichen Interessenlagen im betrieblichen Interaktionsgefüge. Die Einführung ent-

sprechender Verhaltensregeln ist in jedem Falle mit einem Akt sozialer Kontrolle verbunden. Auch wenn sich Arbeitsgestaltung und Arbeitsbewertung auf objektive, wissenschaftlich fundierte Untersuchungen stützen, so müssen die Ergebnisse doch sanktioniert werden. Sie werden anerkannt, weil sie Bestandteil der betrieblichen Rahmenordnung werden. Die persönliche Einstellung diesen Normen gegenüber hängt natürlich von dem Ausmaß ab, in dem sie als objektiv gerechtfertigt erscheinen. Da es sich in der Regel um Schätzwerte und Schätzergebnisse handelt, muß aber damit gerechnet werden, daß die Anerkennung nicht Ergebnis einer unausweichlichen Sachlogik ist, sondern daß das Moment der Überzeugung, des Vertrauens und auch der persönlichen Autorität eine ausschlaggebende Rolle hierbei spielt.
Auf diese Weise ergeben sich drei Problembereiche, denen der Arbeitsstudien-Fachmann bei seiner Arbeit begegnet und die ihre Ursache in der Struktur des betrieblichen Spannungsfeldes haben:

1. das Problem der Legitimation seiner Tätigkeit und ihrer Ergebnisse,
2. das Problem, Widerstände gegen die Rationalisierung des Leistungsverhaltens bei den Betroffenen zu überwinden,
3. das Problem, das Arbeitsstudium in die betriebliche Gesamtorganisation miteinzubeziehen, d. h. es auf konkurrierende Gesichtspunkte bei der Organisationsgestaltung abzustimmen. Die Vorschläge des Arbeitsstudien-Fachmannes konkurrieren ja mit anderen wirtschaftlichen, technischen und sozialen Überlegungen der Betriebsführung.

Diese Probleme werden konkretisiert in den sozialen Beziehungen des Arbeitsstudien-Fachmannes mit den Arbeitern und ihren Interessenvertretern, den betroffenen betrieblichen Vorgesetzten und den Fachleuten der betroffenen betrieblichen Stabsstellen.
Das Ausmaß, in dem der Arbeitsstudien-Fachmann in dieser schwierigen Situation sich behaupten kann und seine Arbeit erfolgreich durchführt, hängt im wesentlichen davon ab, daß er neben einer guten Fachlichkeit auch Geschick im Erkennen der jeweiligen Situation und der Auswahl der richtigen Verhaltensweise besitzt. Hierbei treten häufig Widerstände auf, auf die nun eingegangen werden soll.
Wie jeder Fachmann, so ist auch der Arbeitsstudieningenieur durch die Sichtweise seines Berufes geprägt. Sie ist notwendigerweise spezialisiert, und in dieser Spezialisierung liegen Gefahren für die richtige Erkennung der jeweiligen Situation. Insbesondere handelt es sich hierbei um drei Punkte. Einmal kann die arbeitsplatzorientierte Sichtweise des Arbeitsstudien-Fachmannes dazu führen, daß er übergeordnete Zusammenhänge

nicht hinreichend würdigt. Zum zweiten ist die stark naturwissenschaftlich orientierte Methodik des Arbeitsstudiums, seine Fundierung durch Beobachten und Messen, häufig ein Hindernis dafür, soziale Verhaltensweisen und ihre Beeinflussungsfaktoren richtig zu erkennen. Schließlich ist drittens das Denken des Arbeitsstudien-Fachmannes auf Effizienz und Wirtschaftlichkeit der menschlichen Arbeit ausgerichtet. Diese Leitvorstellungen sind aber im Betrieb nicht ohne Konkurrenz. Es gibt andere Richtmaße, die ebenfalls wichtig für den Fortbestand eines Betriebes sind. Es wird deshalb eine gewisse Relativierung des eigenen Standpunktes und des eigenen Leitbildes notwendig sein, um diesen anderen Vorstellungen gerecht zu werden.

Häufig ist auch das Bild, das der Arbeitsstudien-Fachmann vom arbeitenden Menschen hat, eine Widerspiegelung seiner eigenen Funktion im Betrieb. Er sieht dann den einzelnen Arbeitnehmer als eine Person, die einen möglichst hohen Lohn anstrebt, die Chance eines augenblicklichen Mehrverdienstes besonders hoch einschätzt und hierzu im wesentlichen auf die Rationalisierung seines eigenen Arbeitsverhaltens angewiesen ist. Wir wissen aber, daß die individuelle Verdiensthöhe nur ein Leistungsanreiz unter mehreren ist, daß auch das Leistungsverhalten sich nicht unbedingt nur auf eine aktuelle Situation bezieht, sondern sich an den Erfahrungen der Vergangenheit und den Erwartungen für die Zukunft orientiert, und daß schließlich das Arbeitsverhalten auch nur ein Ansatzpunkt unter vielen anderen für betriebliche Rationalisierungsmaßnahmen ist. So bedarf das berufsbezogene Bild vom arbeitenden Menschen, das sich der Arbeitsstudien-Fachmann macht, notwendigerweise der Ergänzung.

Wir dürfen aber auch nicht die objektiven Widerstände außer acht lassen, die dem Arbeitsstudien-Fachmann eine erfolgreiche Anpassung an die jeweilige Situation im betrieblichen Spannungsfeld erschweren. Es sollte kein Zweifel darüber bestehen, daß das Arbeitsstudium im Betrieb nur möglich ist, wenn es die Anerkennung und Unterstützung der Beteiligten findet. Dies bedeutet zunächst, daß der Arbeitsstudien-Fachmann formale Anerkennung benötigt. Häufig ist aber sein betrieblicher Status zu gering für seine umfassende Aufgabe. Man hält ihn für einen Techniker unter vielen anderen und ist sich nicht darüber im klaren, daß seine Rationalisierungsaufgabe fundamentaler Art ist und die Grundstruktur des Betriebes berührt. Für Personen in untergeordneten Stellungen ist es gar nicht möglich, eine derartige Aufgabe erfolgversprechend anzupacken, geschweige denn zu verwirklichen.

Neben der formalen Anerkennung ist aber auch die Unterstützung der

Betroffenen erforderlich. Sie setzt voraus, daß die Einsicht vorhanden ist, das Arbeitsstudium diene auch den eigenen wohlverstandenen Interessen. Diese Einsicht kann aber nur Ergebnis einer sachbezogenen Mitwirkung sein. An dieser Stelle muß hervorgehoben werden, daß gerade die Berufspraxis des Arbeitsstudien-Fachmannes wesentliche sozialpädagogische Aspekte hat, die häufig allzu schnell vergessen werden.

Weder Anerkennung noch Unterstützung werden dem Arbeitsstudien-Fachmann durch eine mechanische Anwendung bestimmter, modellhaft exerzierter Regeln zuteil. Je enger er sich an seiner speziellen Fachlichkeit orientiert, desto rascher gerät er in eine isolierte Position, und Vertrauensschwund sowie Prestigeverlust sind die Folge. Der Rückzug in diese enge Fachlichkeit ist aber oft nicht ein Charaktermangel, sondern das Ergebnis einer Situation, die nicht zu bewältigen ist, weil die verantwortliche Betriebsführung dem Arbeitsstudien-Fachmann nicht die nötige Hilfe zukommen läßt.

Aus unseren Ausführungen ergeben sich einige grundlegende Folgerungen hinsichtlich der Voraussetzungen, die für eine erfolgreiche Tätigkeit des Arbeitsstudien-Fachmannes im betrieblichen Spannungsfeld vorhanden sein müssen.

1. Eine umfassendere Ausbildung des Arbeitsstudien-Fachmannes ist wünschenswert, die ihm eine bessere Kenntnis der Situationen und Motive sowie der organisatorischen Zusammenhänge vermittelt, die er in der betrieblichen Arbeitswelt vorfindet.
2. Damit einhergehend muß auch die Kenntnis der Relativität der eigenen Stellung vermittelt werden. Der Arbeitsstudien-Fachmann ist auf Zusammenarbeit angewiesen. Sie läßt sich nur erreichen, wenn sein eigener Standpunkt nicht verabsolutiert wird, wie es etwa der Fall wäre, wenn er sich auf einen unfruchtbaren Methodenfanatismus zurückzöge.
3. In der Praxis braucht der Arbeitsstudien-Fachmann eine umfassende Orientierungshilfe seitens seiner Vorgesetzten. Er muß die Grundzüge der jeweiligen Betriebspolitik kennen, damit er die hoffnungslose Situation vermeidet, Positionen noch zu verteidigen, die seitens der Betriebsführung bereits aufgegeben worden sind.
4. Der Arbeitsstudien-Fachmann braucht eine gesicherte Position in der betrieblichen Rangordnung, durch die seine Funktionen und Vollmachten genau umschrieben sind. Diese Position sollte auch seitens der betrieblichen Interessenvertretung der Arbeitnehmerschaft vor Durchführung des Arbeitsstudiums akzeptiert sein.

5. Die Funktionen und Vollmachten des Arbeitsstudien-Fachmannes müssen entsprechend seiner Aufgabe bemessen sein. Sie ergibt sich aus dem Charakter des Arbeitsstudiums als eines umfassenden Rationalisierungsinstruments. Wo das Arbeitsstudium auf die Analyse von Einzelarbeitsplätzen begrenzt ist, kann es sich nicht im Sinne seiner eigentlichen Zielsetzung auswirken.
6. Der erfolgreiche Vollzug seiner Tätigkeit setzt eine angemessene Mitwirkung der Betroffenen voraus.

Wir können abschließend feststellen, daß Erfolg oder Mißerfolg des Arbeitsstudiums wesentlich von sozialen Beeinflussungsfaktoren abhängen. Ihre Kenntnis und Berücksichtigung ist für den Arbeitsstudien-Fachmann ein unabdingbares Gebot. Andererseits ist aber auch zu fordern, daß er nicht in unlösbare Konfliktsituationen gebracht wird und zur Übernahme solcher sozialer Rollen verpflichtet ist, die von vornherein die Wirksamkeit seiner Arbeit in Frage stellen. Das Arbeitsstudium ist kein betriebliches Allheilmittel, es ist aber auch ganz und gar nicht ein betriebliches Disziplinarinstrument. Soll es erfolgreich für alle Beteiligten angewendet werden, so muß die soziale Isolierung der mit dieser Aufgabe betrauten Fachleute unter allen Umständen vermieden werden. Das setzt voraus, daß durch eine soziale Unternehmenspolitik auch akzeptable Maßstäbe für die Arbeitsgestaltung gesetzt werden.

2.3 Strategien für eine humane Arbeitsgestaltung

Der arbeitende Mensch erlebt das Unternehmen als ein soziales Spannungsfeld. Den einen Pol bilden die funktionalen Erfordernisse der Leistungserstellung. Sie wirken, auch wenn sie von Personen, zum Beispiel Vorgesetzten und Fachleuten vermittelt werden, als Sacherfordernisse. Sie werden nicht allein im Unternehmen selbst, sondern auch von der jeweiligen gesellschaftlichen Umwelt geschaffen. Ihre Abhängigkeit vom jeweiligen Stand der Technologie, vom herrschenden Wirtschaftssystem, von der Berufsstruktur und anderen Faktoren ist offenkundig.

Den anderen Pol bilden die Interessenlagen der im Unternehmen Beschäftigten. Hierbei handelt es sich um die Konkretisierung von Lebensbedürfnissen, die sich auf alle Aspekte des Arbeitsablaufs und der Arbeitsorganisation beziehen können. Diese Bedürfnisse entstehen keineswegs alle unmittelbar in einer bestimmten Situation. Sie sind häufig durch verschiedenartigste Erfahrungen vermittelt, die teilweise außerhalb der industriellen Arbeitswelt liegen.

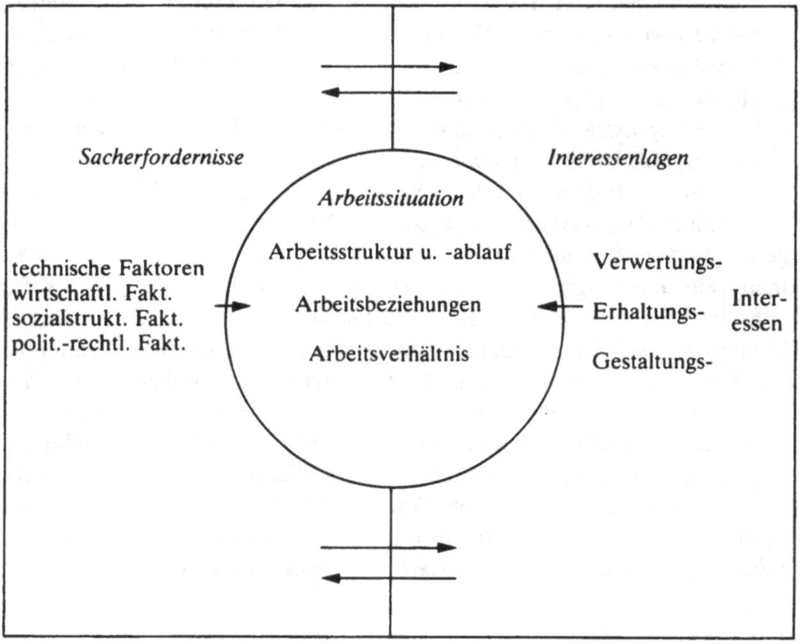

Schaubild 2. Das Spannungsfeld humaner Arbeitsgestaltung

Wenn man angesichts dieser Grundsituation von humaner Arbeitsgestaltung spricht, so kann damit nicht eine völlige Aufhebung des Spannungsverhältnisses von Sacherfordernissen und Interessenlagen gemeint sein. Es geht vielmehr um eine für die Entwicklung menschlicher Fähigkeiten fruchtbare Auseinandersetzung mit der Arbeitsumwelt, die dieser neue, vielleicht humanere Strukturen gibt. An die Stelle eines einseitigen Anpassungszwangs tritt also die bewußte Gestaltung durch Partizipation. Wenn man diese Sichtweise akzeptiert, kann man eine enge Beziehung zwischen menschlicher Entfaltung und humaner Arbeitsorganisation feststellen. In beiden Fällen geht es darum, sowohl Sacherfordernisse als auch Interessenlagen ernstzunehmen, ihre Realität also nicht zugunsten utopischer Konstruktionen zu leugnen. Andererseits erscheint diese Realität nicht als gegeben, sondern als aufgegeben im Sinne fortwährender Veränderung. Das humane Element dieses Prozesses besteht in der Ge-

staltung von Sacherfordernissen durch Interessenberücksichtigung. Der Mensch kann sich in einer Lebenssituation nur insofern verwirklichen, als seine grundsätzlichen Interessen zur Geltung gelangen, ohne hierbei den besonderen Zweck der jeweiligen Aktivität aufzuheben.
Wir müssen uns nun konkret fragen, worin die Interessenlagen des arbeitenden Menschen bestehen und in welchen Gestaltungsbereichen der Arbeitswelt sie zur Geltung gelangen können. Dann wird es möglich sein, Handlungsstrategien zu erwägen, die einen möglichen Ausgleich fördern.

Interessenlagen des arbeitenden Menschen
Es soll hier die These vertreten werden, daß jeder arbeitende Mensch vor allem Interesse an der Verwertung, Erhaltung und Gestaltung seiner Arbeit beziehungsweise ihrer Bedingungen hat.
Das *Verwertungsinteresse* richtet sich auf einen angemessenen Ertrag der Arbeitsleistung. Angemessenheit ergibt sich hierbei aus subjektiven und objektiven Vergleichen innerhalb der sozialkulturellen Rahmenbedingungen. Zum Begriff des Ertrages ist festzuhalten, daß er sich zwar weitgehend als Leistungsentgelt realisiert, daß hier aber doch zusätzliche Erwartungen eine Rolle spielen. Ertrag der Arbeitsleistung kann zum Beispiel auch Aufstieg, soziale Anerkennung, Vollmachtenerweiterung usw. sein. Die Verwertung der Arbeitskraft soll also nicht allein zur Verbesserung der wirtschaftlichen Lage, sondern allgemeiner zur Verbesserung der Soziallage führen.
Das *Erhaltungsinteresse* der Arbeitskraft bezieht sich auf die Sicherung gegen vorzeitigen Aufbrauch und sonstige Verminderung der Nutzungschancen. Dementsprechend stehen zwei Erwartungen im Vordergrund: erstens die Vermeidung von Über- und Unterforderung im Arbeitsprozeß, zweitens die Absicherung gegen Risiken des Arbeitslebens, wie Unfall, Berufskrankheit, Arbeitslosigkeit, Qualifikationsverlust.
Das *Gestaltungsinteresse* des arbeitenden Menschen richtet sich auf die Gewährleistung hinreichender Verhaltensspielräume. Hiervon hängt es entscheidend ab, in welchem Ausmaß die Arbeitssituation als Zwang empfunden wird. Spielräume sind aber immer nur insoweit gegeben, als der Mensch seine Handlungen wenigstens teilweise selbst bestimmen kann. Es müssen zweitens subjektive und objektive Möglichkeiten gegeben sein, innerhalb dieses Spielraums mitwirken zu können. Drittens ist erforderlich, daß die Menschen Anreize erhalten, von diesen Möglichkeiten auch geeigneten Gebrauch zu machen.

Wir können also feststellen, daß die Interessenlagen des arbeitenden Menschen sehr komplex sind und sich praktisch auf alle Aspekte der Arbeitswelt beziehen. Dementsprechend ist auch die humane Arbeitsgestaltung kein einfacher und geradliniger Prozeß, den man etwa durch wenige gezielte Maßnahmen in Gang bringen, fördern oder zum Abschluß bringen könnte. Die Chancen zur Selbstverwirklichung bei der Arbeit hängen entscheidend davon ab, in welchem Ausmaße die Interessenlagen der Menschen vorgeprägt worden sind und bewußtgemacht werden konnten. Sie hängen darüber hinaus von den objektiven Möglichkeiten ab, Interessen tatsächlich in der Arbeitswelt zu berücksichtigen beziehungsweise durchzusetzen. Da es nicht allein innerhalb des einzelnen, sondern auch zwischen Personen und Gruppen eine außerordentliche Vielfalt von Interessen und Interessenkonstellationen, ja sogar Interessengegensätzen gibt, ist an eine ein für allemal vorgenommene optimale Gestaltung von Sacherfordernissen überhaupt nicht zu denken. Die humane Gestaltung der Arbeitswelt kann angesichts dieser Tatsache nur ein fortwährender Prozeß sein, in dem Spannungen ausgehalten und zu schöpferischen Reaktionen umgeformt werden müssen.

Bereiche humaner Arbeitsgestaltung

Wer einen Ausgleich von Interessenlagen und Sacherfordernissen mit dem Ziel größerer Selbstverwirklichungschancen in der industriellen Arbeitswelt anstrebt, sieht sich kaum übersehbaren technischen, wirtschaftlichen, organisatorischen, sozialpsychologischen, pädagogischen, medizinischen und anderen Aspekten gegenüber. Dies ist auch ein Grund dafür, daß die Diskussion über die Humanisierung der Arbeitswelt sich so breit auffächert und im Zuständigkeitsbereich einzelner Fachdisziplinen zu versanden droht, wenn sie sich nicht von vornherein durch ideologische Höhenflüge selbst unwirksam macht. Man darf deshalb das Selbstentfaltungsproblem nicht zu einem Bündel von Fachproblemen werden lassen, sondern muß von vornherein komplexere Zusammenhänge betrachten, in denen problembezogen argumentiert und gehandelt wird. Aus dieser Sicht erscheinen als wichtigste Gestaltungsbereiche zur Förderung der Selbstverwirklichung: erstens die Arbeitsstruktur und der Arbeitsablauf, zweitens die Arbeitsbeziehungen und drittens das Arbeitsverhältnis als normative Rahmenordnung.

Im Bereich der *Arbeitsstruktur und des Arbeitsablaufs* geht es um die Gestaltung funktionaler Zusammenhänge von Tätigkeitskomplexen, wobei die Kriterien der Ausführbarkeit, der Erträglichkeit und der Zumutbarkeit zu beachten sind. Bei rationalisierter Arbeit zeichnen sich drei Problemschwerpunkte ab:

a) die physische und psychische Über- oder Unterforderung,
b) der mangelnde individuelle Gestaltungsspielraum und
c) die für viele Arbeitnehmergruppen nur geringfügige Möglichkeit, sich zu qualifizieren und damit sozial aufzusteigen.

Die Verminderung von Belastungen ist durch Einflußnahme auf den technischen Rationalisierungsprozeß durch ergonomische Gestaltung möglich. Sie beginnt bereits bei der Berücksichtigung von Normen, bei der Planung neuer Anlagen und Maschinen und setzt sich dann im Zuge ihres Einsatzes fort. Wichtig sind aber auch regelmäßige Bestandsanalysen von arbeitswissenschaftlichen Teams unter Einbezug des werksärztlichen Dienstes, um bestehende Mißstände zu beseitigen. In diesem Rahmen kommt zweifellos neben einer entsprechenden Aktivität der Führungskräfte und Fachleute auch der Initiative von Arbeitnehmervertretern eine große Bedeutung zu. In den §§ 90 und 91 des neuen Betriebsverfassungsgesetzes sind hierfür Leitregeln formuliert worden.

Die Erweiterung des Gestaltungsspielraums für den einzelnen Arbeitnehmer ist gegenwärtig Schwerpunkt der „Humanisierungsdiskussion". Als Hauptstrategien der Veränderung werden der Arbeitswechsel, die Aufgabenerweiterung und die Bildung teilautonomer Gruppen genannt. Der Arbeitswechsel (Job-Rotation) ist ein altbekanntes Verfahren, um einerseits monotone Arbeiten vielseitiger zu gestalten, andererseits Engpässe beim Personaleinsatz zu überwinden. Der Aufgabenerweiterung liegt eine Theorie über die Arbeitsmotivation zugrunde, die wachsendes Interesse bei komplexeren Arbeitsaufgaben postuliert. Die Firma IBM hatte bereits 1943 in ihrem Werk Endicott in den USA mit derartigen Versuchen begonnen. Insbesondere von der elektrotechnischen Industrie wurden diese Ansätze fortgeführt (Philips, Olivetti u. a.). Hierbei ging es darum, die Fließfertigung durch Verkürzung der Bänder und Verlängerung der Taktzeiten erträglicher zu gestalten. Ähnliche Versuche finden sich auch in der Automobilindustrie (Volvo, Saab-Scania, Fiat, Mercedes-Benz und Renault). Neuere Initiativen in dieser Richtung vereinen meistens Maßnahmen zum Arbeitswechsel und zur Arbeitserweiterung mit einem Ausbildungsprogramm und einer Verbesserung des Arbeitsmilieus insgesamt.

Die Strategie der Bildung teilautonomer Gruppen wurde insbesondere von der Human Relations-Schule in ihrer durch das britische Tavistock-Institut entwickelten Variante begründet. Bahnbrechend waren hier die

Experimente von A.K. Rice in einer indischen Textilfirma in Ahmedabad. Diese Ansätze wurden vor allem in Norwegen vom Institute for Industrial Social Research aufgegriffen und schließlich zu einer Gesamtkonzeption der Arbeitsstrukturierung erweitert. Einar Thorsrud ist ihr Hauptverfechter.

Zum Problem der Qualifikationsverbesserung gibt es eine Fülle von Beiträgen. Gerade in der Bundesrepublik Deutschland werden Verbesserungen auf dem Gebiete der Anlernverfahren und der arbeitsbezogenen beruflichen Weiterbildung systematisch angestrebt.

Grundsätzlich ist zur Frage der Erweiterung von Gestaltungsbereichen des arbeitenden Menschen festzustellen, daß rationalisierte Arbeit von verschiedenen Arbeitnehmergruppen unterschiedlich stark als Problem empfunden wird. Die Problematik hängt also auch vom gegebenen subjektiven Anspruchsniveau des Arbeitnehmers ab. Wir benötigen detaillierte Untersuchungen, um feststellen zu können, bei welchen Arbeitnehmergruppen besonders vordringliche Probleme auftreten. Aber auch die objektiven Verhältnisse erfordern eine differenzierte Betrachtung. Probleme der Belastung, der Einschränkung von Tätigkeitsspielräumen und der verminderten Qualifizierungschancen hängen auch von der Art der angewendeten Arbeitssysteme ab. Sie müssen deshalb immer im Bezug zu einem gegebenen Rationalisierungsgrad des Arbeitssystems gesetzt und dementsprechend typisiert werden. Andernfalls wird der Allgemeinheitsgrad der Argumentation die Lösung tatsächlich auftretender Probleme erschweren.

Es kann als erwiesen gelten, daß weder eine bestehende Form der Arbeitsteilung noch ein bestehendes Anspruchsniveau der Arbeitnehmer sich kurzfristig grundlegend ändern lassen. Unberührt davon bleibt selbstverständlich die Abstellung krasser einzelner Mißstände. Ebenso wesentlich ist es, durch gezielte Experimente bekannte Strategien zu verbessern und Entscheidungsspielräume zu erweitern. Die Erkenntnis dieses Flexibilitätsausmaßes ist unerläßlich für eine humane Arbeitsgestaltung, die auf mehr als die Reparatur einzelner Mißstände abzielt.

Eine Strategie der Arbeitsgestaltung, die sich allein auf den einzelnen isolierten Arbeitsplatz bezieht, läßt die Komplexität hochrationalisierter Arbeitsstrukturen außer acht, die durch die Interdependenz differenzierter Arbeitsabläufe und deren Steuerung durch eine ihrerseits wiederum sehr komplexe Rahmenordnung gekennzeichnet werden. Um die Chancen zur Entfaltung des Menschen in der Arbeitswelt nachhaltig zu bessern, ist es deshalb wichtig, auch die Einflüsse der weiteren Arbeitsumwelt zu bestimmen und möglicherweise zu gestalten. Hierbei kommt den *Arbeitsbeziehungen* eine besondere Bedeutung zu. Sie stellen sich als horizontale Kooperation und als hierarchiebezogene vertikale Kooperation im Unternehmen dar. Sie werden also entscheidend von der jeweiligen Herrschaftsstruktur beeinflußt. Hierbei geht es um Fragen wie z. B.: Wer ordnet an? Wer setzt Ziele fest? Je mehr sich die Auffassung durchsetzt, daß das Unternehmen ein permanenter Problemlösungsprozeß ist, der durch zielorientierte Zusammenarbeit in Gang gehalten wird, desto mehr gelingt auch eine Überwindung des rein hierarchischen Denkens im Bereich der Arbeitsbeziehungen. So finden wir bereits Ansätze für die Auffassung, daß jeder Mitarbeiter im Rahmen dieses Problemlösungsprozesses möglichst vielseitige Chancen zur Mitwirkung erhalten sollte. Diese beziehen sich auf alle Phasen, also z. B. auf die Problemfindung, die Suche nach Alternativen, die Entscheidung zwischen Alternativen, die Entwicklung von Problemlösungsstrategien, die Mobilisierung von Ressourcen zur Überwindung von Widerständen, die Ausführung der entsprechenden Programme und schließlich die Kontrolle ihrer Ergebnisse. Selbstverständlich handelt es sich bei dieser Mitwirkung um abgestufte, differenzierte Beiträge. Hieraus aber vorschnell eine traditionell verfestigte Hierarchie zu rechtfertigen, wäre keineswegs angebracht. Offensichtlich ist eine Umgestaltung der Arbeitsbeziehungen im Sinne derartiger kooperativer Prozesse von außerordentlicher Bedeutung für die Verbesserung der Entfaltungschancen des Menschen im Betrieb. Allerdings sind auch hier Voraussetzungen zu schaffen, die insbesondere die Eignung und Neigung der Mitarbeiter zur Erweiterung ihrer Sichtweise und andererseits die objektive Verbesserung der Mitwirkungschancen betreffen. Sowohl von der Motivation als auch von der Situation her ist also ein Förderungsprogramm notwendig. Ansätze in dieser Richtung sind z. B. die Förderung des kooperativen Führungsstils, die Einrichtung von Arbeitsgruppenbesprechungen, die Organisation von Selbsterfahrungsgruppen, die auch konkrete Aufgaben zu lösen haben, wie z. B. die Qualitätskontrolle. Nicht zu vergessen ist auch die Intensivierung der Mitwirkung von Interessenvertretern der Arbeitnehmer, die direkte Beziehung zu den Problemen am Arbeitsplatz hat.

Generell ist zu diesem Problemkomplex festzustellen, daß eine Erweiterung der Mitwirkung von Arbeitnehmern im Sinne einer zielorientierten Zusammenarbeit letztlich immer wieder auch Ansätze zu einem Machtausgleich innerhalb der hierarchischen Organisation voraussetzt. Mitwirkung erfordert aus rein funktionaler Sicht eine entsprechende Zurückhaltung der Träger traditioneller Autorität. Dies setzt neben der Einsicht in notwendige Kooperationsstrukturen auch eine besondere sozialpädagogische Befähigung voraus. Es ist offensichtlich, daß aus dieser Sicht neue Erwartungen und Anforderungen an die betrieblichen Vorgesetzten entstehen.

Bei der Vielfalt der möglichen Maßnahmen zur Verbesserung der Entfaltung des Menschen im Arbeitsleben darf das *Arbeitsverhältnis* als grundlegender Sachverhalt nicht übersehen werden. Es wird dadurch charakterisiert, daß eine Rahmenordnung mit Sanktionen für jede Tätigkeit in der Arbeitswelt besteht und daß jede dieser Tätigkeiten letztlich an Austauschrelationen zwischen Arbeitsleistung und Arbeitsentgelt orientiert ist. Den Rahmen für das Arbeitsverhältnis geben gesetzliche sowie teilweise zwischen Interessenten frei vereinbarte und teilweise autonom von Vollmachtenträgern festgelegte Regelungen ab. Selbstverständlich ist der hierdurch geschaffene Arbeitnehmerstatus nicht mit dem Arbeiterstatus zu vergleichen, der etwa um die Jahrhundertwende die sozialen Verhältnisse in der Industrie bestimmt hat. Dennoch bestehen weiterhin Zwänge, die der Entfaltung des Menschen Grenzen setzen. Gegenwärtig läßt sich noch nicht feststellen, ob der Weg vom Arbeitnehmer zum Mitarbeiter einmal auch zum Miteigentümer oder Mitbestimmer führen wird. Es gibt aber eine Reihe beachtenswerter Experimente, um auch das Arbeitsverhältnis als solches freiheitlicher zu gestalten und zumindest das partnerschaftliche Moment stärker zu betonen. Hierzu gehören die verschiedenen Beteiligungsmodelle und komplexe Partizipationspläne, in denen neben der Gewinn- bzw. Ertragsbeteiligung auch zielorientierte Zusammenarbeit gefördert und Arbeitsstrukturierung praktiziert wird. Gerade hier öffnet sich ein breiter Bereich für sozialpolitische Initiativen der Unternehmerschaft, die für spätere generelle Lösungen vorbildlich sein können. Selbstverständlich ist ihnen nur insofern ein Erfolg beschieden, als sie nicht die bestehenden Interessen und Interessenvertretungen der Arbeitnehmerschaft negieren. In diesem Bereich kommt es besonders auf ein politisches Geschick an.

Wenn wir die drei Hauptbereiche zusammenfassend betrachten, in denen sich entscheidet, ob Entfaltungschancen vermehrt oder vermindert werden, so wird klar, daß die Selbstverwirklichungsprobleme im Unternehmen nicht auf irgendeinen bestimmten Aspekt reduziert werden können. Man kann nicht die Arbeit in ihrer Struktur isoliert betrachten und ebenso wenig nur die Beziehungen zu Vorgesetzten und Mitarbeitern im Blickpunkt haben. Ebenso falsch wäre es, lediglich den Arbeitnehmerstatus als Ansatzpunkt von Veränderungsstrategien zu nehmen. Es geht hier um sehr unterschiedliche und dennoch auf das engste miteinander verbundene Wirklichkeitsbereiche. Auf sie hat schon frühzeitig Goetz Briefs hingewiesen, als er von den Problemkreisen der Arbeitsverfremdung, der Fremdbestimmtheit und der Eigentumsverfremdung sprach. Eine Lösung des Problems einer sinnvollen Gestaltung der Arbeitswelt setzt deshalb auch komplexe Veränderungsstrategien voraus.

Veränderungsstrategien

Als eine mögliche Vorgehensweise zur Verbesserung der menschlichen Selbstverwirklichung in einer technischen Arbeitswelt bietet sich die Förderung aller Chancen an, in den einzelnen Gestaltungsbereichen Interessenlagen sinnvoll zu interpretieren und zur Geltung zu bringen. Dies setzt folgendes voraus:

1. Die Mitarbeiter müssen in angemessener Form Beteiligungsrechte haben, die auch tatsächlich praktiziert werden.
2. Der Kooperationsprozeß ist so zu organisieren, daß Handlungsspielräume erweitert werden.
3. Die Arbeit ist unter Anwendung entsprechender wissenschaftlicher Erkenntnisse so zu gestalten, daß eine für die Beteiligten sinnvolle Ausführung möglich wird.

Bei allen Bemühungen in dieser Richtung müssen wir uns aber darüber im klaren sein, daß die Lebensprobleme des modernen Menschen nicht allein in der Arbeitswelt gelöst werden können.

Selbstverwirklichung in der Arbeitswelt wird immer nur ein Teil der gesamten Persönlichkeitsentfaltung sein. „Ganzheitserlebnisse" werden immer seltener. Wir müssen uns daran gewöhnen, daß wir die Arbeitswelt völlig überfordern, wenn wir in ihr Lebenserfüllung schlechthin erwarten. Andererseits ist es gerade der gesellschaftliche Auftrag der Unternehmen, nicht nur wirtschaftliche, sondern *sozial*wirtschaftliche Spielräume zu erweitern. Hierzu gehören auch Chancen der Selbstverwirklichung für alle Mitarbeiter.

Eine weitere Einschränkung entsteht dadurch, daß die Arbeitswelt auch im gesamtgesellschaftlichen und gesamtkulturellen Zusammenhang zu sehen ist. Eine autonome Gestaltung der Arbeit etwa durch Techniker, Wirtschaftler oder Sozialwissenschaftler ist nicht möglich. Wir bleiben auch im täglichen Arbeitsleben gesamtgesellschaftlichen Strukturen verhaftet. Dies betrifft insbesondere den Zwang zu Leistungen, die nicht von den Arbeitenden selbst festgesetzt werden können, sondern von jenen, die bereit sind, für die Leistung der Arbeitenden zu bezahlen. Insofern ist es bedeutungsvoll, daß die Steigerung der Lebensqualität sich allmählich auch als Maßstab der Wirtschaftsleistung durchzusetzen beginnt. Bestrebungen zur humanen Gestaltung des unmittelbaren Arbeitsbereichs werden hierdurch gefördert.

3. Die Planung des Personaleinsatzes

Im Rahmen einer sozial konzipierten Unternehmenspolitik nimmt die Personalpolitik einen bedeutenden Raum ein. Hier zeichnet sich – durch gesetzgeberische Maßnahmen verstärkt (vgl. BVG § 92) – die Tendenz zu erweiterten Planungsmaßnahmen ab. Warum ist überhaupt Personalplanung so aktuell? Bei der Suche nach den Ursachen müssen wir auf bestimmte Strukturwandlungen zurückgreifen, die auch soziologischer Natur sind. Zunächst handelt es sich um *Strukturwandlungen am Arbeitsmarkt*. Wir wissen, daß langfristig gesehen das Angebot an Arbeitskräften sich nur geringfügig vermehren wird. Hingegen finden erhebliche Verlagerungen zwischen den verschiedenen Arbeitnehmerkategorien statt. Hieraus entsteht das Problem einer sinnvollen Anpassung der betrieblichen Arbeitskräftestruktur.

Das zweite Problem, das uns planungsbewußter macht, sind *Strukturwandlungen im Bereich der Arbeit*, wie sie sich dann auch in der Berufsstruktur niederschlagen. Der säkulare Trend zur fortschreitenden Rationalisierung setzt sich unvermindert fort. Deshalb ist damit zu rechnen, daß die Anforderungen an den arbeitenden Menschen sich auch weiterhin sehr stark wandeln werden. Natürlich sind nicht alle Berufe zur gleichen Zeit und auch sicherlich nicht alle Berufe im gleichen Ausmaß betroffen, aber die traditionellen Berufsbilder sind heute schon sehr fragwürdig, dementsprechend auch die traditionellen Mittel zur Heranbildung des Nachwuchses. In gleichem Maße steigt der Anpassungsdruck auf die einzelnen Arbeitnehmer, aber auch auf ihre Vorgesetzten und selbstverständlich auf diejenigen, die den Personaleinsatz und die Personalausbildung leiten sollen.

Der dritte Problembereich betrifft die *Strukturwandlungen der Arbeitsmotivation*. Wir wissen, daß sich mit wachsendem Lebensstandard die Bedürfnisstrukturen des arbeitenden Menschen verlagern. Der anspruchslose Arbeitnehmer, der mehr oder weniger seine unmittelbaren Bedürfnisse befriedigt sehen wollte, Bedürfnisse also des ausreichenden Essens und Schlafens sowie des bequemen Wohnens, ist längst abgelöst worden durch einen immer sensibler werdenden Arbeitnehmertyp, der darüber hinaus nun auch bestimmte immaterielle Anforderungen an seine Arbeit stellt, die sich nicht immer nur auf Anerkennung und Aufstieg konzentrieren müssen. Sicher ist aber, daß man heute vor allem jüngere Menschen nur zu einer angemessenen Leistung bringen kann, wenn man ihnen auch eine längerfristige Entwicklungsmöglichkeit bietet. Sie soll sich selbstverständlich im Gehalt niederschlagen, muß aber auf einer entsprechenden Entwicklung des Leistungspotentials beruhen. Das kann man natürlich nur, wenn man entsprechende Förderungsmaßnahmen für Mitarbeiter plant.

Es besteht also die Aufgabe, planmäßig betriebliche Personalstrukturen aufzubauen und an die voraussehbaren Situationsänderungen anzupassen, wobei sich die Situationsänderungen durch allgemeine Strukturwandlungen unserer Gesellschaft, durch den technisch-wirtschaftlichen Fortschritt und durch die Änderung der Mentalität der Bevölkerung ergeben.

Drei wichtige Beobachtungen können die Ausgangslage für eine situationsadäquate Personalplanung bilden. Einmal ist der *Trend zum kapital- und ausbildungsintensiven Arbeitsplatz* nachweisbar. Es kann kein Zweifel darüber bestehen, daß die Kapitalausstattung der Arbeitsplätze rasch zunimmt. Selbstverständlich gibt es auch noch Arbeitsplätze, wo man nur wenig Hilfsmittel in Anspruch nimmt. In der Regel werden aber zusätzliche Arbeitsplätze sehr teuer. Die Arbeitsplatzinvestitionen steigen, und dementsprechend werden auch die Maschinen oder Maschinenaggregate komplizierter. Es ist die notwendige Folge, daß der Arbeitnehmer, dem eine solche wertvolle Anlage zur Betätigung anvertraut wird, auch eine wachsende Verantwortung übernimmt. Die neuen Anforderungen sind sicherlich ganz anders als diejenigen, die man früher in einer traditionellen Berufsausbildung antizipieren mußte. Vielleicht ist vieles von dem Können und Wissen gar nicht notwendig, das heute noch im Bildungs- und Ausbildungswesen vermittelt wird. In der Praxis bestehen aber sehr hohe Anforderungen etwa an die Anlagenfahrer in der chemischen Industrie oder die Kranführer in der Stahlindustrie.

Neben der Kapital- und Ausbildungsintensität der Arbeitsplätze ist als zweite wichtige Beobachtung die *Notwendigkeit* zu nennen, *die verschiedenen betrieblichen Arbeitsplätze und Personalstrukturen zu integrieren,* und zwar einmal, damit eine Versetzung, eine Umschichtung der Arbeitskräfte möglich wird, und zum anderen, damit die Organisation überhaupt durchlässiger, auch für den Aufstieg, wird. Deswegen ist Laufbahnplanung auch so aktuell. Für viele Angestellte ist es genauso. Sie haben oft, wenn sie weiterkommen wollen, nur die Möglichkeit zu kündigen, und dann ihr Heil in einem anderen Unternehmen zu suchen. Es ist sicherlich im Sinne einer allgemeinen Mitarbeiterförderung notwendig, hier flexibler zu werden.

Eine dritte Beobachtung betrifft die *Bemühungen,* überhaupt *den Personaleinsatz flexibler* zu machen. Wir wissen, daß noch große Teile unserer Arbeitnehmerschaft ihren Arbeitsplatz als eine Art Besitz, als eine Art Kapital betrachten und vom Arbeitsplatz her denken. Das ist in der Regel ein ganz bestimmter, konkreter Arbeitsplatz, nicht sozusagen eine immaterielle Einheit „Arbeitsplatz im Unternehmen". Deswegen finden wir auch bei der überwältigenden Mehrzahl der Menschen keinen großen Wunsch und Willen, den Arbeitsplatz zu wechseln. Darin liegt zweifellos eine Stabilität, die auch für die Planung hochwillkommen ist und die auch teilweise noch zusätzlich belohnt wird durch Treueprämien, Aufstieg nach dem Dienstalter und dgl. mehr. Wir dürfen aber nicht vergessen, daß wir nun gerade in dem Maße, in dem die Unternehmen immer mehr rationalisiert werden, auch mehr Flexibilität brauchen, möglicherweise auch einen Wechsel des Arbeitsplatzes nicht nur einmal im Monat oder einmal in der Woche, sondern sogar mehrfach am Tage, so daß jedem Arbeiter die ganze Betriebsanlage bekannt sein muß.

Die Möglichkeit, angesichts dieser Bedingungen langfristig Personalpolitik mit Hilfe der Personalplanung zu treiben, ist nur gegeben, wenn man sich hierbei nicht von utopischen Ideen leiten läßt und nicht in die Lage gerät, die Dinge erst dann zu erfahren, wenn sie schon gelaufen sind. Ursache dieser Eigengesetzlichkeit der Personalplanung ist die Tatsache, daß man es hier nicht nur mit flexiblen Leistungsaggregaten zu tun hat, sondern mit Menschen, die Motive haben, die aus Erfahrung der Vergangenheit geprägt wurden, die Interessen haben und die sich zusammenschließen, um diese Interessen wirkungsvoll zu vertreten. Es sind Menschen, die nicht von heute auf morgen, sondern nur allmählich ihre Einstellung ändern. Deswegen ist Personalplanung nur möglich, wenn man das Einverständnis der Betroffenen erreicht, was in der Regel nur durch hinreichende Orientierungs- und Anpassungshilfen möglich ist. Sie müssen schon einsetzen, bevor überhaupt sichtbare Veränderungen in der Arbeitswirklichkeit nötig werden. So ist es erforderlich, daß man überhaupt darüber aufklärt, worin eigentlich die Logik der industriellen Entwicklung besteht, was es mit der Rationalisierung auf sich hat, wie man sich darauf vorbereitet und wie man sich den Veränderungen gewachsen zeigen kann.

Die organisationstechnischen Mittel der Personalplanung sind in vieler Hinsicht recht gut entwickelt. Wichtig ist aber, daß die Grundlagen ebenso gut entwickelt sind, nämlich eine *soziale Unternehmenspolitik*. Sie muß sich in einer sozialen Organisation niederschlagen, die ausgeht von dem, was Menschen unter bestimmten Voraussetzungen leisten können, was sie leisten sollen und was sie leisten wollen, die darüber hinaus berücksichtigt, daß es außerdem auf ein entsprechendes Führungsverhalten ankommt, wobei das Führen im nachautoritären Zeitalter im wesentlichen als eine sozialpädagogische Aufgabe zu verstehen ist und nicht mehr mit dem Wunsch, seinen Willen durchzusetzen, gleichgesetzt werden darf.

Außerdem ist für eine richtige Personalplanung eine effiziente Koordination aller Anstrengungen mitentscheidend. Personalplanung sollte sicherlich von einem hierfür zuständigen Bereich formuliert werden. Aber dieser Bereich allein wäre hoffnungslos überfordert, wenn er nicht rechtzeitig Informationen von Forschung, Entwicklung, Produktionsplanung usw. bekäme und wenn er nicht entsprechend mit Stellen ausgerüstet wäre, die die Ausbildung und die Weiterbildung in die Hand nehmen, wenn es weiterhin nicht gelänge, die Vorgesetzten, die Führungsgruppe des Unternehmens über ihre Mitwirkung aufzuklären und auch recht frühzeitig mit dem Betriebsrat in Kontakt zu kommen. Dementsprechend sollte von vornherein Personalplanung als Teamwork, als Möglichkeit der sozialen Betriebsgestaltung begriffen werden.

Unter dieser Voraussetzung wird es möglich, an Stelle eines utopischen Schematismus von Stellenplänen, Stellenbesetzungen und Planungen von Laufbahnen wirklich die Realität zu beeinflussen und hierbei Erfolg zu haben. Hierzu sollen die folgenden Analysen weiterführende Anregungen geben.

3.1 Entwicklungstendenzen der industriellen Personalstruktur

Die Personalstruktur eines Industrieunternehmens kann als Wirkungszusammenhang verschiedener externer und interner Beeinflussungsfaktoren aufgefaßt werden. In ihnen spiegeln sich nicht allein die langfristigen Determinanten des Angebots und der Nachfrage auf den Arbeitsmärkten, sondern auch die modifizierenden Einflüsse kurzfristiger Art, die sich aus der Abhängigkeit des Unternehmens von seiner gesellschaftlichen Umwelt und seiner internen Struktur ergeben. Die allgemeinen Trends, die auf die Entwicklung der industriellen Personalstrukturen einwirken, sollen nun im einzelnen skizziert werden.

Allgemeine Trends in der Entwicklung der Personalstrukturen

Das *langfristige Angebot an Arbeitskräften*, das den Industrieunternehmen zur Verfügung steht, hängt im wesentlichen von der Entwicklung der Bevölkerungsstruktur, des Erziehungs- und Bildungsniveaus der Bevölkerung sowie vom sozio-kulturellen Anspruchsniveau der Bevölkerung ab. Für alle hochindustrialisierten Länder ist eine relativ stabile *Bevölkerungsstruktur* typisch, die auf ein allmählich stagnierendes Bevölkerungswachstum zurückgeht. Hierdurch wird auch eine Gewichtsverlagerung zwischen Alters- und Geschlechtsgruppen ausgelöst, die mittelfristig sogar noch zu einer Vermehrung der Erwerbsbevölkerung führen kann. Eine Schätzung des Statistischen Bundesamtes gelangt z. B. für die Bevölkerung der Bundesrepublik Deutschland zu dem Ergebnis, daß zwischen 1972 und 1985 die Bevölkerung von 61,5 auf 59,7 Mill. abnehmen, der Anteil der alten Menschen (1972: 13,5 %) auf zeitweilig 15,1 % (1980) steigen und sich bis 1985 bei 13,6 % stabilisieren und der Anteil der 16- bis 65jährigen sich sogar von 62,2 % (38,2 Mill.) auf 68,4 % (40,8 Mill.) erhöhen wird. Trotzdem kann es in Hochkonjunkturphasen zu einer tendenziellen Verknappung bestimmter Arbeitskräftekategorien kommen, die sich allerdings durch regionale und berufliche Mobilität sowie durch die Einbeziehung bisher nicht erwerbstätiger Frauen in den Arbeitsprozeß etwas kompensieren läßt.

Die langfristigen *Tendenzen im Erziehungs- und Bildungswesen* führen demgegenüber zunächst zu einer Verschiebung des Arbeitskräfteangebots. In allen hochindustrialisierten Staaten finden wir eine Verlängerung der Schulzeit vor, verbunden mit einem Drang in weiterführende Schulen. Hierdurch wird insbesondere für die höher qualifizierten Arbeitskräfte der Zeitpunkt des Eintritts in das Berufsleben hinausgeschoben. Bedeutsam ist die Tatsache, daß von dieser Entwicklung die weibliche Bevölkerung nicht so stark erfaßt wird wie die männlichen Arbeitnehmer. Andererseits hat die Ausdehnung und Intensivierung des Ausbildungsprozesses den Effekt einer allmählichen Anhebung des Allgemeinbildungsniveaus der erwerbstätigen Bevölkerung. Während in der Bundesrepublik 1960 noch 70,3 % der Dreizehnjährigen in den Volksschulen verblieben, sank ihr Anteil bis 1967 auf 60 %. Besonders auffällig ist die zahlenmäßige Ausdehnung der Akademikerschicht. Die Zahl der Erwerbspersonen mit Hochschulabschluß stieg von 773 000 im Jahr 1961 auf 1 Million im Jahr 1970. Die „Bildungsexplosion" der letzten Jahre, die zu einer Überfüllung der Hochschulen geführt hat, wird dieses Bild schon in naher Zukunft nochmals korrigieren. Wir können also den

Trend zur Höherqualifizierung des Arbeitskräfteangebots bezüglich der Grundausbildung eindeutig feststellen.

Das *sozial-kulturelle Anspruchsniveau der Bevölkerungen* in hochindustrialisierten Ländern ist durch die selbstverständliche Hinnahme des Leitbildes eines wachsenden materiellen Lebensstandards gekennzeichnet. Damit einher geht die wachsende Bedeutung sogenannter „freier", d. h. von den unmittelbaren Lebensnotwendigkeiten unabhängiger Bedürfniskombinationen, wie sie sich in der erhöhten Nachfrage nach langlebigen Gebrauchsgütern und hochspezialisierten Dienstleistungen äußert. Dem entspricht die sich immer weiter ausbreitende Herausbildung sogenannter höherer Motivkomplexe. Der amerikanische Psychologe Maslow hat darauf hingewiesen, daß auf die Befriedigung der physiologischen Bedürfnisse nach Nahrung, Kleidung und Obdach, des Sicherheitsbedürfnisses und der sozialen Bedürfnisse nach Gemeinschaft und Zusammengehörigkeit das Bedürfnis nach Selbstvertrauen, Selbstrespekt, Prestige und Geltung sowie das Bedürfnis nach Selbstverwirklichung folgen. Eine wachsende Bedürfnisbefriedigung hat also zur Folge, daß in immer stärkerem Maße Prestige, Geltung und schließlich auch Selbstverwirklichung angestrebt werden. Wir haben es also in dieser Hinsicht mit einer im wachsenden Maße anspruchsvolleren Arbeitnehmerschaft zu tun.

Es läßt sich schon feststellen, daß der Trend zu höheren Ansprüchen der Bevölkerung auch zu einer größeren Sensibilität bei der Auswahl von Arbeitsplätzen führt. Das Motiv des Gelderwerbs ist zumindest stark modifiziert durch andere, nicht unmittelbar materielle Bestrebungen. Um dieses relativ hohe subjektive Anspruchsniveau verwirklichen zu können, insbesondere dann, wenn auch eine Familiengründung beabsichtigt oder realisiert wird, ist gegenwärtig noch die Mitarbeit der Ehefrau unerläßlich. Die relativ elastische Nachfrage nach Frauenarbeitsplätzen wird gerade durch Anhebung des sozio-kulturellen Anspruchsniveaus verstärkt.

Aus diesen skizzierten allgemeinen Entwicklungstrends lassen sich folgende Schlußfolgerungen für die Beeinflussung industrieller Personalstrukturen ziehen:

1. Das Angebot an Arbeitskräften erhöht sich mittelfristig geringfügig, wird aber langfristig stagnieren. In Perioden des Konjunkturabschwungs wird vor allem die Eingliederung bisheriger Randgruppen in den Arbeitsprozeß fragwürdig. Es ist aber damit zu rechnen, daß z. B. die Frauenerwerbsquote kaum zurückgeht und daß in absehbarer Zeit auch ältere Menschen für Spezialarbeiten in wachsendem Maße herangezogen werden.

2. Es besteht die ausgeprägte Tendenz zur Höherqualifizierung der Arbeitskräfte. Diese Höherqualifizierung ist jedoch mehr auf die allgemeine Leistungsdisposition gerichtet und weniger auf das in einer bestimmten Stellung erforderliche Spezialwissen oder -können. Diskrepanzen zwischen Ausbildungsniveau und Berufsanforderung sind also durchaus möglich und sogar wahrscheinlich. Daraus können Probleme der Berufseingliederung junger Arbeitnehmer entstehen.
3. Wachsende sozial-kulturelle Ansprüche führen zur Tendenz einer immer komplexer werdenden Arbeitsmotivation. Der weitgehend individualisierte Arbeitnehmer der Zukunft wird deshalb sensibler sein und größere Schwierigkeiten haben, etwa bestehende Diskrepanzen zwischen subjektivem Anspruchsniveau und objektiver Anforderungssituation auszugleichen.

Wir müssen uns nun mit den *langfristigen Determinanten der Nachfrage nach Arbeitskräften* beschäftigen. Sie ergeben sich aus der Struktur des jeweiligen gesamtwirtschaftlichen Wachstumsprozesses, aus dem Ablauf der branchentypischen Rationalisierungsphasen und schließlich aus der Marktstellung des jeweiligen Unternehmens. Hinsichtlich des *gesamtwirtschaftlichen Wachstumsprozesses* ist die Feststellung für unser Thema relevant, daß offensichtlich immer noch Übereinstimmung darüber herrscht, daß seine Aufrechterhaltung erwünscht ist und hierfür eine leicht inflationäre Tendenz hingenommen wird. Dies hat zur Folge, daß langfristig trotz konjunktureller Schwankungen mit einer annähernd gleichbleibenden Nachfrage nach Arbeitskräften zu rechnen ist. Dies schließt nicht aus, daß bestimmte Randgruppen der Arbeitnehmer (ungelernte Jugendliche, unstetig Beschäftigte) von Arbeitslosigkeit bedroht werden.

Hinsichtlich der Auswirkungen von Wachstumsprozessen auf die Nachfrage von Arbeitskräften finden wir in allen hochindustrialisierten Ländern die Thesen von Clark und Fourastié bestätigt. Es findet eine Umschichtung der Erwerbsbevölkerung zwischen den verschiedenen Wirtschaftssektoren statt. Die Arbeitskräfte wandern in den Sektor, in dem die gegebene Nachfrage nur durch vermehrten Arbeitseinsatz befriedigt werden kann, in dem also der technische Fortschritt mit der vorhandenen Nachfrage bzw. ihrer Steigerung nicht Schritt gehalten hat. Dies führt dazu, daß im sogenannten Primärsektor, also im Agrarsektor, der absolute Anteil der Erwerbstätigen schrumpft, im Sektor der produzierenden Gewerbe dagegen stagniert, während er im Dienstleistungssektor einschließlich Handel und Verkehr auffallend expandiert. In der

Bundesrepublik Deutschland hat sich von 1950 bis 1970 der Anteil der Erwerbstätigen in der Land- und Forstwirtschaft von 24,6 % auf 8,8 % vermindert, der Anteil des Sektors des produzierenden Gewerbes ist von 42,6 % auf 48,7 % gewachsen, seit 1965 ist er rückläufig. Der Anteil des Sektors Handel, Verkehr, Dienstleistungen stieg hingegen von 32,8 % auf 42,5 %. In den einzelnen Wirtschaftsbereichen selbst haben wir wiederum den gleichen Trend zu den Dienstleistungsfunktionen wahrzunehmen. So können wir z. B. für den Industriesektor feststellen, daß als Folge des Wirtschaftswachstums in zunehmendem Maße großbetriebliche Strukturen entstehen und daß in diesen der Anteil der Angestelltenschaft gegenüber dem der Arbeiterschaft überproportional wächst. Von 1961 bis 1970 ist die Zahl der Angestellten um 27,7 % gestiegen, während die Zahl der Arbeiter gleichzeitig um 5,7 % abgenommen hat. Es steht fest, daß in der Phase der fortgeschrittenen Industrialisierung konstruktive, organisatorische, administrative und distributive Funktionen stark vermehrt werden. Das bedeutet hinsichtlich der Nachfrage nach Arbeitskräften eine Verlagerung auf mittlere und höhere Qualifikationsniveaus.

Für jede Industriebranche gibt es bestimmte typische *Rationalisierungsphasen*, die die Belegschaftstruktur wesentlich prägen. Die Bemühungen um eine intensivere Nutzung der betrieblichen Produktionsfaktoren haben grundsätzlich zwei Ansatzpunkte: das unmittelbare Arbeitsfeld des Menschen und die den einzelnen Arbeitsplatz übergreifende Organisationsstruktur. Mit wachsender Verwissenschaftlichung der Betriebsführung kommt es allmählich zu einer Verzahnung der Bemühungen, die auf das unmittelbare Arbeitsfeld abgestellt sind, mit den Bemühungen, die sich auf die übergreifende Organisationsstruktur erstrecken. Dadurch wird die Rationalisierung im Unternehmen allgegenwärtig und geradezu zur Produzentenlogik der Industrie schlechthin. Hauptmerkmale sind die Mechanisierung der Produktion bis zu ihrer gegenwärtig sichtbaren Vollendungsgrenze der Automation und damit einhergehend die Bürokratisierung der Dienstleistungsfunktionen. So wie der Mechanisierungsprozeß zu einer sehr starken qualifikatorischen Abstufung der Arbeiterschaft und gleichzeitig zu einer Einordnung nach objektiven Merkmalen geführt hat, bringt der Bürokratisierungsprozeß eine Objektivierung und Abstufung der Angestelltentätigkeiten mit sich. Indem die Angestelltenschaft im Unternehmen gleichermaßen Objekt der Rationalisierungsbestrebungen wird wie bisher die Arbeiterschaft, löst sich eine Reihe von Unterscheidungsmerkmalen auf und ein Angleichungsprozeß setzt ein. Gab es lange Zeit nur im Produktionsbereich den Übergang von der Einzelfertigung zur Serien- und Massenproduktion, so stellen wir mit dem Einsatz elektronischer Datenverarbeitungsanlagen zunehmend auch Serien- und Massenproduktion von Informationen und Informationsauswertungen fest. Die Folge ist ebenso wie für die Arbeiterschaft in zurückliegenden Phasen der Industrialisierung nun für die Angestelltenschaft ein grundlegender Umqualifizierungsprozeß. Hierbei haben die Ungelernten die geringsten Chancen.

Der fortdauernde Rationalisierungsprozeß im Unternehmen wird durch Experten gesteuert. Ihre Bedeutung zeigt sich in der wachsenden Ausdehnung der Stäbe und Spezialabteilungen. Aber auch diese höheren Ränge der Betriebshierarchie bleiben selbst nicht von der Rationalisierung unbeeinflußt. Die Beendigung jeder Rationalisierungsphase bringt auch eine interne Expertenkrise mit sich in der Weise, daß nun bestimmte höhere Qualifikationen nicht mehr im bisherigen Maße gefragt sind.

Die in den Großunternehmungen schon deutlich sichtbare Tendenz der Einbeziehung aller Mitarbeiter in den umfassenden Rationalisierungsprozeß hat weitreichende Konsequenzen. Traditional geprägte Berufstypen verschwinden dann zugunsten sachlich-rationaler Berufstypen mit einer stärker funktionellen Berufsauffassung, die sich an den jeweiligen Rationalisierungsstand leichter anpassen läßt. Eine erhöhte Mobilität und Flexibilität der Berufsträger ist erforderlich, und zwar nicht nur im Hinblick auf die Tätigkeiten, sondern auch auf die Denkweisen. Mitarbeiter, die bereit sind, ihre Arbeit rationalisieren zu lassen bzw. sich in einen rationalisierten Arbeitsvollzug einordnen, und die darüber hinaus ein erhebliches subjektives Anpassungspotential mitbringen, sind am meisten gefragt. Die Entwicklung ist im Arbeiter- wie im Angestelltenbereich gleichläufig, und allmählich verschwinden traditionelle Trennlinien zwischen beiden Arbeitnehmergruppen, ohne allerdings funktionsbedingte Unterschiede völlig aufzuheben.

Die Nachfrage nach Arbeitskräften seitens der Unternehmungen wird nicht allein durch deren technische Struktur, sondern auch durch deren *Stellung am Markte* beeinflußt. Obwohl die Großunternehmungen in der Regel an einem Oligopol hinsichtlich des Absatzes ihrer Produkte teilhaben und deshalb ihre Marktbeziehungen weitgehend stabilisieren können, kommt doch durch die große Exportabhängigkeit insbesondere europäischer Firmen ein dynamisierender Faktor zur Geltung. Der Zwang zum Export führt zum Aufbau sehr komplexer und teilweise instabiler Marktbeziehungen, die nur durch ständige Anpassungsbemühungen aufrechterhalten werden können. Unternehmungen, die einer starken Konkurrenz an den Weltmärkten ausgesetzt sind, werden zum Teil starke Produktionsschwankungen bzw. Produktionsumstellungen in Kauf nehmen müssen. Dies führt auch zu einer entsprechenden Veränderung der qualitativen und quantitativen Nachfrage nach Arbeitskräften, d. h. zu höheren Anforderungen an deren Mobilitätsbereitschaft im Unternehmen.

Zusammenfassend können wir aus der langfristigen Entwicklung der Nachfrage nach Arbeitskräften folgende Schlußfolgerungen bezüglich industrieller Personalstrukturen ziehen:

1. Es gibt einen ausgeprägten Trend zur nicht-manuellen Arbeit in Dienstleistungsbereichen.
2. Dieser Trend wirkt sich innerbetrieblich durch den Aufbau einer neuen Qualifikationshierarchie aus, die den traditionellen Kategorien Angestellte - Arbeiter oder Gelernte - Ungelernte nicht unmittelbar folgt. Die Qualifikationshierarchie entspricht vielmehr dem jeweiligen Rationalisierungsstand des betrieblichen Arbeitssystems und wandelt sich mit diesem.
3. Der Rationalisierungstrend beeinflußt langfristig die betriebliche Personalstruktur. Unmittelbar führt er zu einer wachsenden Schlüsselstellung der Experten, die im wesentlichen der Akademikerschicht entstammen. Die Expertenstellungen sind ihrerseits an den Rationalisierungsprozeß gekettet, und ihr Gewicht wandelt sich mit den entsprechenden Phasen. Es wird also in Zukunft weniger denn je eine Reihe weitgehend gegen Veränderungen abgesicherter Führungspositionen geben.
4. Die Auswirkungen von Wirtschaftswachstum und Rationalisierungstrend auf die Personalstrukturen lassen sich als allgemeiner Anpassungsdruck in Richtung quantitativer und qualitativer Veränderungen beschreiben. Dieser Anpassungsdruck steigert sich noch in dem Maße, in dem das jeweilige Unternehmen nicht in der Lage ist, seine Absatzmärkte strategisch zu beeinflussen.
5. Generelle Auswirkungen der allgemeinen Tendenzen bezüglich der Nachfrage nach Arbeitskräften bestehen in der zunehmenden Fragwürdigkeit einer einmaligen Ausbildung auf einen bestimmten Lebensberuf hin. Der auch beruflich mobile Arbeitnehmer mit großer Bereitschaft zu einem flexiblen Arbeitseinsatz entspricht am ehesten den gewandelten Anforderungen.

Die bisher erörterten allgemeinen Entwicklungstrends werden durch verschiedene *betriebsexterne und betriebsinterne Einflüsse* nicht aufgehoben, jedoch modifiziert. Als *Umweltfaktoren* kommen insbesondere kürzerfristige Konjunkturschwankungen sowie sozialpolitische Einwirkungen seitens des Staates und der Verbände in Betracht. In Perioden der Rezession kann die langfristige Stagnation des Arbeitsangebotes aufgehoben werden. Eine entsprechende Verminderung des Arbeitskräfteeinsatzes auf betrieblicher Ebene wird aber unter Umständen durch sozialpolitische Bestimmungen und Maßnahmen zur Arbeitsplatzsicherung und zum Rationalisierungsschutz der Arbeitnehmer verhindert. Drei Möglichkeiten der Anpassung stehen den Unternehmungen zur Verfügung:

1. der Einsatz flexibler Arbeitskraftreserven, wie z. B. Frauen und Gastarbeiter,
2. die Ausgliederung von Unternehmensteilen in Gebiete mit günstigen Arbeitsmarktbedingungen oder
3. die Unterstützung einer aktiven Arbeitsmarktpolitik des Staates, die zur fortwährenden Rehabilitation bzw. Requalifizierung nicht mehr geeigneter und voll einsatzfähiger Arbeitskräfte führt bzw. deren Mobilität fördert.

Auch *betriebsintern* wirken verschiedene Faktoren anpassungsmindernd oder zumindest anpassungsverzögernd. Die betriebliche Arbeitsplatzstruktur ist überlagert von einer betrieblichen Statusstruktur, die weniger dem jeweiligen Rationalisierungstrend folgt als vielmehr traditionsgebundene Merkmale trägt. Hierdurch wird die Flexibilität des Personaleinsatzes häufig verringert. Ebenso sind die betrieblich wirkenden Anreizsysteme häufig traditionsbestimmt, wodurch eine Inadäquanz der persönlichen Zielorientierung und der objektiven Situationsanforderungen auftreten kann. Man strebt auch innerbetrieblich häufig nach Stellungen, die langfristig nicht zu halten sind bzw. wenig Erfolg versprechen. Eine bewußte Personalplanung muß sich mit diesen Immobilisierungstendenzen auseinandersetzen. Hierauf wird noch näher einzugehen sein.

Wir können nun einige allgemeine Folgerungen aus den sichtbaren Trends ziehen, die die industriellen Personalstrukturen beeinflussen: Die säkular gesehen geringfügigen Veränderungen im Gesamtangebot an Arbeitskräften gehen einher mit einem vermehrten Schutz gegen sozialpolitisch unerwünschte Mobilität. Außerdem wird mit steigendem Qualifikationsniveau die Arbeitnehmerschaft sensibler und reagiert individualistischer auf Beschäftigungschancen und Leistungsanreize. Andererseits zwingen das Wirtschaftswachstum und der fortschreitende Rationalisierungsprozeß zu einer tiefgreifenden quantitativen und qualitativen Umschichtung der Personalstrukturen. Verstärkt durch Konjunktureinflüsse besteht die Notwendigkeit zur wachsenden Flexibilität betrieblicher Personalstrukturen, um das jeweils gegebene Arbeitskräftepotential quantitativ und qualitativ optimal zu nutzen. Um diese Ziele zu erreichen, sind bewußte Anstrengungen erforderlich, die im Rahmen einer langfristigen Personalplanung und Personalpolitik erfolgen sollten. Die Ansätze und Möglichkeiten hierfür sollen im Zusammenhang mit den im Einzelunternehmen erforderlichen Situationsanpassungen analysiert werden.

Betriebliche Personalstrukturen im sozialen Wandel

Wenn wir speziell die Entwicklung der Personalstrukturen in industriellen Großbetrieben betrachten, können wir, wie schon eingangs erwähnt, drei grundlegende Trends unterscheiden:

1. den Trend zum kapital- und ausbildungsintensiven Arbeitsplatz,
2. den Trend zur Integration der verschiedenen Elemente betrieblicher Personalstrukturen und
3. den Trend zur größeren Flexibilität des Personaleinsatzes.

Mit fortschreitendem Rationalisierungstrend steigt der *Kapitaleinsatz je Arbeitsplatz* sprunghaft an. Die Arbeitsanforderungen entsprechen dem jeweiligen Entwicklungsstand der maschinellen Ausrüstung, sind also weniger berufs- als arbeitsplatz- bzw. betriebsspezifisch. Um sie zu erfüllen, bedarf es eines mehr oder weniger intensiven Anlernprozesses, der von Zeit zu Zeit durch Fortbildungsmaßnahmen ergänzt wird. Die an sich sinkende Tendenz des absoluten Anteils von Personalkosten im Rahmen der Gesamtkostenstruktur wird durch Lohn- und Gehaltssteigerungen aufgrund sozialpolitischer und tarifpolitischer Entscheidungen sowie die Kosten fortdauernder Requalifizierung mehr als aufgewogen. Die Personalinvestitionen haben also auch im hochrationalisierten Betrieb eine steigende Tendenz, und sie nehmen mit wachsendem Qualifikationsgrad der Belegschaft immer stärker längerfristigen Charakter an. Tendenziell neigen sie dazu, sich in Fixkosten zu verwandeln. Aus diesen Gegebenheiten folgert eine veränderte Sichtweise und Beurteilung betrieblicher Personalinvestitionen. Man wird sich in wachsendem Maße nicht allein Rechenschaft über ihre absolute Größe und die damit verbundenen Verpflichtungen geben müssen, sondern insbesondere Rechenschaft über ihre Zweckmäßigkeit. Diese Zweckmäßigkeit läßt sich aber am besten anhand der gegebenen Personalstruktur, ihrer gegenwärtigen Situationsadäquanz und ihrer für die Zukunft gegebenen Anpassungsfähigkeit beurteilen. Eine Kontrolle von Personalinvestitionen hat andererseits aber nur Sinn, wenn damit Maßnahmen verbunden sind, die Personalstrukturen im Sinne des Unternehmensziels zu rationalisieren.

Mit wachsender Rationalisierung finden wir besonders in den Großunternehmungen die Tendenz zu einer strafferen *Integration der verschiedenen betrieblichen Bereiche*, was keineswegs auch eine Dezentralisierungstendenz ausschließen muß. Diese Integrationsbestrebungen lassen sich auch vermehrt im Personalsektor nachweisen. Sehr oft besteht zwar noch die Praxis, jeden selbständigen Betrieb auch von der Personalseite her selbständig zu leiten. Allerdings nimmt das Gewicht beratender und koordinierender Stabsabteilungen zu. Aber trotz der Notwendigkeit, Personalprobleme kompetent an der Stelle zu lösen, wo sie auftreten, besteht andererseits auch der Zwang, das Großunternehmen als einen effizienten, internen integrierten Arbeitsmarkt zu behandeln. Die erforderliche Flexibilität der Personalstrukturen läßt sich nämlich nur dann erreichen, wenn der quantitative und qualitative Personaleinsatz nicht nur aus einzelbetrieblicher Sicht, sondern im Interesse des Gesamtunternehmens erfolgt. Umfassende Aus- und Fortbildungsmaßnahmen ebenso wie der Versuch, die hierarchische Betriebsstruktur durchlässiger zu machen, sowie die Bemühungen, kurzfristige Engpässe in der Personalstruktur oder Arbeitskraftreserven abzubauen, erfordern die Planung des Personaleinsatzes im großen Rahmen. Es gibt Unternehmungen, die sowohl aus vertikaler Sicht ein durchgängiges System der Laufbahnplanung haben als auch aus horizontaler Sicht tiefgreifende mobilitätsfördernde Maßnahmen durchführen. Dies ist allerdings nur dann möglich, wenn sowohl im Einzelbetrieb als auch im Gesamtunternehmen die Personalverwaltung durch Personalpolitik ergänzt wird, d. h. wenn die einzelnen Maßnahmen von strategischen Entscheidungen gesteuert werden und nicht reine administrative Reaktionen auf sachfremde ad hoc-Entscheidungen darstellen.

Fortschreitende Rationalisierung bedeutet auch eine verstärkte Bemühung um innerbetriebliche Flexibilität. Der technisch-wirtschaftliche Fortschritt erfordert zwar diese Flexibilität, insbesondere seitens der Arbeitnehmerschaft, andererseits erschwert er sie außerordentlich. Ohne planende Maßnahmen läßt sich also das Problem nicht lösen. Flexibilität darf allerdings nicht als ein System von Aushilfen mißverstanden werden, die häufig ineffizient und dazu noch kostspielig sind. Es ist sicherlich nicht ein Zeichen von Flexibilität, wenn sich jeder Bereich nach Gutdünken eine Arbeitskraftreserve anlegt. Ebenso wenig dient es einer wohlverstandenen Flexibilität, wenn man nach einem starren System bestimmte Arbeitnehmergruppen im Betrieb rotieren läßt. Art und Ausmaß der Flexibilität bestimmen sich wiederum nach den Anforderungen der jeweiligen Situation. Ohne Situationsanalyse und entsprechende strategische Entscheidungen über die anzusteuernden Ziele ist also eine Personalpolitik zur Förderung der Flexibilität nicht effizient. Auf diese Probleme wird im folgenden Kapitel noch näher eingegangen.

Es ist immer wieder betont worden, daß die industriellen Personalstrukturen der Zukunft nicht mehr als zufällig gewachsene Einheiten betrachtet werden dürfen, die es mit bestimmten traditionellen Kunstgriffen zu verwalten gilt. Die Personalstrukturen werden in viel stärkerem Maße als bisher in Ansätzen deutlich an langfristig vorausgeplante Modelle angenähert werden müssen, wobei von vornherein Flexibilität für mögliche Veränderungen zu berücksichtigen ist. Aus dieser Sicht lassen sich die Anforderungen an eine moderne Personalpolitik wie folgt zusammenfassen:

1. Sorgfältige Situations- und Trendanalyse im Hinblick auf den allgemeinen Arbeitsmarkt und die sowohl quantitativen als auch qualitativen Bedürfnisse des eigenen Unternehmens.
2. Berechnung des Modells einer Personalstruktur mit Berücksichtigung erforderlicher Veränderungen für den Fall, daß sich die Determinanten des Modells verlagern.
3. Planung von strategischen Maßnahmen zur allmählichen Heranführung der tatsächlich bestehenden Personalstruktur an dieses Modell.
4. Effiziente Durchführung dieser Maßnahmen durch ihre enge Koppelung mit dem Führungsvollzug in jedem unternehmerischen Bereich.
5. Ständige Wirksamkeitskontrollen hinsichtlich quantitativer und qualitativer Veränderungen der Personalstruktur, insbesondere hinsichtlich der Maßnahmen für die allmähliche Entwicklung des Arbeitskräftepotentials auf den zukünftig gewünschten Stand hin.

Es ist selbstverständlich, daß jede Personalstruktur eines bestimmten Industrieunternehmens *spezifische Merkmale* aufweist, in denen die besondere Situationsbezogenheit zum Ausdruck kommt. Neben der allgemeinen Umweltkonstellation, wie z. B. regionale Lage, Marktlage, gesellschaftspolitische Einflüsse, sind vor allem die vom jeweiligen Rationalisierungsgrad abhängigen betrieblichen Arbeitssysteme und die der jeweiligen betrieblichen Sozialordnung entsprechenden Führungssysteme zu nennen. Die Beeinflussung einer spezifischen Personalstruktur ist des-

halb auch nur durch solche personalpolitischen Maßnahmen möglich, die, wie schon erwähnt, auf die jeweilige Situation bezogen sind.
Anhand der Unterlagen einer Berliner industriesoziologischen Untersuchung[1] sollen die *Beziehungen zwischen Arbeitssystem und Personalstruktur* dargestellt werden. Sie können als Vorarbeiten für die Entwicklung von Alternativmodellen betrieblicher Personalstrukturen gelten. Die genannte Untersuchung wurde schon 1957 und 1958 in 19 Berliner und 12 westdeutschen Betrieben durchgeführt. In erster Linie wurden die Funktionen, Ausbildungs- und Erfahrungszeiten sowie die charakteristischen Anforderungen am Arbeitsplatz für Arbeiter und Angestellte am Arbeitsplatz erfragt. Besonderer Wert wurde auf die Klassifizierung der Arbeitsanforderungen anhand eines vom Untersuchungsteam erarbeiteten Funktionsgruppenkatalogs gelegt. Ein Ergebnis dieser Untersuchung besteht darin, daß für den Produktionsbereich drei Industrietypen gefunden wurden, denen jeweils charakteristische Funktionsgruppenverteilungen für Arbeiter und Angestellte entsprechen.
Im einzelnen handelt es sich um folgende Typen: Industrietyp I bezieht sich auf die Arbeitsplatzstruktur von Betrieben, die durch die Erstellung von Einzel- und Serienleistung im Rahmen von Werkstättenfertigung charakterisiert werden. Hier ist ein hoher Anteil an Angestelltentätigkeiten festzustellen, der sich aus der Notwendigkeit einer ausgedehnten Entwicklungsabteilung, Arbeitsvorbereitung und einem individuelle Kundenwünsche befriedigenden Projekt- und Vertriebsnetz herleitet. Die häufig wechselnden Bearbeitungsprozesse an Spezialmaschinen erfordern einen relativ großen Stamm von Facharbeitern.[2]
Industrietyp II repräsentiert den Massen- und Sortenleistungsbetrieb, der weitgehend rationalisiert ist, so daß das gesamte Betriebsgeschehen einen routinemäßigen Ablauf annimmt. Hier haben wir es in der Hauptsache in der Produktion mit un- und angelernten Arbeitskräften zu tun. Auch der Angestelltenanteil ist relativ gering als Folge weitgehender Rationalisierung. In Großunternehmen wird die Angestelltenarbeit zweifellos in die Hauptzentralen verlagert sein.
Industrietyp III entspricht dem Zwischentyp eines Großbetriebes, der sowohl Spezialwerkstätten unterhält, die teils Einzelaufträge ausführen, teils als innerbetriebliche Zulieferungsbetriebe fungieren, als auch Großserien- und Massenfertigung aufweist, hauptsächlich in der Form der

[1] O. Stammer (Hrsg.), Angestellte und Arbeiter in der Betriebspyramide, Berlin 1959
[2] A.a.O. S. 49

Fließfertigung. Das Nebeneinanderher-Bestehen von Werkstätten und Fließbandfertigung führt zu einer starken Abnahme des Anteils der Angestellten an den im Betrieb Beschäftigten und zu einem Sinken des Anteils qualifizierter Arbeitertätigkeiten zugunsten einer breiten Schicht gering qualifizierter und kurzfristig anlernbarer Hilfstätigkeiten.[1]

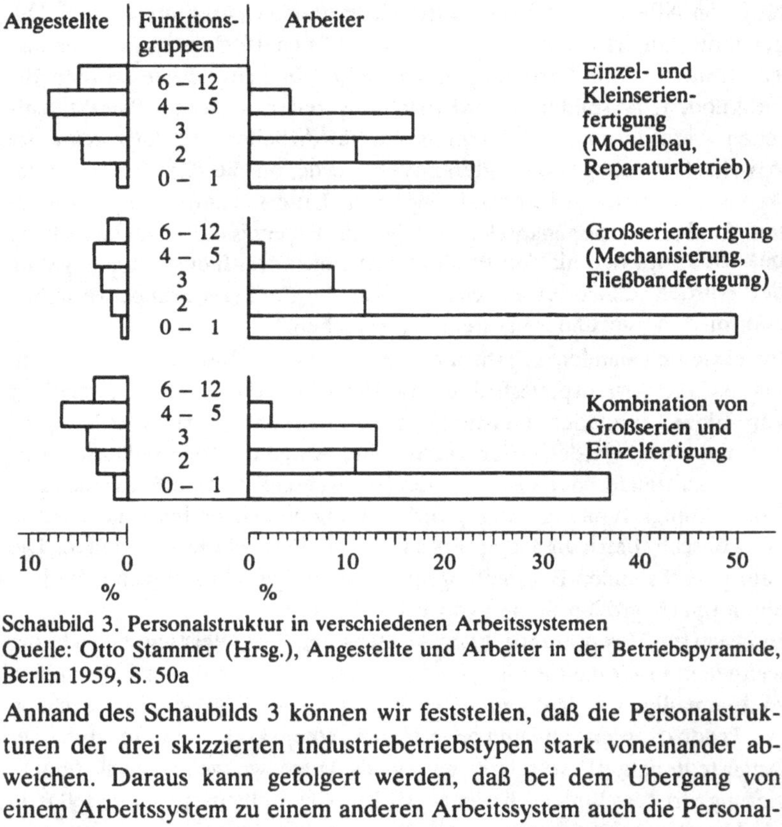

Schaubild 3. Personalstruktur in verschiedenen Arbeitssystemen
Quelle: Otto Stammer (Hrsg.), Angestellte und Arbeiter in der Betriebspyramide, Berlin 1959, S. 50a

Anhand des Schaubilds 3 können wir feststellen, daß die Personalstrukturen der drei skizzierten Industriebetriebstypen stark voneinander abweichen. Daraus kann gefolgert werden, daß bei dem Übergang von einem Arbeitssystem zu einem anderen Arbeitssystem auch die Personalstrukturen sich stark wandeln. Die erwähnte Berliner Untersuchung zeigt in diesem Zusammenhang den im wesentlichen das Qualifikationsniveau senkenden Effekt des Übergangs zur Hochmechanisierung. Es darf allerdings nicht vergessen werden, daß die Senkung des Qualifikationsniveaus sich insbesondere auf die reinen Industriebetriebe im Rahmen eines Unternehmens bezieht. Gleichlaufend mit diesem Prozeß können wir

[1] A.a.O. S. 51

eine Qualifikationshäufung in den Zentralen bzw. in bestimmten Spezialbereichen, wie etwa Konstruktion und Entwicklung oder Vertrieb feststellen. Ergänzend zu den Resultaten der Berliner Untersuchung ist noch darauf hinzuweisen, daß zweifellos der Übergang von einem hochmechanisierten Arbeitssystem zu einem automatisierten Arbeitssystem sowohl im Bereich der Produktion als auch im Bereich der Verwaltung neue Qualifikationsumschichtungen zur Folge hat. Die bisherigen Untersuchungen zeigen, daß hier eine erhebliche Requalifizierung erfolgen kann, die zwar nicht den traditionellen Berufsqualifikationen der Arbeiter und Angestellten entspricht, aber doch spürbar eine Hebung des Anforderungsniveaus vieler beteiligter Arbeiter zur Folge hat. Teilweise ist allerdings eine Polarisierung zwischen Fach- und Hilfskräften festzustellen.

Leider ist für *Zusammenhänge zwischen Personalstruktur und Führungssystem* keine ähnliche empirische Untersuchung verfügbar. Wir müssen uns deshalb auf theoretische Überlegungen beschränken. Hierbei wollen wir von zwei Idealtypen eines Führungssystems ausgehen: dem System der direkten Führung, d. h. der Zentralisierung von Entscheidungsprozessen in einer Instanz, und dem System der indirekten Führung, d. h. Dezentralisierung von Entscheidungsprozessen über verschiedene Instanzen. Man kann damit rechnen, daß diese Führungssysteme nicht allzu abweichende Effekte auf die Personalstrukturen der unmittelbar ausführend tätigen Firmenangehörigen haben werden. Um so nachhaltiger ist jedoch ihr Effekt in der Schicht mit administrativen und leitenden Funktionen. Es ist zu erwarten, daß ein zentralisiertes Führungssystem weniger stark entwickelte Linienpositionen, dafür aber eine Ausdehnung der Stäbe aufweist, während ein dezentralisiertes Führungssystem umgekehrt eine weniger starke Ausdehnung der Stäbe, dafür aber eine Vermehrung der Linienpositionen zeigen dürfte. Im weiteren Verlauf der Entwicklung wird sich wahrscheinlich das dezentralisierte Führungssystem als ein Übergangstyp erweisen in Richtung einer starken Ausdehnung horizontaler Kooperationseinheiten auf der Grundlage funktionaler Erfordernisse des Arbeitsablaufs. Dadurch wird bis zu einem gewissen Grade der Stab-Linien-Gegensatz aufgehoben durch die Herausbildung funktionsadäquater Arbeitsteams. Dies führt selbstverständlich zu einschneidenden Veränderungen in der betrieblichen Mittelschicht.

Unsere Ausführungen sollten zeigen, daß die Entwicklung von Personalstrukturen und die planende Einflußnahme auf diese Entwicklungen Strukturmerkmale des Unternehmens berücksichtigen und auch beeinflussen müssen, die nicht unmittelbar personalwirtschaftlicher Art sind.

Hieraus folgt, daß die Entwicklung eines Modells der betrieblichen Personalstruktur zwar von entsprechenden Fachleuten im Personalbereich vorgenommen werden sollte, daß aber engste Zusammenarbeit mit technischen und wirtschaftlichen Experten ebenso erforderlich ist wie eine übergeordnete Abstimmung der wirtschaftlichen, technischen und sozialen Entwicklung des Unternehmens überhaupt zum Zwecke der Formulierung einer effizienten Personalpolitik. Ohne derartige koordinierende Maßnahmen bleiben die Bemühungen um langfristige Beeinflussung der betrieblichen Personalstruktur seitens der hierfür zuständigen Experten nur Sandkastenspiele.

Der objektive Ablauf von Veränderungen betrieblicher Personalstrukturen stellt zahlreiche *traditionelle Denkmuster* in Frage, die immer noch *zur Interpretation betrieblicher Personalprobleme* verwendet werden. Gelingt es nicht, unsere Denkweise in dem Maße zu verändern, wie sich die Wirklichkeit verändert, wird der Spielraum für situationsadäquate Personalpolitik sicherlich nicht optimal werden. Es bedarf also der Ideologiekritik im Bereich personalpolitischen Denkens, um sich von traditionalistischen Ideologien lösen zu können. Die hiermit verbundene Aufgabe soll anhand einiger Beispiele verdeutlicht werden.

Wir finden in vielen Betrieben einen vor allem von Technikern gepflegten Produktionsmythos, der sich im Dogma von der angeblich *„unproduktiven Arbeit“* der nicht direkt Erzeugnisse herstellenden Bereiche eines Unternehmens manifestiert. Ein derartiges Denken gerät selbstverständlich in Konflikt mit Tendenzen in Richtung eines überproportional wachsenden Angestelltensektors im Unternehmen. Je größer die Produktivität, desto weniger Menschen im direkten Produktionsbereich, desto mehr Vorleistungen und Nachleistungen durch Erfüllung qualifizierter Dienstleistungsfunktionen. Das Dogma von der sogenannten „unproduktiven Arbeit“ entspricht also eindeutig einem Zustand der Personalstruktur, wie sie einerseits beim Masseneinsatz wenig qualifizierter Arbeitskräfte und andererseits bei ausgesprochenen Verkäufermärkten gegeben ist. Kein modernes Unternehmen kann heute von der Maxime ausgehen, seine erste Aufgabe bestehe darin, Güter zu produzieren. Die Aufgabe besteht vielmehr darin, Güter zu verkaufen, d. h. solche Güter anzubieten, die auf dem Markte eine Absatzchance haben. Von diesem Ansatz her ergibt sich eine Aufgabenteilung und Funktionsteilung im Unternehmen, die das erwähnte Dogma eindeutig widerlegt.

Häufig wird gerade von statusbewußten Angestellten die These vertreten, es gebe immer noch eine Trennung in die Bereiche der *Handarbeit und der Geistesarbeit.* Sie dient im wesentlichen als Rechtfertigung herkömmlicher Prestigevorstellungen der Büroarbeit. Ihre Stütze in den tatsächlichen Verhältnissen hat sie jedoch verloren, wie die Ergebnisse der analytischen Arbeitsbewertung eindeutig zeigen. Auch im Bereich traditioneller Arbeitertätigkeiten sind nicht-physische Anforderungen immer bedeutsamer, während im Bereiche traditioneller Angestelltentätigkeiten durchaus auch sehr viele manuelle Verrichtungen zu beobachten sind. Es wäre deshalb ein großer Fehler, Personalstrukturen einseitig nach dem antiquierten Modell der Trennung zwischen Arbeiter- und Angestelltentätigkeiten aufzubauen.

Besonders fragwürdig sind mit wachsendem Anpassungsdruck durch Rationalisierungsmaßnahmen Leitbilder geworden, die *Berufsverbundenheit und Betriebstreue* übermäßig hoch bewerten. Im Selbstverständnis vieler Menschen spielen sie aber noch eine hervorragende Rolle zur ethischen Grundlegung der Erwerbstätigkeit. In einer Zeit, in der mindestens die Hälfte aller Arbeitnehmer einmal im Leben ihren Beruf wechselt und die Fluktuationsziffern in den Industriezweigen bis 20 % jährlich betragen, kann man allerdings nicht mehr von einer Allgemeingültigkeit dieser Wertvorstellungen sprechen, zumindest nicht mehr von einer allgemein gegebenen Chance ihrer Realisierung. Es bedarf also einer differenzierenden Interpretation. Wahrscheinlich wird die Mehrzahl der Arbeitnehmer nicht einen einzigen Lebensberuf mehr ausüben können, und es ist wahrscheinlich auch nicht wünschenswert, wenn die Mehrzahl der Arbeitnehmer so immobil bleibt, daß sie einen Betriebswechsel grundsätzlich ablehnt. Damit soll nicht gesagt sein, daß eine gewisse Berufsverbundenheit bzw. berufliche Qualifikation ebenso überflüssig wäre wie eine langfristige Bindung an einen bestimmten Arbeitgeber. Wir müssen aber das Arbeitsleben als ausgesprochen phasenstrukturiert annehmen, was bedeutet, daß in bestimmten Lebensabschnitten die Mobilität größer, in anderen wiederum geringer sein wird. Es wäre deshalb auch verfehlt, betriebliche Leistungsanreize bzw. betriebliche Entlohnungs- und Prestigeskalen nur nach diesen traditionellen Wertvorstellungen hin zu orientieren. Man würde damit einem großen Teil der Belegschaft, insbesondere den Neueintretenden, die soziale Integration in das Unternehmen unnötig erschweren. Die Flexibilität der Personalpolitik setzt voraus, daß die soziale Integration der Arbeitnehmer nach sachlich-rationalen und weniger nach emotionalen Komponenten ausgerichtet ist, daß also Verständnis für objektive Strukturwandlungen und subjektive Anpassungen geweckt werden kann.

Es wurde ausführlich zu zeigen versucht, daß der Wandel betrieblicher Personalstrukturen auch durch den Wandel betrieblicher Arbeits- und Führungssysteme bewirkt wird. Aus personalpolitischer Sicht ist also das jeweilige Arbeits- und auch Führungssystem, ja die gesamte betriebliche Sozialordnung relativ und nicht absolut zu setzen. Was für das bestehende Arbeitssystem typisch ist, mag für das kommende und in fünf Jahren verwirklichte Arbeitssystem ausgesprochen untypisch erscheinen. Deshalb sind allgemeine Maximen der betrieblichen Organisation, ja der betrieblichen Menschenführung nur insofern brauchbar, als deutlich gemacht wird, in welchem Maße sie auf bestimmte Situationen, d. h. Arbeits- und Führungssysteme zutreffen. Deutlich wird dies z. B. an dem *Prinzip eines Vorgesetzten für jeden Mitarbeiter*. Wir wissen aus Untersuchungen in automatisierten Betrieben, daß dieses Prinzip nicht mehr gültig ist, daß wir vielmehr multifunktionale Bindungen im Arbeitsablauf feststellen können, denen unterschiedliche Weisungsträger zugeordnet sind. Das klassische hierarchische Schema ist eine Denkfigur, die durch die Notwendigkeit hochintegrierter Arbeitsabläufe aufgehoben wird. An seine Stelle treten stark differenzierte Leistungseinheiten, für die ganz neue Verbundformen im Arbeitsablauf typisch sind und in denen die Differenzierung nicht mehr allein nach dem Merkmal hierarchisierter Weisungsbefugnis vorgenommen werden kann.
In ähnlicher Weise fragwürdig wird ein *Denken in Stab-Linien-Positionen* in manchen hochmechanisierten bzw. automatisierten Betrieben. Viele Stäbe sind derartig stark in den Entscheidungsprozeß integriert, daß nicht mehr generell davon gesprochen werden kann, daß sie sich allein auf die Vorbereitung derartiger Entscheidungen zu beschränken hätten. Andererseits sind viele Linienpositionen derartig durch zentrale Instanzen gesteuert, daß der Begriff der Verantwortlichkeit des Vorgesetzten neu zu interpretieren ist. Schließlich gibt es eine Fülle von Bereichen, die gerade typisch für forschungsintensive und wachstumsorientierte Unternehmungen sind, wo ein wesentlicher Teil der zu erledigenden Aufgaben von Teams durchgeführt wird, die eine abgestufte Expertenstruktur mit relativer Handlungsfreiheit verbinden.
Gerade bei den Versuchen, durch eine langfristige Personalpolitik den Wandel industrieller Personalstrukturen zu steuern, tritt immer wieder das Problem auf, für die sichtbaren Veränderungen neue Interpretationen zu finden und diese einem breiteren Kreis von Beteiligten zu vermitteln. Man kann grundsätzlich davon sprechen, daß eine situationsadäquate Anpassung von Leistungsstrukturen immer von einer entsprechenden

Anpassung der Denkstrukturen abhängt. Gerade der Personalfachmann muß sich stets dessen bewußt sein, daß Motivation, Denken und Verhalten im handelnden Menschen eine Einheit bilden und daß hierauf bei allen Planungen Rücksicht zu nehmen ist.
Wir können abschließend feststellen, daß die raschen Veränderungen industrieller Personalstrukturen zu einer dynamischen Personalpolitik herausfordern, die sich nicht allein durch Gutachten oder Appelle manifestieren darf. Durch ständige Überprüfung und Analyse der Situationen müssen Leitvorstellungen erarbeitet werden, die den organisatorischen Rahmen für neue Strukturen sichtbar machen und gleichzeitig die Beteiligten zu einer positiven Haltung gegenüber den Strukturveränderungen motivieren. In diesem Sinne ist eine fortschrittliche Personalpolitik im Zeitalter des allgemeinen sozialen Strukturwandels mehr als eine ausgeklügelte Technik des Personaleinsatzes. Sie hilft neue produktivitätsfördernde Ordnungen menschlicher Zusammenarbeit setzen, indem sie objektive Erfordernisse und subjektive Erwartungen aufeinander abzustimmen versucht. Damit trägt sie bei, große allgemeine und objektive Veränderungen zielführend zu steuern und den Zwang der Tatsachen in sinnvolle Wirkungszusammenhänge zu verwandeln.

3.2. Möglichkeiten und Voraussetzungen eines flexiblen Personaleinsatzes

Ständig wachsende langfristige Kapitalinvestitionen und die gleichzeitig zunehmende Spezialisierung des Betriebszwecks lassen den Spielraum für rasche Betriebsumstellungen tendenziell geringer werden. Dadurch werden die Bemühungen um eine planmäßig vergrößerte Flexibilität der Produktionsfaktoren zur unternehmenspolitischen Aufgabe ersten Ranges. Diese Flexibilität ist jedoch in erster Linie nichts anderes als die Anpassungsfähigkeit der im Betrieb arbeitenden Menschen an die Herausforderungen durch Marktveränderungen, technologischen Fortschritt und die allgemeine Arbeitskräftefluktuation in unserer Gesellschaft. Die planmäßige Förderung dieser Anpassungsfähigkeit und die Steuerung der hierdurch ermöglichten innerbetrieblichen Arbeitskräftemobilität gehören deshalb zu den immer vordringlicher werdenden Aufgaben betrieblicher Personalwirtschaft. Die Erfüllung der Grundaufgabe jeder Personalpolitik: die Gewährleistung eines optimalen Personaleinsatzes, der den Wirkungsgrad des betrieblichen Arbeitskräftepotentials erhöht, hängt aufs engste vom Erfolg dieser Bemühungen ab. Weder improvisierte ad hoc-Maßnahmen noch starre Pesonalplanung führen jedoch zu einem langfristig positiven Ergebnis. Wer nur fallweise nach wechselnden Kriterien entscheidet, begibt sich der Möglichkeit der systematischen Erfolgskontrolle, und wer seine Entscheidungen in ein starres Prokrustesbett von Soll-Kennziffern preßt, verzichtet auf die dringend erwünschten Anpassungsmöglichkeiten. Die Politik eines flexiblen Personaleinsatzes, deren Erfolg im Krisenfall Entlassungen verhindert, setzt demgegenüber nicht mehr und nicht weniger als eine sozialorganisatorische Neuorientierung des Betriebsgeschehens voraus.

Möglichkeiten eines flexiblen Personaleinsatzes
Veränderungen im betrieblichen Personaleinsatz können sich grundsätzlich quantitativ auf die Menge sowie den Zeitraum der beschäftigten Arbeitskräfte und qualitativ auf den Wechsel des jeweiligen Arbeitsbereichs oder den Wechsel der jeweiligen Arbeitsfunktion beziehen. Die Ursachen hierfür können einmal in dem kurzfristig unterschiedlichen Arbeitsanfall liegen oder längerfristig durch eine strukturelle Verlagerung der Arbeitsanforderungen bedingt sein. Schwankungen des Arbeitsanfalles sind ja in jedem Betrieb an der Tagesordnung und aufs engste mit dem Grad der jeweils erreichbaren Kapazitätsausnutzung verbunden. Nicht nur zur Vermeidung einer ungünstigen Kostenentwicklung, sondern auch zur Vermeidung produktionstechnischer und absatzwirtschaftlicher Schwierigkeiten wird im allgemeinen eine möglichst stetige Arbeitsauslastung angestrebt, deren Voraussetzung ein möglichst vielseitig verwendbares Arbeitskräftepotential im Betrieb ist. Größere Probleme bringt die längerfristige Verlagerung der Anforderungsstrukturen in der Belegschaft mit sich, denn hierdurch werden die vitalen Interessen der betreffenden Arbeitnehmer berührt. Im Zusammenhang mit der fortschreitenden Rationalisierung, die als wachsende Mechanisierung im Fertigungsbereich und als Büroautomation immer stärker in Erscheinung tritt, wird dieses Problem auch in der breiten Öffentlichkeit diskutiert.

Die Notwendigkeit eines flexiblen Personaleinsatzes angesichts dieser Herausforderungen ist keineswegs erst eine Entdeckung der Gegenwart. Seit es eine industrielle Arbeitswelt gibt, hatten sich die Betriebsführungen mit diesen Problemen zu beschäftigen. Es wurde auch eine Reihe traditioneller Hilfsmittel entwickelt, die gegenwärtig immer noch unter bestimmten Umständen mit Erfolg verwendet werden können. Bei quantitativen Veränderungen der Nachfrage nach Arbeitskräften fand in der

Regel der Ausgleich über Einstellungen und Entlassungen statt. Noch heute gilt in den USA das durch Senioritätsrechte nur modifizierte Hire-and-fire-Prinzip. Aus sozialpolitischen Gründen ist durch gesetzlichen und teilweise auch tarifvertraglichen Kündigungsschutz diese Möglichkeit in den europäischen Ländern weitgehend eingeschränkt worden. In etwas abgewandelter Form bietet aber neben der Regulierung des Überstunden-Volumens die Unterteilung des betrieblichen Arbeitskräftepotentials in eine Stammbelegschaft einerseits und in Aushilfskräfte (Gastarbeiter) andererseits einen gewissen Ersatz. Wir können nicht übersehen, daß gerade der Einsatz von Gastarbeitern den Auffang saisonaler und konjunktureller Schwankungen erleichtert und die Flexibilität des Personaleinsatzes erhöht. Dieses Prinzip hat besonders in Japan eine geradezu klassische Ausbildung erfahren. Die Arbeitnehmerschaft der japanischen Industrie ist strikt dreigeteilt in die Gruppe der lebenszeitlich Beschäftigten, der zeitweilig beschäftigten Aushilfsarbeiter und der Tagelöhner. Infolge des tendenziellen Überangebots an Arbeitskräften in Japan hat sich diese Dreiteilung bisher noch nicht zu einem ernstzunehmenden sozialpolitischen Konfliktstoff entwickelt. Was unsere Verhältnisse betrifft, so wäre es jedoch unmöglich, das japanische Vorbild nachzuahmen. Für den deutschen Bereich bleibt schließlich noch ein drittes traditionalles Hilfsmittel zur Erhöhung der Flexibilität des Personaleinsatzes: die Delegierung betrieblicher Arbeiten an Fremdfirmen. Hiervon macht z. B. die Großchemie einen ausgedehnten Gebrauch, indem etwa alle auf dem Betriebsgelände anfallenden Bauarbeiten an Fremdfirmen vergeben werden. Es ist durchaus denkbar, daß dieses Prinzip noch in viel stärkerem Maße in allen Industriezweigen verwendet wird und daß sich noch mehr Spezialfirmen etablieren, die mit ihrem Angebot besonderer Dienstleistungen und entsprechend geschulter Arbeitskräfte kurzfristig Personalengpässe in den Betrieben überwinden helfen.

Eine nähere Analyse der personalpolitischen Situation in unseren Unternehmungen wird uns zu dem Schluß führen, daß die genannten traditionellen Hilfsmittel nicht mehr ausreichen. Das Ausmaß des konjunkturellen und strukturellen Anpassungsdrucks ist so groß, daß er von der Stammbelegschaft nicht mehr ferngehalten werden kann. Praktisch jeder im Betrieb Tätige kommt mehrmals in seinem Arbeitsleben in die Situation, einschneidende Veränderungen seiner Arbeitssituation akzeptieren zu müssen. In einigen Branchen ist innerbetriebliche Mobilität geradezu zur Voraussetzung einer längerdauernden Betriebszugehörigkeit geworden. Damit erhält aber auch das Problem des flexiblen Personaleinsatzes eine neue Dimension, indem es geradezu zum Kriterium einer zeitgemäßen Personalpolitik wird. Wir wollen nun die verschiedenen Möglichkeiten erörtern, die innerbetriebliche Arbeitskräftemobilität durch den Wechsel des Arbeitsbereichs und den Wechsel der Arbeitsfunktion zu erhöhen.

a) Der Wechsel des Arbeitsbereichs

In zahlreichen Betrieben ist es üblich, die schwankende Arbeitsauslastung durch eine *zeitweilige Ausdehnung des Arbeitsbereichs* zu regulieren. Dies kann z. B. durch zeitweilige Mehrstellenarbeit geschehen, indem in einer bestimmten Phase des Produktionsprozesses von einem Arbeiter mehrere Maschinen überwacht werden oder im Bürobereich etwa die Telephonzentrale in der Mittagspause oder in den Abendstunden unterdurchschnittlich besetzt wird. Eine zweite Form stellt der *zeitweilige Arbeitskräfteaustausch zwischen Arbeitsbereichen* dar, wie er in Werkstätten und Büros ebenfalls häufig zu beobachten ist. Solange dieser Austausch innerbetrieblich erfolgt und keine Veränderungen der Arbeitsbedingungen oder eine Schlechterstellung des Arbeitnehmers gegeben sind, liegt keine Versetzung im Sinne des Betriebsverfassungsgesetzes vor, so daß auch die Mitwirkung des Betriebsrats nicht gesetzlich vorgeschrieben ist. In der Regel wird der zeitweilige Arbeitskräfteaustausch zwischen Arbeitsbereichen den Charakter der Aushilfe haben, der ohne besondere Folgen für die Betroffenen bleibt. Viel einschneidender wird die Arbeitswirklichkeit durch den *ständigen Arbeitskräfteaustausch* verändert, der entweder fallweise oder systematisch in einem bestimmten Turnus vonstatten gehen kann. Im letzteren Falle handelt es sich um Job-Rotation. Wir begegnen diesem Verfahren z. B. in der Großchemie in hochautomatisierten Anlagen, wo in regelmäßigen Abständen jeder Arbeiter seinen Arbeitsbereich wechselt, so daß er nach einem bestimmten Zeitraum in der Lage ist, praktisch jede betriebliche Aufgabe auf seinem Qualifikationsniveau zu erfüllen. Wesentliche Voraussetzungen dieses Arbeitskräfteaustausches ist also gewissermaßen eine All-round-Ausbildung.

Wenn bestimmte Arbeitskräfte ständig, aber jeweils von Fall zu Fall den Arbeitsbereich wechseln, handelt es sich in der Regel um Spezialisten. Ein typischer Fall hierfür sind die „Springer" in hochmechanisierten Produktionsabteilungen, etwa dort, wo Fließbandfertigung besteht. Im Bürobereich haben sich entsprechend, etwa im Sparkassen- und Bankwesen, „fliegende Abteilungen" herausgebildet, die bei besonders starkem Arbeitsanfall, etwa zum Monatsende oder vor bestimmten Feiertagen, Aus-

hilfe leisten. Diese Methode, hochqualifizierte Lückenbüßer zur Überwindung von Personalengpässen einzusetzen, gestattet eine relativ knappe Personalausstattung der einzelnen Werkstätten und Abteilungen und hält von diesen gleichzeitig die durch Arbeitsplatzwechsel verursachte soziale Unruhe fern, indem sie die Anpassungsprobleme gleichsam den Spezialisten für betrieblichen Arbeitsplatzwechsel überläßt. Eine Variante dieser Methode zur Erreichung eines höheren Flexibilitätsgrades des Personaleinsatzes besteht darin, überall dort, wo es möglich ist, aus den einzelnen Betriebsbereichen solche Funktionen auszugliedern, deren Träger besonders schwankend ausgelastet werden, und sie in zentraleren Einheiten zusammenzufassen. Im Werkstättenbereich sind so etwa die Wartungskolonnen entstanden, und im Bürobereich hat diese Überlegung zur Einrichtung zentraler Schreibbüros geführt.
Als letzte und einschneidendste Möglichkeit des Wechsels des Arbeitsbereiches ist die *einmalige Versetzung* zu nennen. Auf ihre nicht unerhebliche soziale Problematik wird später einzugehen sein.

b) Der Wechsel der Arbeitsfunktion
In der Regel bringt jeder Wechsel des Arbeitsbereichs auch kleinere Veränderungen in Art und Umfang der jeweiligen Arbeitsaufgabe. Sie bedeuten jedoch so lange keinen einschneidenden Faktor, der beim Personaleinsatz zu berücksichtigen ist, wie sie von den Beteiligten noch in das übliche Arbeitsbild eingeordnet werden können und die Tätigkeiten im großen und ganzen als gleichwertig erscheinen. Wo dies jedoch nicht der Fall ist und ein tiefgreifender Wechsel der Arbeitsfunktion erfolgt, treten zusätzliche Anpassungsschwierigkeiten auf. Nur selten werden Funktionsänderungen die soziale Stellung der betroffenen Belegschaftsangehörigen unberührt lassen. Im allgemeinen bedeuten sie durch die Verschiebung der Arbeitsanforderungen entweder eine Höher- oder eine Minderqualifizierung, d. h. für den Betroffenen zumindest im soziologischen Sinne des Begriffes Aufstieg oder Abstieg. Gegen eine Höherqualifizierung werden kaum Einwände erhoben werden, so lange der betreffende Arbeitnehmer sich der neuen Aufgabe gewachsen fühlt und er eine materielle Besserstellung erfährt. Ganz anders liegt jedoch der Fall bei einer Minderqualifizierung bzw. „Verwässerung" der bisherigen Tätigkeit. Die hier auftretenden Probleme sind in der Praxis kaum lösbar, es sei denn, die Betroffenen müßten als Alternative die Arbeitslosigkeit fürchten. Deshalb wird man, wo immer es möglich ist, doch die Funktionsänderung so vornehmen, daß das Prinzip der Gleichwertigkeit der

neuen Arbeitsaufgabe zumindest formal nicht durchbrochen wird.
Änderungen in der Arbeitsfunktion sind in der Regel Folgen des Rationalisierungsprozesses. Da dieser Prozeß bewußt und meistens auch langfristig von den betrieblichen Experten gesteuert wird, sind die notwendig werdenden Funktionsänderungen und der von ihnen betroffene Kreis der Mitarbeiter grundsätzlich voraussehbar. Eine allgemeine Klassifizierung kann man anhand der aus den Systemen der analytischen Arbeitsbewertung bekannten Anforderungskategorien vornehmen. Änderungen in der Arbeitsfunktion können sich dementsprechend in veränderten Anforderungen an Können und Fachkenntnisse, an physische und psychische Belastung, an die Verantwortung sowie schließlich bedingt durch Umgebungseinflüsse äußern. Wo bereits ein System der analytischen Arbeitsbewertung eingeführt worden ist, läßt sich relativ einfach ermitteln, ob und in welchem Ausmaß eine Höherqualifizierung bzw. Minderqualifizierung eingetreten ist. Wo diese Voraussetzung nicht besteht, wird man, um subjektive Mutmaßungen möglichst auszuschalten, zur Beurteilung dieser Frage nicht nur die jeweiligen Techniker, auch nicht den unmittelbaren Vorgesetzten allein, sondern selbstverständlich auch den direkt betroffenen Arbeitnehmer und seinen betrieblichen Interessenvertreter (Vertrauensmann, Betriebsratsmitglied) hören müssen.
In der Literatur über betriebliche Auswirkungen der Rationalisierung, insbesondere der Automation, finden wir zahlreiche Beispiele für den Wechsel von Arbeitsfunktionen, der von den Arbeitskräften ein hohes Maß an Flexibilität verlangt. In der Praxis handelt es sich hierbei häufig noch um eine allein von den technischen Gegebenheiten diktierte Flexibilität des Personaleinsatzes. Personalpolitische Maßnahmen sind mehr oder weniger nachträgliche Anpassungen an vorgegebene und unbeeinflußbare Situationsänderungen. Um diese Lage verbessern zu können, die zahlreiche Konfliktmöglichkeiten im Rahmen der innerbetrieblichen Arbeitsbeziehungen mit sich bringt, müssen die Personalleitungen Mittel und Wege erhalten, vorbeugend die Flexibilität der Mitarbeiter auch im Hinblick auf eventuelle Funktionsänderungen zu erhöhen. Den Voraussetzungen für eine aktive Personalpolitik mit dem Ziel der Erhöhung der Flexibilität der Arbeitskräfte wollen wir uns nun zuwenden.

Voraussetzungen einer mobilitätsfördernden Personalpolitik

Es wurde bereits eingangs darauf hingewiesen, daß die Politik eines flexiblen Personaleinsatzes nur auf der Grundlage einer sozialorganisatorischen Neuorientierung des gesamten Betriebsgeschehens erfolgversprechend ist. Dies soll nun im einzelnen begründet werden. Die aus der Mechanik bekannte Gesetzmäßigkeit, daß für die Lageänderung eines Objektes lediglich ein hinreichend großer, von außen kommender Impuls erforderlich sei, gilt leider in dieser einfachen Form nicht für soziale Phänomene. Kein Mensch ist auf die Dauer nur Objekt eines äußeren Situationszwanges, er ist vielmehr seiner Natur nach selbst handelndes Wesen, das sich mit den von außen kommenden Anpassungszwängen auseinandersetzt. Auf den Zwang zur innerbetrieblichen Mobilität bezogen bedeutet dies, daß das Ergebnis innerbetrieblicher Mobilität, wie es sich schließlich im Leistungsverhalten niederschlägt, von drei Faktoren grundsätzlich abhängig ist: von den impulsgebenden Instanzen, von der Eigenart der betroffenen Mitarbeiter und schließlich von dem sozialorganisatorischen Rahmen, der die Struktur des betrieblichen Handlungsfeldes bestimmt. Bei einer Strukturanalyse dieser Faktoren werden wir feststellen, daß in allen drei Bereichen flexibilitätsfördernde und flexibilitätshemmende Momente eine Rolle spielen können.

a) Mobilitätsauslösende betriebliche Instanzen

Für den Erfolg der jeweiligen Maßnahme ist keineswegs unerheblich, von welcher betrieblichen Instanz die Impulse für einen flexiblen Personaleinsatz ausgehen. Im betrieblichen Alltag werden kurzfristige Anpassungen im Personaleinsatz in der Regel von den direkten Vorgesetzten ausgelöst, und die Personalabteilungen erfahren hiervon nur dann etwas, wenn die Betroffenen Grund für eine Beschwerde zu haben glauben oder wenn grundlegende Veränderungen des Arbeitsbereiches und der Arbeitsfunktion zu einer Versetzung im engeren Sinne des Wortes führen. Bleiben die Änderungen im Personaleinsatz auf den engeren Werkstatt- bzw. Abteilungsbereich beschränkt, so ist der direkte Vorgesetzte die impulsgebende Schlüsselfigur. Zahlreiche Beispiele aus der Praxis zeigen, wie schwierig im Einzelfall die Handhabung einer flexiblen Personaleinteilung sein kann. Probleme können insbesondere dann auftreten, wenn der Vorgesetzte durch übermäßigen Arbeitsanfall einerseits und den Mangel jeglicher Arbeitsreserve andererseits praktisch über keinen Spielraum bei seinen personellen Entscheidungen verfügt. Hier liegt ein wesentlicher Grund für die hartnäckig betriebene Politik vieler Vorgesetzter, ihren Personaletat nicht zu knapp zu bemessen. Dieses kostensteigernde Verhalten wird nur dann zu ändern sein, wenn nicht allein mit den Mitteln rigoroser Kontrolle seitens zentraler Instanzen Abhilfe zu schaffen versucht wird, sondern wenn die Vorgesetzten zu den Stellen, die

ihren Personaletat beschneiden, auch das Vertrauen haben können, daß ihnen im Notfalle Aushilfskräfte zur Verfügung gestellt werden.
Muß im Rahmen einer flexiblen Personalpolitik zu Versetzungen oder Entlassungen gegriffen werden, ändert sich das Bild völlig. Neben dem unmittelbaren Vorgesetzten treten nun auch Betriebsrat und Personalabteilung als Akteure auf, darüber hinaus bei Versetzungen auch der zukünftige Vorgesetzte. Alle diese Partner haben verschiedene Interessen. Der bisherige Vorgesetzte möchte möglichst keinen besonders guten Mitarbeiter verlieren und unterliegt oft der Versuchung, weniger geeignete Kräfte „wegzuloben". Der neue Vorgesetzte denkt natürlich anders. Da ihm aber die Motive seines Kollegen häufig nicht unbekannt sein dürften, wird er möglicherweise lieber einen Bewerber eigener Wahl vorziehen, der womöglich von außen kommt, als freiwillig einer innerbetrieblichen Versetzung zustimmen. Der Betriebsrat wird sich im wesentlichen daran halten, daß das Prinzip der Gleichwertigkeit des Arbeitsplatzes und der sozialen Zumutbarkeit der Versetzung nicht mißachtet wird und daß bei anders gelagerten Fällen ein materieller Ausgleich erzielt werden kann. Wo die Personalabteilung nicht nur verwaltende Funktionen wahrnimmt, wird ihr Interesse darin bestehen, geeignete und geneigte Mitarbeiter für den Versetzungsvorgang zu finden und, wo es notwendig ist, Anpassungshilfen zu geben.

b) Die Reaktionen der betroffenen Mitarbeiter

Auch für den flexiblen Personaleinsatz gilt die Grundregel, den rechten Mann an den rechten Platz zu bringen. Nur treten im Hinblick auf die Mitarbeiter sowohl Probleme der Eignung als auch Probleme der Mobilitätsneigung auf. Wir dürfen nicht vergessen, daß der Wunsch nach einer häufigen Veränderung des Arbeitsplatzes und der Arbeitsfunktion relativ selten ist. Die meisten Menschen streben auch im Bereich der Arbeitswelt nach einer relativen Sicherung ihrer Verhältnisse und verzichten ungern auf die Entlastung, die der Umgang mit gewohnten Materialien, Maschinen, Menschen und Problemen bietet. Mobilitätshemmend sind aber auch traditionelle Bewußtseinsstrukturen, die gerade in der deutschen Bevölkerung verbreitet sind und ihre Wurzeln in überkommenen Bildungs- und Erziehungsidealen haben. Insbesondere sind hier die *Vorstellung von einem Lebensberuf* und die *Vorstellung von einem individuellen Arbeitsplatz* wesentlich. In einem hohen Maße hängt immer noch das Selbstbewußtsein zahlreicher arbeitender Menschen davon ab, daß sie einen Beruf ausüben, für den sie sich qualifiziert haben und der ihnen für die Dauer des gesamten Arbeitslebens eine Existenzgrundlage bietet. Jeder Wechsel der Arbeitsfunktion wird gerade bei den höherqualifizierten Mitarbeitern an diesem Berufsleitbild gemessen und damit einhergehend nach seinen Auswirkungen auf den sozialen Status im Betrieb und außerhalb des Betriebes sowie auf den individuellen Lebensstandard beurteilt. Selbst dort, wo die Arbeitnehmer kein ausgeprägtes Berufsbewußtsein haben, wie z. B. in vielen angelernten Tätigkeiten, gibt es doch häufig ein ausgeprägtes Arbeitsplatzbewußtsein. Der Arbeitsplatz ist für die meisten Arbeitnehmer das, was für den Unternehmer sein Kapital ist: nicht nur Mittel zur Erzielung von Einkünften, sondern auch ein Betätigungsfeld, das wesentliche Umweltbeziehungen schafft. Gerade bei Menschen, die sich an persongebundenen Sozialbeziehungen im kleinen Kreis orientieren, hat der Arbeitsplatz, an dem man sich in gewissem Sinne sogar heimisch fühlt, eine sehr reale, aber auch symbolische Bedeutung. Der Arbeitsplatz und seine Gestaltung sind ja zugleich auch sichtbarer Ausdruck der objektiven Wertschätzung, die den Arbeitsfunktionen des jeweiligen Inhabers zukommt. Anders wäre es nicht zu verstehen, warum intelligente Menschen die Farbe des Telefons oder der Fenstervorhänge zum Anlaß von Streitigkeiten und Rivalitäten nehmen. Wird nun im Zuge eines flexiblen Personaleinsatzes der Wechsel des Arbeitsbereiches erforderlich, vielleicht sogar im Sinne einer ständigen Job Rotation, dann können tiefgreifende Brüche im personalen Selbstverständnis der Betroffenen auftreten, vor allem bei älteren Arbeitnehmern.

Die Politik eines flexiblen Personaleinsatzes hängt in ihrem Erfolg also davon ab, daß erstens Anreize für eine innerbetriebliche Mobilität geschaffen werden, daß zweitens das traditionelle Berufsverständnis auf dem Wege von Ausbildungsmaßnahmen uminterpretiert wird und daß schließlich drittens die enge Arbeitsplatzbindung vieler Mitarbeiter durch geeignete Führungsmaßnahmen überwunden wird.

Neben der subjektiven Einstellung der Mitarbeiter zur innerbetrieblichen Mobilität spielt aber auch ihre objektive Eignung hierfür eine wichtige Rolle. Treffen Personalumstellungen die Beteiligten unvorbereitet, so ist mit einem zeitweiligen Leistungsabfall, wenn nicht mit einer Fehlbesetzung zu rechnen. Es kommt also darauf an, möglichst langfristig entsprechende Ausbildungs- und Fortbildungsmaßnahmen durchzuführen, die nicht an den gegenwärtigen Erfordernissen, sondern an den zukünftigen Beanspruchungen orientiert sind. Allzu oft haben derartige Maßnahmen nicht nur im Hinblick auf den Ausbildungsinhalt, sondern auch im Hinblick auf die Ausbildungsmethode ein zu konservatives Gepräge. Sie schaffen deshalb bei den Beteiligten auch nicht die Aufgeschlossenheit, rasche Änderungen und Anpassungen zu akzeptieren.

c) Sozialorganisatorische Voraussetzungen

Nach einer Erörterung der Gesichtspunkte, die für das Verständnis der Verhaltensweisen der Mitarbeiter und Vorgesetzten gegenüber einem flexiblen Personaleinsatz wichtig sind, sollen nun die sozialorganisatorischen Voraussetzungen für derartige Maßnahmen dargestellt werden. Gerade die Erfahrungen der letzten Rezessionsperiode haben gezeigt, daß eine kurzfristige Vermehrung der innerbetrieblichen Mobilität der Arbeitskräfte zu zahlreichen Friktionen führen kann. Dies hängt damit zusammen, daß hierbei unvermeidliche Zwangslagen für viele beteiligte Mitarbeiter und Vorgesetzte geschaffen werden und daß ein Ausweg häufig nur um den Preis der Verletzung vitaler Interessen der Beteiligten zu erreichen ist. Eine Politik des flexiblen Personaleinsatzes sollte deshalb langfristig geplant werden. Dies ist nur dann möglich, wenn seitens der Unternehmensleitung rechtzeitig entsprechende Informationen an die Personalabteilung weitergegeben werden, die zur Ausarbeitung längerfristiger Personalpläne mit Alternativmöglichkeiten bei Situationsänderungen dienen können. Ferner ist es unerläßlich, daß den Personalabteilungen auch die Möglichkeit eigener Dispositionen im Einvernehmen mit den betrieblichen Führungskräften gegeben wird. Sie müssen also von einem mehr oder weniger verwaltungstechnischen Vollzugsinstrument zu einer strategischen Instanz aufgewertet werden, die eine soziale Betriebspolitik durchzusetzen hat.
Im einzelnen geht es darum, bei den in Frage kommenden Mitarbeitern die Eignung und Neigung zur innerbetrieblichen Mobilität zu schaffen bzw. zu verstärken und bei den Vorgesetzten die Voraussetzung für eine sozial akzeptable Taktik des Personaleinsatzes zu schaffen. Wie schon erwähnt, kann die Mobilitätsneigung der Mitarbeiter nur durch entsprechende Anreize vermehrt werden. Hierbei muß es sich keineswegs nur um geldliche Vorteile handeln. Im wesentlichen kommt es darauf an, daß der flexible Arbeitseinsatz dem Mitarbeiter als sinnvoll erscheint und daß er hierdurch in seiner beruflichen Entwicklung gefördert wird. Der flexible Personaleinsatz sollte also nicht allein unter produktionstechnischen oder betriebswirtschaftlichen Gesichtspunkten organisiert werden, sondern insbesondere auch unter dem Aspekt der längerfristigen Mitarbeiterförderung. Ein wichtiges Hilfsmittel hierzu kann die betriebliche Laufbahnplanung sein. Sie besteht darin, daß Betriebskarrieren geschaffen

werden, die unter anderem auch die vertikale und horizontale Durchlässigkeit der verschiedenen hierarchischen Ebenen und Fachbereiche vermehren. Auf jeder Ebene sollten Aus- und Fortbildungsanreize geboten werden, verbunden mit der Chance einer Höherqualifizierung. Nur so läßt es sich erreichen, daß die gesamte Arbeitnehmerschaft eines Unternehmens auch von einer umfassenden Personalpolitik erreicht werden kann. Anderenfalls zerbrechen umfassend geplante Maßnahmen an den vielfältigen Abteilungszäunen und Ressortgrenzen, deren Überwindung für den flexiblen Personaleinsatz größeren Stils unerläßlich ist.
Mit der Neigung der Arbeitskraft zur innerbetrieblichen Mobilität, eventuell auch zum innerbetrieblichen Aufstieg, ist es zweifellos allein nicht getan. Die planmäßige Entwicklung des Leistungspotentials jedes Mitarbeiters wird in Zukunft noch viel stärker im Mittelpunkt einer sozialen Betriebsführung stehen als bisher. Die systematische Höherqualifizierung der Belegschaften ist wesentliche Voraussetzung für die Anpassung an den säkularen Rationalisierungstrend. Punktuelle Maßnahmen allein helfen hier nur begrenzt. Seitens der Vorgesetzten, seitens des betrieblichen Ausbildungswesens und seitens überbetrieblicher Instanzen sollte hier Hand in Hand gearbeitet werden, also möglichst nicht aus der Sicht partikulärer Interessen, sondern anhand eines umfassenden Konzepts. Gegenwärtig sehen gerade die Fortbildungsmaßnahmen vieler Betriebe so aus, daß man sich aus der Vielfalt der Angebote irgend etwas Passendes zusammensucht und sich hierbei von augenblicklichen Erwägungen leiten läßt. Planmäßige Ausbildung beruht demgegenüber sicherlich zu einem wesentlichen Teil auch auf einer planvollen Personalpolitik und einer zumindest ansatzweise vorhandenen Laufbahnplanung, an deren Ausarbeitung auch Techniker und Wirtschaftler beteiligt sein sollten.
Eine Politik des flexiblen Personaleinsatzes wäre zum Scheitern verurteilt, wenn sie nicht die Unterstützung der unmittelbaren Vorgesetzten findet. In dieser Beziehung hängt alles davon ab, daß sich die Vorgesetzten einen modernen Führungsstil aneignen. In ihrem eigenen Bereich müssen sie sich hierbei an der Aufgabe orientieren, das Leistungspotential ihrer Mitarbeiter möglichst langfristig zu aktivieren, d. h. nicht so sehr durch Befehle zu regieren, sondern durch Anreize, die die inneren Leistungsmotive der Mitarbeiter berücksichtigen. Darüber hinaus müssen aber die Vorgesetzten die auf ihren engeren Bereich begrenzte Sichtweise überwinden und sich an den übergeordneten Zielen des Unternehmens orientieren. Das bedeutet, daß sie, anstatt die besten Kräfte an ihrem Fortkommen zu hindern, um sie in ihrem eigenen Bereich zu

horten, bereitwillig Mitarbeiter auch dadurch fördern, daß sie ihnen den Weg nach oben nicht versperren bzw. sie für andere dringendere Arbeitsaufgaben freigeben. Diese Forderung wird allerdings so lange keine praktischen Auswirkungen haben, wie derjenige Vorgesetzte, der sein Arbeitskräftepotential schwächt, dafür seitens der Unternehmensleitung bestraft wird. Wer für den Gesamtbetrieb etwas leistet und bereitwillig gute Kräfte entwickelt und abgibt, sollte entsprechend belohnt werden. Zumindest sollte man ihn aber nicht beim Auftreten eines Engpasses im Stich lassen.

Schließlich darf nicht vergessen werden, daß der flexible Personaleinsatz auch von der Unterstützung und dem guten Willen der betrieblichen Interessenvertretung der Arbeitnehmer abhängt. Die Betriebsräte sollten rechtzeitig und möglichst weitgehend über alle personalpolitischen Maßnahmen in dieser Beziehung informiert werden, und es sollte ihnen auch ein angemessenes Mitsprache- und Mitwirkungsrecht eingeräumt werden. Mißtrauen gegen Maßnahmen der Unternehmensleitung läßt sich nur durch eine intensivere Beteiligung an deren Problemen überwinden, die gleichzeitig auch das Interesse an sachadäquaten und gleichzeitig sozialen Lösungen weckt.

Wir können nun das Fazit aus unseren Erörterungen der Möglichkeiten und Voraussetzungen eines flexiblen Personaleinsatzes ziehen. Wo mit dieser Neuorientierung der betrieblichen Personalpolitik ernst gemacht wird, entsteht eine Fülle neuartiger Herausforderungen an die betreffenden Führungskräfte. Man muß sich gründlich Gedanken über die zukünftige Entwicklung der Arbeitsanforderungen und der Arbeitsbereiche sowohl in quantitativer als auch qualitativer Hinsicht machen. Man muß sorgfältig die Motive der Beteiligten auf allen betrieblichen Rangstufen untersuchen, um ihre möglichen Verhaltensweisen zu antizipieren. Auf dieser Grundlage muß man schließlich Pläne der Steuerung des Personaleinsatzes entwerfen, die den Beteiligten als sinnvoll erscheinen und ihnen gleichzeitig auch einen Teil der Verantwortung für das Gelingen überlassen. Bestandteile derartiger Pläne sind die Schaffung eines für innerbetriebliche Mobilität geeigneten Personals, die Schaffung materieller und immaterieller Mobilitätsanreize und die Schaffung eines sozialorganisatorischen Rahmens, in dem die Personalveränderungen planvoll, d. h. voraussehbar und kontrolliert durchgeführt werden können. Dieses Ziel wird sich allerdings nur erreichen lassen, wenn der zuständige Personalleiter weder perfektionistisch noch auf die Autarkie seines Bereiches pochend vorgeht, sondern sich als ein geschickter Organisator der innerbetrieblichen Zusammenarbeit erweist.

3.3 Die Laufbahnplanung – ein Mittel betrieblicher Nachwuchsförderung

Ein noch ungelöstes Problem betrieblicher Personalpolitik ist die Fluktuation befähigter Mitarbeiter, die für verantwortungsvolle Stellungen vorgesehen sind oder sie bereits innehaben. Bei der Suche nach den Ursachen dieses Betriebswechsels wird bald klar, daß der Hinweis auf die Chancen einer Horizont- und Erfahrungserweiterung am neuen Arbeitsplatz allein zur Erklärung nicht ausreicht. Denn gerade die besonders betroffenen Großunternehmen bieten so vielseitige Einsatzmöglichkeiten im In- und Ausland und auf allen betrieblichen Rangebenen, daß umfassende Entwicklungsmöglichkeiten strukturell vorhanden sind. Dennoch bleibt das „Unbehagen am Großbetrieb", vor allem bei gut qualifizierten Nachwuchskräften, ein für den Praktiker unübersehbares Faktum.
In zunehmenden Maße wird versucht, wenigstens eine Ursache, die häufig mangelnde Überschaubarkeit der Arbeitsvollzüge und Organisationsstrukturen, durch entsprechende *Orientierungs- und Anpassungshilfen* für den Neuling zu beheben. Einführungskurse und persönliche Betreuung werden mit entsprechender Vorgesetztenschulung gekoppelt, um der Nachwuchskraft die Eingewöhnung in die Betriebsatmosphäre zu erleichtern. Aber dies sind nur Teilmaßnahmen, deren Erfolg oft überschätzt wird. Wesentlich für die innerliche Bejahung der Arbeitsbedingungen ist eine allmählich einsetzende Angleichung zwischen dem persönlichen Erwartungshorizont des Mitarbeiters und den Rollenanforderungen, die seine betriebliche Umwelt an ihn stellt. Hier treten nun ganz entscheidende Widersprüche auf zwischen der Lebensdynamik eines ehrgeizigen jungen Mannes, der seine Befähigung durch vielseitige Erprobung fundieren möchte, und dem Bürokratismus einer festgefügten Formalorganisation, in der das Ziel einer jederzeit kontrollierbaren, kontinuierlichen Leistungserstellung keine kurzfristige Personalverschiebung begünstigt. Wer einen Posten ausfüllt, soll ihn möglichst lange innehaben. Bloße Informanten sind ebensowenig beliebt wie der überqualifizierte Akademiker, der seinen gegenwärtigen Posten nur als Durchgangsstellung zum Erwerb praktischer Erfahrung betrachtet. Das ist mit ein Grund dafür, daß eine längerfristige Informationszeit mit raschem Stellenwechsel (Job-rotation)

gerade eine qualifizierte Nachwuchskraft häufig entmutigt, weil sie von der gesuchten Bewährung abschirmt. An die eigentliche, weiterbildende Arbeit und Verantwortung ist auf diesem Wege nicht heranzukommen, und allzu oft bleibt nur die Begegnung mit dem oberflächlichen Schematismus. Im übrigen besteht nach dem Ende dieser Informationszeit die gleiche Situation wie nach dem Anschluß kurzfristiger Einführungskurse: der Mitarbeiter wird nun als reif für den betrieblichen Alltag betrachtet, ausgerüstet mit einigem Oberflächenwissen von den umfassenden Zusammenhängen und der wenig tröstlichen Versicherung, daß bei „Bewährung" – deren Bedingungen er allerdings meist erst später oder gar nicht erfährt – dem Aufstieg keine Grenzen gesetzt sind. Wenn keine besonderen Zufälle (Geschäftserweiterung, Tod des Vorgesetzten) eintreten, wird auch die universell eingeführte Nachwuchskraft zum Spezialisten, dessen Aufstieg auf lange Sicht nicht funktionell durch Aufrücken in die nächsthöhere Ranggruppe, sondern rein finanziell durch die üblichen Gehaltsanpassungen erfolgt. Die Anfangsdynamik ist unwiderruflich kanalisiert worden.

Man hat versucht, durch *Nachwuchskarteien* die Betriebslaufbahn geeigneter Mitarbeiter personalpolitisch zu steuern und aufzulockern. Dieses Instrument wird jedoch allzu oft falsch angewendet. Man geht von den freiwerdenden Stellen aus und sucht dann nach dem geeigneten Werkangehörigen, um sie zu besetzen. Dieser Ausgangspunkt entspricht ganz dem Aufbau vieler Personalabteilungen, die im wesentlichen mit der Verwaltung von Personalakten betraute Stellenvermittlungsbüros sind. Ihre Aktionen bleiben kurzfristig begrenzt, und die Nachwuchskartei ist nichts anderes als ein Vorratslager, aus dem heraus ein unvorhergesehen auftretender Personalmangel gedeckt werden kann.

Um das Problem des für Führungsaufgaben qualifizierten Nachwuchses zu lösen, ist aber ein ganz anderer Denkansatz erforderlich. Anstatt allein von der Stelle auszugehen, muß vom Mitarbeiter, seiner Eigenart, seinen Vorzügen und Schwächen ausgegangen werden. Dann wird die bloße Stellenvermittlung zur Suche nach dem rechten Einsatzort und die unzusammenhängende Fülle betrieblicher Betreuungs- und Ausbildungsmaßnahmen zur planmäßigen, langfristigen Vorbereitung auf diesen Einsatz. Je dynamischer der Mitarbeiter, desto dynamischer muß auch die ihn betreffende Personalpolitik sein. An die Stelle eines bürokratischen Schematismus müssen also differenzierende Maßnahmen treten.

Wesentliches Mittel dieses dynamischen Personalpolitik sollte die *langfristige Laufbahnplanung* sein. Hierunter ist die auf den jeweiligen Mitarbeiter abgestimmte Planung seines Einsatzes zu verstehen, die verschiedene Arbeitsplätze auf verschiedenen Rangebenen umfaßt. Die Bewährung an einer Stelle gilt als Voraussetzung für die Beförderung in die nächsthöhere, wobei auf jeder Stufe durch entsprechende Bildungsanreize (Kursteilnahme, Auslandsaufenthalt) und Kontaktpflege (z. B. Diskussionskreise mit Gleich- und Höhergestellten) die Lebensdynamik und die Auseinandersetzung mit umfassenderen Problemkreisen angespornt wird. Die jeweils vorausgeplante Versetzung darf dann nicht mehr allein vom unmittelbaren Vorgesetzten abhängen, sondern muß – zumal wenn sie in einen neuartigen Einsatzbereich führt – echte Teamarbeit zwischen dem bisherigen und dem neuen Vorgesetzten, dem Personalleiter, dem Ausbildungsleiter und gegebenenfalls einem Fachpsychologen sein.

Eine derartige Laufbahnplanung beruht auf verschiedenen organisatorischen Voraussetzungen. Zunächst ist ein etwa auf dem Wege der Arbeitsplatzbeschreibung gewonnenes *Stelleninventar* unerläßlich, das gleichzeitig über die hierarchische Einordnung und die Anforderungsmerkmale gehobener Positionen Auskunft gibt. Bei Kenntnis des Lebensalters des jeweiligen Stelleninhabers und der durchschnittlichen Fluktuationsquote für jede Rangstufe in jedem Tätigkeitsbereich läßt sich der langfristige Nachwuchsbedarf als Grundlage für Neueinstellungen und Förderungsmaßnahmen leicht ermitteln. Allerdings würde es den Einbruch bürokratischen Denkens in die Personalpolitik bedeuten, wenn nur von der Stelle aus gedacht würde. Eine Nachwuchskraft, die später gestaltend im Betrieb wirken soll, darf – wie schon erwähnt – nicht allein von der Stelle her, sondern muß von ihren Möglichkeiten her beurteilt werden. Die zukünftige Personalstruktur des Betriebes wird nicht allein durch die vorhandenen Stellen geformt, sondern vor allem auch durch die Menschen, die diese Stellen innehaben.

Neben der Stelleninventur ist eine ungefähre *Festlegung der betrieblichen Aufstiegswege* erforderlich. Bestimmte Arbeitsplätze müssen also als Laufbahnstation vorgesehen sein und dementsprechend besetzt werden. In der Praxis ist z. B. häufig die Stelle des Direktionsassistenten eine derartige Station. Dann darf allerdings auch dieser Weg nicht willkürlich durch eine Beziehungseinstellung für lange Zeit verbaut werden. Für den Anfang wird es genügen festzustellen, ob es sich bei den verfügbaren Plätzen um Durchgangs- oder Dauerpositionen handelt bzw. ob es vom Arbeitsablauf her möglich ist, einen Platz sowohl kurzfristig als auch langfristig zu besetzen. Für eine förderungswürdige Nachwuchskraft kommt dann im allgemeinen eine Durchgangsposition in Frage, wobei bei Nichtbewährung Ausweichstellen vorhanden sein müssen, damit die betrieblichen Aufstiegswege nicht an dieser Stelle blockiert werden. In jedem Falle muß es sich jedoch um einen echten Arbeitsplatz, nicht um eine bloße „Informationsstation" handeln, der dem Betreffenden die Chance zu eigenverantwortlichem Handeln bietet. Eine derartige Laufbahnfestsetzung wird die gesamte Formalstruktur des Betriebes wesentlich elastischer machen. Selbstverständlich wird die Festsetzung der Aufstiegswege vom entsprechenden Endeinsatz her erfolgen müssen; sie wird also bei technischen Positionen einen anderen Charakter als bei kaufmännischen haben und für den Betriebsleiter anders aussehen als etwa für den Verkaufsleiter.

Eine dritte Voraussetzung erfolgreicher Laufbahnplanung ist die *richtige Auslese* zukünftiger Führungskräfte. Die Überbrückung innerbetrieblicher Widerstände gegen eine personalpolitische Lenkung des Aufstiegsprozesses gelingt leichter, wenn Fehleinschätzungen möglichst vermieden werden. Die Schwierigkeit der Auslese von zukünftigen Führungskräften liegt vor allem darin, daß eine Beurteilung der bisherigen Leistung und der gegenwärtigen charakterlichen Haltung nicht genügt. Sie muß durch eine Schätzung des zukünftigen Leistungspotentials in völlig neuen Situationen ergänzt werden. Hierzu ist eine sorgfältige Analyse der Gesamtperson erforderlich, die weder durch Zeugniseinsicht und kurzfristige Interviews, noch durch graphologische Gutachten allein zu erreichen ist. Am ehesten gelingt eine derartige Beurteilung im Verlaufe eines mehrwöchigen Mitarbeiterseminars, das die Teilnehmer den verschiedenartigsten fachlichen, geselligen und allgemein kulturellen Ansprüchen aussetzt. Neueingestellte Nachwuchskräfte, die für Führungspositionen in Betracht kommen, sollten allerdings erst nach einer längeren Probezeit in ein derartiges Seminar geschickt werden. Die erste Anpassung an die neue Betriebsumwelt muß vollzogen sein, und die Betreffenden müssen sich bereits in gewissem Umfang am Arbeitsplatz bewährt haben.

Mit Hilfe der genannten Maßnahmen ist es nun möglich, den Berufsweg einer Nachwuchskraft je nach dem gewünschten Ziel langfristig vorauszuplanen. Niveau und Dauer der Tätigkeit lassen sich den Erfahrungen anpassen, die bisher mit dem Betreffenden gemacht worden sind. Der befähigte Mitarbeiter braucht nicht mehr zu befürchten, daß er in der unübersichtlichen Organisationsstruktur des Großbetriebes steckenbleibt und seine Anfangsimpulse, sein persönlicher Elan im Betriebsalltag allmählich verbraucht werden. Dennoch können viele Schwierigkeiten auftreten,

insbesondere beim Übergang in die nächsthöhere Schicht bzw. in einen neuen Arbeitsbereich. Die Persönlichkeitsdynamik muß neu gerichtet werden, muß sich an umfassenderen Zielsetzungen orientieren. Das geht nicht selbsttätig und kurzfristig vonstatten. Eine wesentliche Funktion des betrieblichen Ausbildungswesens ist es nun, auf Grund einer richtig organisierten Nachwuchskartei vor solchen entscheidenden Übergängen noch einmal den Betreffenden vorzubereiten, ihn auch eventuell auf seine allgemeine Eignung hin erneut zu überprüfen. Das wird am besten in Internatskursen abseits der Betriebswirklichkeit geschechen. Nach dem Übergang sollten geeignete Orientierungs- und Anpassungshilfen gegeben werden, sowohl durch fachliche Unterweisung als auch in zwanglosen Aussprachen, z. B. in entsprechenden Kreisen, die zur gegenseitigen Abstimmung der persönlichen Haltungsstile und zur Lockerung von Hemmungen wesentlich beitragen können.
An jeden derartigen Stellenwechsel müssen bestimmte objektiv feststellbare Voraussetzungen sowohl fachlicher als auch charakterlicher Art geknüpft sein, auf deren Erfüllung sich der betreffende Mitarbeiter vorbereiten sollte. Diese vom betrieblichen Ausbildungswesen zu vermittelnden *Entwicklungshilfen* gestatten es auch leichter, die für jüngere ehrgeizige Menschen stets schwierigen „toten Zeiten" dadurch zu überbrücken, daß neue Zielsetzungen und neue Bewährungsmöglichkeiten für die Zukunft sichtbar werden. Ein befähigter Mitarbeiter wird ungern eine derartige Laufbahn durch Betriebswechsel unterbrechen, solange er das Gefühl hat, noch hinzulernen zu können und umfassend gefördert zu werden.
Die *Einwände* gegen eine langfristige Laufbahnplanung für ausgewählte Nachwuchskräfte werden sowohl organisatorischer als auch personeller Art sein. Dem Argument, daß der Tüchtige sich schon durchsetze und daß es die Sache des Vorgesetzten sei, seinen Nachfolger auszusuchen, muß mit einem Hinweis auf die umfassende Qualifikation von Führungskräften begegnet werden, die langjährige Erfahrungen an den verschiedensten Arbeitsplätzen voraussetzt. Sie ist im konsolidierten Großbetrieb nicht mehr automatisch gegeben wie in der Gründerzeit, wo jemand mit dem Geschäft groß werden konnte. Ein zweiter Einwand kann sich gegen ein mögliches „Elitebewußtsein" der Nachwuchsgruppe richten, das eine Störung des Betriebsklimas zur Folge haben kann. Hiergegen hilft vor allem der Grundsatz, Nachwuchskräfte nur nach erwiesener fachlicher *und* menschlicher Bewährung zu befördern und bei der Einstellung keine Globalzusagen zu machen. Jedem Beteiligten muß bewußt

sein, daß die Aufnahme in eine Nachwuchsgruppe kein Dauerprivileg ist und daß die Qualifikation für die endgültige Einsatzart, die häufig ohnehin nicht bekannt sein wird, erst erarbeitet werden muß. Es muß allen verantwortlichen Stellen im Betrieb bewußt werden, daß ohne langfristige Laufbahnplanung die umfassende Förderung des Nachwuchses für Führungspositionen illusorisch bleibt.

Wenn heute in der industriellen Arbeitswelt „Persönlichkeiten" gesucht werden, dann muß man sich darüber im klaren sein, daß der Betrieb Grundlagen für diesen Reifeprozeß schaffen muß, und das gelingt nicht allein auf dem Wege finanzieller Anreize und ungeregelter Leistungskonkurrenz, die den Ellenbogenmenschen, der gerade keine Persönlichkeit ist, einseitig anziehen. Die Förderung aller Persönlichkeitswerte sollte deshalb Grundsatz der betrieblichen Nachwuchsmaßnahmen und damit auch Bestandteil einer sozialen Unternehmenspolitik werden. Diese Aufgabe ist jedoch ohne eine umfassende Laufbahnplanung, die die Lebensdynamik qualifizierter Kräfte und ihren Wunsch nach vielseitiger Erfahrung bejaht, nicht zu lösen.

4. Strategien zur Aktivierung der Mitarbeiter

Jede Strategie zur schöpferischen Umwandlung der Organisation muß sich mit dem Problem der Aktivierung der Mitarbeiter auseinandersetzen. Jenseits aller ideologischen Implikationen, mit denen dieses Thema behaftet ist, müssen wir doch feststellen, daß auch das moderne Unternehmen eine die Eigeninitiative hemmende Autoritätsstruktur hat. Eine neue Generation wächst aber heran, deren Idealvorstellung im Grunde genommen die herrschaftsfreie Kooperation im ursprünglichen Sinne des Begriffes ist. Es geht im Grunde darum, auch im Wirtschaftsleben den Zwang zur Rationalisierung und Bürokratisierung durch Mitwirkungsmöglichkeiten zu mildern und an die Stelle der bloßen Hinnahme von Expertenentscheidungen gemeinsame, d. h. partnerschaftliche Bemühungen um Problemlösungen zu setzen.
Was kann nun konkret unternommen werden, um solche modernen Strukturen des Verhaltens bewußt zu fördern? Grundsätzlich gibt es zwei Ansatzpunkte: die Beeinflussung der Situation und die Veränderung der Haltung der Betroffenen. Immer wieder wird gefordert, die Institutionen unserer Gesellschaft zu verändern, um die Menschen von autoritären Repressionen zu befreien. Die zweckrational organisierten Lebensbereiche des modernen Menschen, also insbesondere die wirtschaftlichen Beziehungen, sollten von personaler Willkür möglichst frei gehalten werden. In den Kapiteln 5 und 6 werden die Möglichkeiten erörtert werden, durch strukturelle Vorkehrungen in den Unternehmungen eine derartige Führungspraxis und eine entsprechende Mitwirkung der beteiligten Mitarbeiter zu verwirklichen. Damit wäre aber noch nicht alles Erforderliche getan, um autoritäre Strukturen zugunsten einer Aktivierung der Mitarbeiter aufzulösen. Es geht auch um die Herausbildung kooperativer Grundhaltungen bei den Beteiligten. Hierbei handelt es sich um einen langfristigen sozialpädagogischen Prozeß. Diese an sich richtige Erkenntnis wurde leider durch extreme und illusionistische Vorstellungen und Erziehungspraktiken verdeckt. So verhindert z. B. Disziplinlosigkeit bzw. jeder Verzicht auf Selbstdisziplin allein noch keineswegs das Entstehen autoritärer Persönlichkeiten, auch kann in unserer Gesellschaft eine Erziehungspraxis kaum erfolgreich sein, die jede Instanz, die eine Leistung fordert, von vornherein als repressiv verketzert. Wer kooperative Grund-

haltungen entwickeln will, muß sich darüber im klaren sein, daß die Einübung mitmenschlichen Verhaltens immer einen gewissen Verzicht auf Erfüllung individueller Wünsche mit sich bringt. Auch die Spannung zwischen dem Situationszwang und dem Postulat der inneren Freiheit gehört in unserem Zeitalter des raschen sozialen Wandels zu den Dauererlebnissen. Mündige Mitarbeiter müssen gelernt haben, die widersprüchliche Wirklichkeit durch die Entscheidung für ein sittlich vertretbares Verhalten zu bewältigen. Ein wesentliches Ziel der Bestrebungen zur Mitarbeiteraktivierung muß also darin bestehen, zur Entscheidungsreife heranzuführen. Sittlich vertretbare Entscheidungen – und auch vermeintlich reine Sachentscheidungen sind ethisch relevant – setzen aber ein Spannungsverhältnis voraus und heben es auch nicht auf. Anhand dieser Überlegungen können wir nun Orientierungspunkte für eine Strategie zur Aktivierung der Mitarbeiter skizzieren.

Wir sehen, daß eine nur formaldemokratische Struktur der Unternehmen allein autoritäre Strukturen nicht aufhebt oder verhindert. Ebenso wenig ist eine nur den individuellen Erwerbstrieb anstachelnde Motivierung der Mitglieder und Mitarbeiter erfolgreich. Worauf es ebenfalls ankommt, ist die bewußte Planung von Mitwirkungschancen für jeden Mitarbeiter und der Aufbau eines umfassenden sozialpädagogischen Förderungssystems, das während der Dauer der Zugehörigkeit zum Unternehmen jedem einzelnen Anreize zur Selbstverwirklichung und gleichzeitig Hilfeleistungen hierbei gibt. An den Beispielen unternehmensbezogener Bildungsmaßnahmen, innerbetrieblicher Information sowie des betrieblichen Vorschlagswesens sollen konkrete Hinweise für die Verwirklichung eines derartigen Förderungsprogramms gegeben werden.

4.1 Innerbetriebliche Lernprozesse als Voraussetzung der Zusammenarbeit

In wachsendem Maße sind Bildungsprobleme zum Angelpunkt der gesellschaftspolitischen Diskussion geworden. Hierfür gibt es verschiedene Gründe: Wirtschaftswachstum und technischer Fortschritt lassen sich langfristig nur durch eine mobilere Grundhaltung aller Beteiligten aufrechterhalten. Außerdem bringt die Erhöhung des Wohlstandsniveaus auch Veränderungen in der Leistungsmotivation mit sich, die sich in dem verstärkten Wunsch nach Geltung, Selbstbestätigung und Selbstverwirklichung äußern. Die persönlichen Chancen hierfür hängen jedoch entscheidend vom erreichbaren Bildungsstand ab. Schließlich ist als auslösender Faktor in der Bildungsdiskussion die Politisierung dieser Problemlage, insbesondere seitens kleiner Aktivistengruppen zu nennen, deren Einfluß in den Schulen, Hochschulen und Verbänden sowie den Einrichtungen der Massenmedien eine entsprechende Aktivität staatlicher Instanzen herausfordert. Insbesondere die Demonstrationen der Studenten in vielen hochentwickelten Industrieländern haben dazu beigetragen, uns aus der vermeintlichen Ruhe in einer angeblich etablierten Wohlstandsgesellschaft aufzuschrecken.

Wie man auch im einzelnen zu diesen Ereignissen stehen mag, sie haben deutlich gezeigt, daß die Probleme der Industriegesellschaft nicht schon allein dadurch gelöst werden, daß wir uns um die Garantie des materiellen Fortschritts kümmern. Der mit einer Rationalisierung und Modernisierung überkommener Lebensformen verbundene Industrialisierungsprozeß stellt Aufgaben, die über die technisch-wirtschaftliche Dimension weit hinausreichen. In dem Maße, in dem die innere Logik der Industrialisierung, die rationale Aufgliederung und Verbindung von Arbeitsaufgaben durch Anwendung wissenschaftlicher Forschungsergebnisse und verstärkten Einsatz von Sachkapital, zu einer Grundlage des Wirtschaftslebens überhaupt geworden ist, treten umfassende Bildungsprobleme auf. Der moderne Mensch braucht in besonderem Maße Orientierungshilfen zur Situationsbewältigung.

Hinter der Planung, Durchführung und Kontrolle von Abläufen darf die Frage nach sinnvollen Lebensformen, die unsere Kultur im Industriezeitalter tragen können, nicht zurücktreten. Nur wenn man sich über die Bedeutung dieser Abläufe für die Existenz der Betroffenen klar wird und sich untereinander über die betreffenden Zielsetzungen verständigt, wird das Mindestmaß an innerer Bejahung der Entwicklung erreicht, das zur Aufrechterhaltung eines geordneten Wirtschaftslebens erforderlich ist.

Funktionale und emanzipatorische Bildungsimpulse

Ein Hauptergebnis aus der Bildungsdiskussion der letzten Jahre ist die Einsicht, daß Bildung nicht in eine gesonderte pädagogische Provinz verwiesen werden kann, sondern sich auf alle Lebensbereiche beziehen und in ihnen wirken soll.[1] Der Begriff der Bildung muß im Zusammenhang mit der Ermöglichung einer situationsbezogenen Problembewältigung

[1] Vgl. hierzu H. Röhrs (Hrsg.), Die Bildungsfrage in der modernen Arbeitswelt, Frankfurt/Main 1963, insbesondere den darin abgedruckten Aufsatz von A. Schwarzlose: Bildung und Ausbildung.

durch entsprechende Orientierung gesehen werden. In diesem Sinne erscheint Bildung als das Orientierungsvermögen, das die Grundlage für situationsadäquates Verhalten bietet. Damit wird auch eine Brücke zum Bereich der Ausbildung geschlagen, die lange Zeit zwar als für die Praxis wichtig, für die Formung des Menschen jedoch als weniger grundlegend betrachtet wurde. Die Ausbildung, in der Kenntnisse und Fertigkeiten zum Handeln vermittelt werden, steht jedoch in einer direkten Wechselbeziehung mit dem Bildungsprozeß. In Anlehnung an eine berühmte Definition von Kant läßt sich sagen, daß Handeln ohne Orientierungspunkte blind und daher manipulierbar wird. Orientierungsvermögen ohne Möglichkeit zum Handeln bleibt jedoch leer. Es fehlt die Wirklichkeitskontrolle, und daher besteht die Gefahr der Entartung zum Vorurteil. Gerade in der industriellen Arbeitswelt, dem wichtigsten Handlungsfeld des modernen Menschen, lassen sich die Situationen und Probleme nur durch eine Synthese von Problemorientierung und Handlungsvermögen bewältigen. Sie erscheint damit geradezu als Nahtstelle von Bildung und Ausbildung. Die Selbst- und Fremderfahrung des Menschen bei der Arbeit kann nur durch das Zusammenwirken von Bildungs- und Ausbildungsimpulsen zur selbständigen Auseinandersetzung mit der spezifischen Umwelt, zur Bewältigung der gestellten Probleme führen.

Aus der Sicht des handelnden Menschen ist die grundlegende Besonderheit der industriellen Arbeitswelt der organisierte Leistungszusammenhang aller Tätigkeiten. Primär ist hier jedes menschliche Verhalten funktional auf eine Leistung bezogen und orientiert sich dementsprechend auch am Leistungsziel. Es wurde deshalb lange Zeit die Auffassung vertreten, Bildungs- und Ausbildungsimpulse in der industriellen Arbeitswelt vor allem unter dem Aspekt ihres funktionalen Beitrags zur Erhöhung der Leistung und des Leistungspotentials zu bewerten. Im Mittelpunkt dieser Konzeption steht der Wunsch, ein Gleichgewicht zwischen objektiven Anforderungen der Leistungssituation und den subjektiven Erwartungen des arbeitenden Menschen zu erzielen. Dies soll dadurch erreicht werden, daß berufliche Fertigkeiten und geistige Orientierungsfähigkeiten möglichst weitgehend den Herausforderungen der jeweiligen Leistungssituation entsprechen. Aus dieser Sicht sind Bildungs- und Ausbildungsbemühungen kein eigenständig wirkender Faktor, sondern Reaktionen auf funktionale Erfordernisse.

Diese Sichtweise wird jedoch durch zwei Erkenntnisse eingeschränkt. Zunächst ist die „Leistung" eines Menschen keineswegs eine feststehende und in jedem Fall hinreichend definierbare Größe. Sie ist stets abhängig von Situationsänderungen und von deren Interpretation. Das führt dazu, daß sich auch die Bewertungskriterien der Leistung im Einzelfalle verschieben können. So kommt es z. B. im Zusammenhang mit der Automation häufig zu Qualifikationsänderungen. Eine starre Ausrichtung von Bildungs- und Ausbildungsbestrebungen an einem bestimmten Leistungsbegriff oder Leistungsstandard wäre deshalb nicht zu vertreten.

Zum anderen ist „Leistung“ kein sozial isoliertes Phänomen. Schon in einzelnen Unternehmen ist die Beachtung des Leistungszusammenhangs zumindest ebenso wichtig wie die Beachtung einer spezifischen Einzelleistung. Generell ist aber auch festzustellen, daß die Arbeitswelt nicht getrennt von anderen Erlebnis- und Erfahrungsbereichen gestaltet werden kann. Es bestehen die mannigfaltigsten Wechsel- und Rückwirkungen. Von ihrer Kenntnis und Berücksichtigung hängt es weitgehend ab, in welchem Maße eine bestimmte Leistung überhaupt gesamtgesellschaftlich wirksam wird.

Aus diesen Gründen ist das traditionelle Konzept einer funktionalen Bindung der Bildungs- und Ausbildungsbestrebungen in der Industrie allmählich immer stärker erweitert worden. Diese Bestrebungen werden nicht mehr allein kurzfristig an ihrer Leistungsadäquanz gemessen, sondern auch längerfristig an ihrem Beitrag zur umfassenden Mitarbeiterförderung. Dem entspricht ein Bild vom arbeitenden Menschen, in dessen Mittelpunkt nicht so sehr die mechanische Funktionserfüllung, sondern eine von Einsicht und Verantwortung getragene Mitwirkung im Funktionsvollzug steht, die auch nach Maßgabe des Sachverstandes Impulse zur Funktionsgestaltung ermöglicht. Entsprechend der komplexen Prägung der industriellen Arbeitswirklichkeit durch technische, wirtschaftliche und soziale Faktoren müssen Bildungs- und Ausbildungsmaßnahmen auch diese Vielfältigkeit reflektieren. Deshalb steht im Mittelpunkt des erweiterten Konzepts der Bildungs- und Ausbildungsmaßnahmen neben der Entwicklung der technisch-wirtschaftlichen Leistungspotentials auch die Förderung einer sozialen Mitwirkung. Hierbei ist Mitwirkung jedoch nicht als nur oberflächlich spannungsaufhebende, einseitige Anpassung zu verstehen, sondern als die Fähigkeit, sich mit den stets vorhandenen Widersprüchlichkeiten der Arbeitssituation sinnvoll und zielführend auseinanderzusetzen. Hierzu bedarf es emanzipatorischer Bildungsimpulse, die Möglichkeiten der Selbsterfahrung und kritischen Mitwirkung erschließen.

Zweifellos formt die industrielle Arbeitswelt die in ihr tätigen Menschen auch ohne besondere Bildungs- und Ausbildungsmaßnahmen.[1] Diese funktionale Prägung ist jedoch oft zufällig, einseitig und wird auch geistig unzureichend bewältigt. Es ist also notwendig, sie durch intentionale Bildungsmaßnahmen den Beteiligten bewußt zu machen, damit sie sich mit ihrer Umwelt selbständig auseinandersetzen können. Bildung und Ausbildung in der industriellen Arbeitswelt sollen aus moderner Sicht also zur situationsbezogenen Problembewältigung hinführen, wobei die selbst- und umweltkritische Stellungnahme besonders zu fördern ist.

Aufgabenkreise betrieblicher Aus- und Fortbildung

Der traditionelle Aufgabenkreis unternehmensbezogener Bildungsmaßnahmen betrifft die betriebliche Berufsausbildung und -weiterbildung, wobei sich die Tendenz in Richtung einer auf das Gesamtunternehmen bezogenen Integration und Systematisierung der einzelnen Maßnahmen zeigt.[2]

Die *betriebliche Berufsausbildung* wird im wesentlichen als Lehrlingsausbildung[3] betrieben, wodurch in der Mehrzahl Jugendliche von ihr erfaßt werden. Die Art und Weise der Durchführung wird von drei Gegebenheiten nachhaltig beeinflußt, die die Eigenart der deutschen Lehrlingsausbildung konstituieren:

1. besteht eine duale Ausbildung durch Betrieb und Berufsschule. Die fachliche Unterweisung im Betrieb wird durch den gesetzlich vorgeschriebenen Berufsschulbesuch ergänzt. Hierdurch wird auch eine duale Struktur der Anforderungen an den Lehrling begründet, der gleichsam zwei Rollen als Lernender in zwei getrennten Sozialbereichen übernehmen muß.
2. wird die betriebliche Berufsausbildung durch die immer noch nachwirkende handwerkliche und kaufmännische Tradition geprägt. Das bedeutet, daß kleinbetriebliche Organisationsprinzipien den Ablauf der Lehre gestalten, daß die vermittelten Fertigkeiten sich in der Regel auf Einzelabläufe beziehen und daß besonderer Nachdruck auf Arbeitsqualität gelegt wird, die vom einzelnen beeinflußbar erscheint. Die Probleme der Teamarbeit, der Arbeit an großen Aggregaten, der

[1] Vgl. K. Abraham, Der Betrieb als Erziehungsfaktor, 2. Aufl., Freiburg 1957.

[2] Zur allgemeinen Frage der betrieblichen Berufs- und Weiterbildung vgl. insbes. H. Wirth, Grundlegende Probleme der Bildungsplanung in Industrieunternehmungen. Diss. Univ. Erlangen-Nürnberg 1967.

[3] Angehörige dieses Personenkreises werden im Berufsbildungsgesetz (BBG) der Bundesrepublik Deutschland vom 14. 8. 1969 als „Auszubildende" bezeichnet.

indirekten Kontrolle und Steuerung von Abläufen in größeren Arbeitsbereichen werden demgegenüber häufig vernachlässigt.

3. ist schließlich betriebliche Berufsausbildung als Ausbildung für einen *Beruf* zu verstehen und nicht als ein betriebsbezogenes Leistungstraining. Dies kommt schon darin zum Ausdruck, daß die Lehrpläne an den verschiedenen Berufsordnungsmitteln, wie Berufsbild, Berufsbildungsplan, Prüfungsanforderungen und Berufseignungsanforderungen orientiert sind. Das Berufsbildungsgesetz verdeutlicht diesen allgemeinen Rahmen. Die Konzentration der Ausbildung auf einen bestimmten Beruf, der als Ausbildungsberuf genehmigt werden muß, bedingt eine längerfristige Konstanz der betreffenden Bildungsmaßnahmen, zugleich aber auch deren Orientierung auf eine Idealvorstellung hin, die sich bei raschen Veränderungen der Arbeitsstruktur als fragwürdig erweisen kann.

Damit sind schon grundlegende Probleme angeschnitten, deren Bewältigung im Rahmen der betrieblichen Berufsausbildung bisher erst teilweise gelungen ist.[1] Im wesentlichen handelt es sich hierbei um folgende Sachverhalte: Die industrielle Arbeitswelt wird durch nachhaltige *Veränderungen der Arbeits- und Berufsanforderungen* gekennzeichnet. Die Richtung dieser Veränderungen ist nur teilweise voraussehbar, so daß eine Orientierung der Berufsausbildung an den in Zukunft zu erwartenden Anforderungen nur begrenzt möglich ist. Um so wichtiger wird es, die Flexibilität des Berufsinhabers, sein Anpassungsvermögen und seine Lernfähigkeit, schon frühzeitig zu trainieren. Die Industrie sieht sich weiterhin bisweilen stürmisch verlaufenden Veränderungen der Bedarfsstruktur gegenüber, die sich auf die rein zahlenmäßig gegebenen Beschäftigungsmöglichkeiten, auf die Arbeitsplatzstruktur auswirken. Um Arbeitslosigkeit, Kurzarbeit und Entlassungen zu vermeiden, sind deshalb Umsetzungen unbedingt erforderlich. In hochrationalisierten Betrieben ist es darüber hinaus üblich geworden, die Arbeiterschaft im Bereich der gesamten Anlage rotierend einzusetzen. Als Ergebnis derartiger Strukturwandlungen können wir drittens eine erhöhte *Mobilität der Arbeitskräfte* feststellen, die aber von der psychischen Disposition der Betroffenen her teilweise immer noch nicht ausreichend ist. Als Konsequenz für die betriebliche Berufsausbildung leitet sich die Notwendigkeit ab, sie flexibler zu machen und auf bestimmte Grundkenntnisse zu konzentrie-

[1] Vgl. hierzu E. Krause, Neustrukturierung der beruflichen Bildung. Berlin-Köln-Frankfurt 1969.

ren, auf denen der jeweiligen Situation entsprechend Spezialkenntnisse und Fertigkeiten relativ leicht aufgebaut werden können.[1] Darüber hinaus werden gezielte Umschulungsmaßnahmen zunehmend erforderlich werden.
Weitere Probleme ergeben sich auch aus *Veränderungen der Begabungsstruktur* der Lehrstellenbewerber. Je stärker der Übergang in weiterführende Schulen gefördert wird und je mehr das höhere Bildungswesen ausgebaut werden kann, desto eingeschränkter werden die Voraussetzungen werden, die die Lehrstellenbewerber mitbringen, wobei entsprechend dem spezifischen Siebungscharakter der allgemeinbildenden Schulen der nachweisbare Intelligenzgrad bei den Bewerbern konsequenterweise geringer werden wird. Die Erweiterung der Pflichtschulzeit führt darüber hinaus zu einer Verringerung der zur Verfügung stehenden Ausbildungszeit. Wir haben aber gleichzeitig den positiven Effekt, daß die Lehrlinge der Zukunft nicht in der schwierigen Phase der Pubertät mit der Berufsausbildung beginnen müssen. Die Konsequenzen aus diesen Tendenzen für die betriebliche Berufsausbildung liegen vor allem in der Konzentration des zu vermittelnden Fachwissens und Fachkönnens, und zwar in zweierlei Hinsicht: einmal im Hinblick auf die zur Verfügung stehende Zeit, zum anderen im Hinblick auf das Auffassungsvermögen der Betroffenen. Die gegenwärtig erprobten Pläne einer Stufenausbildung sind die erste Antwort der Praxis auf diese Herausforderungen.
Schließlich sieht sich die betriebliche Berufsausbildung noch vor ein weiteres Problem gestellt, das sich aus der wachsenden Kostspieligkeit der Ausbildung ergibt. Wo die Lehrlinge wirklich an neueren Maschinen und Aggregaten mit modernsten Arbeitsverfahren vertraut gemacht werden sollen, ist der entsprechende Kapitalaufwand oft so beträchtlich, daß Klein- und Mittelbetriebe ihn sich nicht leisten können. Hinzu kommt, daß eigentlich eine Vielfalt derartiger Apparaturen zur Verfügung stehen müßte, damit die Ausbildung nicht zu einseitig wird. Der Ausweg aus diesem Dilemma kann bei den Klein- und Mittelbetrieben – wenn sie nicht auf die Lehrlingsausbildung verzichten wollen – nur durch Errichtung von Gemeinschaftslehrwerkstätten bzw. Berufsausbildungseinrichtungen auf Verbandsebene gefunden werden.
Im Zusammenhang mit der betrieblichen Berufsausbildung ist noch das Problem der *Ausbilderförderung* zu erwähnen. Diese Schlüsselkräfte

[1] Vgl. H. Ebel, Die Konzentration der Berufe und ihre Bedeutung für die Berufspädagogik, Köln und Opladen 1962.

müssen in ganz besonderem Maße für ihre schwierige Tätigkeit herangebildet und ständig fortgebildet werden. Dies ist insbesondere den Klein- und Mittelbetrieben aus eigener Kraft nur sehr begrenzt möglich.

Um die Fähigkeit zur situationsbezogenen Problembewältigung im Arbeitsleben zu erhalten, bedarf es fortwährender Bildungsimpulse und Bildungsbemühungen. Deshalb wird die betriebliche Berufsausbildung in der Regel durch *Maßnahmen zur Weiterbildung* für eine möglichst große Zahl von Mitarbeitern ergänzt. Hierbei treten folgende Probleme auf:

1. Es bestehen in der Regel in jedem Betrieb sehr unterschiedliche Voraussetzungen hinsichtlich der Fähigkeiten und Kenntnisse der Mitarbeiter. Weiterbildungsmaßnahmen nach dem Gießkannenprinzip haben deshalb nur einen geringen Wirkungseffekt.
2. Die betrieblichen Anforderungssituationen, die von den einzelnen Mitarbeitern zu bewältigen sind, weisen ebenfalls eine außerordentlich unterschiedliche Struktur auf. Dadurch entwickeln sich auch die Bildungsinteressen der Mitarbeiter nicht in gleicher Richtung, sondern sehr differenziert.
3. Auch von der gegebenen Persönlichkeitsstruktur her weist jeder Mitarbeiter eine sehr individuelle Lernmotivation auf. Man muß also mit einer breiten Streuung hinsichtlich der Intensität des subjektiven Bedürfnisses nach Weiterbildung rechnen.
4. Jede betriebliche Maßnahme zur Weiterbildung der Mitarbeiter ist an die jeweils vorgegebene Organisationsstruktur gebunden, insbesondere an das betriebliche Kommunikationssystem und an den jeweiligen Führungsstil bzw. das Führungsverhalten. Betriebliche Weiterbildungsmaßnahmen sind deshalb niemals Maßnahmen in einer abgeschirmten „pädagogischen Provinz". Sie wirken stets im Rahmen einer komplizierten hierarchischen Struktur mit unterschiedlichen Interessenlagen der Beteiligten.

Aufgrund dieser Gegebenheiten werden Maßnahmen zur betrieblichen Weiterbildung nur dann Erfolg haben, wenn hierbei bestimmte Grundsätze beachtet werden. Um allen befähigten Mitarbeitern eine Chance zur Weiterentwicklung ihrer geistigen und sittlichen Qualität zu geben, genügen keine mehr oder weniger unzusammenhängenden Einzelmaßnahmen, wie etwa gelegentliche allgemeinbildende Vortragsveranstaltungen oder Ermahnungen an die Vorgesetzten, ihre Mitarbeiter zu fördern. Erst eine systematische Weiterbildung, die sich allmählich institutionell im Betrieb verankert und die alle Aufstiegschancen im Betrieb erfaßt, ist

in der Lage, langfristig das Bildungspotential der Mitarbeiter zu aktivieren.
Arbeitsleistung und Arbeitsverhalten des Menschen hängen von seiner Gesamtpersönlichkeit und von dem Ausmaß ab, in dem er sich mit den Anforderungen seiner Umwelt auseinanderzusetzen vermag. Deshalb genügt es nicht, Spezialkenntnisse und -fertigkeiten zu vermitteln. Es kommt vielmehr darauf an, in umfassender Weise den Menschen Entwicklungshilfen auch nach Abschluß der Berufsausbildung zu geben. In diesem Sinne betont Krause: „Unsere Fachkräfte stützen sich zwar in ihrer Arbeit immer noch in gewissem Umfang auf praktische Fertigkeiten, müssen aber in zunehmendem Maße fachliche Kenntnisse, umfangreiches fachliches Wissen und darüber hinaus bestimmte menschliche Qualitäten, technische Sensibilität, dispositives Denken und Handeln, Konzentration, Verantwortungsbereitschaft, kooperatives Verhalten und nicht zuletzt auch Anpassungsfähigkeit und Lernbereitschaft in die Arbeit miteinbringen, wenn sie Erfolg haben wollen."[1] Weiterbildungsmaßnahmen dürfen sich also nicht auf die rein fachliche Wissensvermittlung beschränken, sondern müssen als sozialpädagogische Maßnahmen sowohl fachliche als auch charakterliche Bildungsanreize geben.
Die betriebliche Arbeitswirklichkeit ist vielfältig gegliedert Dementsprechend sind auch die Gesichtskreise und Interessen der Mitarbeiter sehr unterschiedlich. Durch generelle Veranstaltungen dringt man nicht zum Einzelmenschen und zu seinen Problemen vor. Derartige Maßnahmen tragen notwendigerweise einen administrativen und unpersönlichen Charakter. Es ist deshalb – wie die Erfahrung zeigt – sinnvoller, Weiterbildungsmaßnahmen auf bestimmte Gruppen im Betrieb (Lehrlinge, Ausbilder, Vorarbeiter, Meister, Jungingenieure, Jungkaufleute, Abteilungsleiter und sonstige Führungskräfte sowie betriebliche Sondergruppen) zu konzentrieren. Nur die intensive Gruppenarbeit in kleinen und deshalb überschaubaren Kreisen, die möglichst lange Zeit miteinander verbunden bleiben, vermag das Verhalten des einzelnen nachhaltig zu prägen. Hierbei kommt es, wie noch zu erörtern sein wird, darauf an, autonome Lernprozesse einzuleiten.
Das Arbeitsleben des Menschen umfaßt mehrere Jahrzehnte. In diesem Zeitraum ändert sich nicht nur der Mitarbeiter selbst, sondern auch seine Umwelt. Dadurch entstehen Anpassungsprobleme, die sich besonders dort akzentuieren, wo jemandem ein neues Arbeitsgebiet (z. B. durch

[1] Vgl. E. Krause, a.a.O., S. 10

Beförderung oder Versetzung) übertragen wird oder wo die Tätigkeit selbst ein hohes Ausmaß an Aufgeschlossenheit gegenüber neuen Fragestellungen verlangt, wie es z. B. in der Regel bei qualifizierten Fach- und Führungskräften der Fall ist. Soll der Mitarbeiter nachhaltig gefördert werden, kann man es deshalb nicht bei gelegentlichen oder sogar einmaligen Maßnahmen bewenden lassen. Die Entwicklung der persönlichen Fähigkeiten ist ein Vorgang, der sich nicht auf eine bestimmte Lebensphase oder eine bestimmte betriebliche Rangstufe begrenzen läßt. Es kommt auf die Kontinuität der Weiterbildungsmaßnahmen an.

Schließlich ist darauf hinzuweisen, daß betriebliche Weiterbildung ohne engste Verbindung mit systematischer Personalpolitik eine betriebliche Randerscheinung ohne Breiten- und Tiefenwirkung bleibt. Rahmenvoraussetzung ist eine möglichst langfristige Laufbahnplanung, d. h. die auf den jeweiligen Mitarbeiter abgestimmte Planung seines betrieblichen Einsatzes, die verschiedene Arbeitsplätze auf verschiedenen Rangebenen umfaßt. Darüber hinaus ist es wesentlich, zusätzliche Bildungsanreize auch dadurch zu vermitteln, daß die Vorgesetzten deutlich ihr Interesse an der diesbezüglichen Förderung ihrer Mitarbeiter zeigen.

So wesentlich gerade im Betrieb Weiterbildungsmaßnahmen sind, so sehr können sich bei ihrer Verwirklichung doch auch Probleme ergeben, die nur auf über- bzw. außerbetrieblicher Ebene zu lösen sind. Derartige Probleme ergeben sich z. B. immer dort, wo die zu fördernden Mitarbeitergruppen zu klein sind, um aufwendige Weiterbildungsmaßnahmen auf betrieblicher Ebene noch wirtschaftlich zu rechtfertigen. Probleme können sich aber auch daraus ergeben, daß die betreffenden Maßnahmen nicht neutral genug im betrieblichen Spannungsfeld zu verwirklichen sind, so daß die größere Distanz außerbetrieblicher Weiterbildungseinrichtungen mit ihrem versachlichenden Effekt vorzuziehen ist. Dies kann sich vor allem dann als notwendig erweisen, wenn es um eine Weiterbildung geht, von der deutliche Konsequenzen für die betriebliche Macht- bzw. Herrschaftsstruktur erwartet werden. Schließlich darf nicht außer acht gelassen werden, daß betriebliche Weiterbildungsmaßnahmen häufig gegen die Betriebsblindheit der Teilnehmer anzukämpfen haben, die sich aus der gleichläufigen Prägung durch betriebliche Erfahrungen ergeben kann. Der Kontakt mit Personen aus anderen Betrieben bzw. Unternehmungen im Zuge von Weiterbildungsmaßnahmen läßt häufig die Relativität des eigenen Standpunktes erkennen und vergrößert damit die Bereitschaft zur Neuorientierung. Ähnlich wie bei der betrieblichen Berufsausbildung ist aus all diesen Gründen auch bezüglich der betrieblichen

Weiterbildung die Stützung durch außerbetriebliche Bildungsimpulse wünschenswert.

Von der Trainingsroutine zur autonomen Situationsbewältigung
Lange Zeit glaubte man, mit einem mehr oder weniger mechanischen Training die Aufgabe der Ausbildung lösen zu können. Auch heute kann hierauf nicht verzichtet werden. Es ist jedoch nicht mehr hinreichend für die Heranbildung qualifizierter Mitarbeiter. Denn die Qualifikation muß im hochrationalisierten Arbeitsprozeß mehr umfassen als die eingelernte Routine wiederkehrender Handgriffe. Eine arbeitswissenschaftliche Grunderkenntnis besagt, daß jede Leistung ein Akt der Situationsbewältigung im Sinne vorgegebener Zwecke ist. Die angestrebte Leistungssteigerung hängt deshalb von allen Faktoren ab, die die Arbeitssituation beeinflussen. Auch die Technik des individuellen Arbeitsvollzugs ist somit eingebettet in ein sozialpsychologisches Spannungsfeld, in dem Persönlichkeitsfaktoren, soziale Gruppeneinflüsse, formale Organisationsnormen, sowie technische und wirtschaftliche Anforderungen zusammenwirken. Aus- und Fortbildung kann sich deshalb nicht auf rein arbeitsplatzbezogene Wissens- und Fertigkeitsvermittlung beschränken. Sie muß durch umfassendere Orientierungs- und Anpassungshilfen ergänzt werden. Besonders deutlich wird dies z. B. bei gefügeartiger Arbeitsverknüpfung am Hochofen oder in der Großchemie. Hier verrichtet der einzelne Arbeiter Funktionen von großer betrieblicher Bedeutung im Zusammenwirken mit einem nicht mehr visuell sichtbaren Kollegenkreis. Ohne eine genauere Kenntnis des übergreifenden technischen Prozesses läßt sich dann gar keine Verantwortung hinsichtlich der speziellen Arbeitsaufgabe wecken. Ebenso wird z. B. der Angestellte in einem Terminüberwachungsbüro ein hinreichendes Verständnis der betrieblichen Produktions- und Verkaufspolitik besitzen müssen. Ohne eine Grundorientierung über die Eingliederung des eigenen Arbeitsplatzes in das gesamtbetriebliche Arbeitssystem, über die Grundzüge der sozialen Organisation des Betriebs und die geltenden Normen und Richtlinien kann der Mitarbeiter nicht die Konsequenzen seines Tuns abschätzen. Damit fehlt ihm aber auch die Basis rationalen Handelns. Keine noch so ausgeklügelte Kontrolle kann den Leistungsverlust durch mangelndes Verständnis, durch Desinteresse oder durch unzweckmäßige Spontanreaktionen ganz aufwiegen.
Eine rationale Arbeitsorganisation hängt von der Rationalität des Verhaltens aller Mitarbeiter ab. Diese ist jedoch kein Zufallsprodukt

oder durch Dekret erzwingbar, sie ist Ergebnis ununterbrochener Lernprozesse aller hieran Beteiligten. Aus- und Fortbildung erstreckt sich zwangsläufig nicht so sehr auf den teilautonom werdenden Leistungsvollzug, sondern mehr und mehr auf die Leistungsvoraussetzungen.

Ist ein Mitarbeiter mit guten Fachkenntnissen und Fertigkeiten sowie einer hinreichenden Grundorientierung über Betriebszweck, Arbeitsorganisation und Verhaltensnormen schon in der Lage, in der Arbeitssituation sein Leistungspotential optimal zu aktivieren? Ist mit anderen Worten mit der Förderung dieser Eigenschaften der Aufgabenbereich betrieblicher Aus- und Fortbildungsmaßnahmen erschöpft? Sicherlich lassen die gegenwärtigen Verhältnisse einen solchen Mitarbeiter vielen Betriebsführungen geradezu als Wunschbild erscheinen. Dennoch fehlt in diesem Bild noch eine wichtige Komponente, die sich gerade aus der Sicht betrieblicher Sozialforschung häufig als leistungsbestimmend erweist. Es ist die Fähigkeit des Mitarbeiters, mit den in seiner Arbeitssituation immanenten sozialen Spannungen fertig zu werden und sich an Situationsveränderungen anzupassen. Nicht nur ein persönlich erfolgreicher Berufsweg, sondern auch die betriebliche Zusammenarbeit hängt in hohem Maße von dieser Fähigkeit ab. Sie ist nicht angeboren, sondern kann systematisch durch Eigenerfahrung entwickelt werden. Zumindest in der Ausbildung von unteren und mittleren Führungskräften werden entsprechende Fragen schon jetzt berücksichtigt.

Ausgangspunkt für die Einleitung autonomer Lernprozesse ist die Kenntnis der sozialen Leistungssituation. In schematisierender Vereinfachung können wir sie als bedingt durch die subjektive Leistungsmotivation sowie durch das Verhältnis der betreffenden Person zu ihrer Arbeit, zu den Mitarbeitern und zum Vorgesetzten betrachten. Autonome Lernprozesse setzen voraus, daß die soziale Situation des betreffenden Mitarbeiters subjektive Anreize und objektive Möglichkeiten für eine entsprechende Selbstentwicklung bietet. Daraus ergibt sich zwangsläufig die Notwendigkeit, nicht allein das betriebliche Aus- und Fortbildungswesen als Institution zur Vermittlung von Kenntnissen und Fertigkeiten, sondern viel grundlegender als Mittel sozialer Unternehmenspolitik im Sinne einer umfassenden Mitarbeiterförderung zu verstehen und auszubauen. An die Stelle zeitlich und personell eng begrenzter Schulungsprogramme tritt dann ein systematisches Netzwerk von Mitwirkungsmöglichkeiten, das jeden Mitarbeiter für die Dauer seiner Betriebszugehörigkeit erfaßt. Konkret ausgedrückt heißt das, daß z. B. der junge Facharbeiter, der die Lehrwerkstatt verläßt, weiterhin Anreize für autonomes Lernen erhält,

daß Chancen zur Vertiefung von Kenntnissen und Fertigkeiten geboten werden, daß Hilfestellungen gegeben werden, um ein Steckenbleiben guter Kräfte in der Alltagsroutine zu verhindern. Jede einschneidende Veränderung in der Arbeitssituation, sei es durch technologischen Wandel, sei es durch Versetzungen oder durch Beförderungen, wird dann durch Orientierungs- und Anpassungshilfen, z. B. im Rahmen einer gut durchdachten teilautonomen Gruppenarbeit, tragbarer gemacht.
Von der eng begrenzten fachlichen Aus- und Fortbildung bis zur umfassenden Mitarbeiterförderung im Sinne der möglichst weitgehenden und fortdauernden Entwicklung persönlicher und sozialer Fähigkeiten in wechselnden Anforderungssituationen ist ein weiter Schritt. Die damit eingeleitete „Pädagogisierung des Betriebes", von der viel die Rede ist, darf aber – das soll nochmals betont werden – nicht als eine neue Form zusätzlicher Sozialleistungen, als eine Ablösung veralteter Human Relations-Praktiken mißtverstanden werden. Es handelt sich hierbei um die folgerichtige Konsequenz aus den Vorbedingungen hochqualifizierter Arbeitsleistungen in hochrationalisierten betrieblichen Leistungsgefügen. Wo im Rahmen einer komplexen Organisation neben exakter Funktionserfüllung ein Mindestmaß an Eigeninitiative und Verantwortungsbewußtsein erhalten bleiben und gleichzeitig der Nachwuchs für gehobene Positionen möglichst aus den eigenen Reihen gewonnen werden soll, gibt es keine Alternative für ein umfassendes Programm der Mitarbeiterförderung durch Partizipationschancen.

Innerbetriebliche Bildung als Partizipationsproblem

Vor dem Hintergrund der allgemeinen gesellschaftspolitischen Auseinandersetzungen erhält die innerbetriebliche Bildungssituation ihre besondere Prägung durch das Partizipationsproblem. Es wird zunehmend schwieriger, bürokratisierte Handlungsstrukturen im Betrieb durch die Zustimmung der Beteiligten zu festigen. Eine derartige Zustimmung hängt wesentlich vom Ausmaß der Handlungsspielräume für Selbsterfahrung, Eigeninitiative und sinnvolle Mitwirkung ab. Ein betriebliches Bildungskonzept, das die humane Gestaltung der Arbeitswelt fördern soll, muß deshalb auf die Erweiterung von Partizipationschancen gerichtet sein. Allerdings besteht häufig nicht hinreichend Klarheit über das, was mit „Partizipation" jeweils wirklich gemeint ist. Für den Bereich der industriellen Arbeitswelt können wir davon ausgehen, daß alle Mitarbeiter eines Unternehmens „partizipieren", sofern man den Begriffsinhalt auf die Erfüllung vorgegebener Arbeitsfunktionen beschränkt. Offensichtlich ist aber mehr als rein arbeitstechnische Funktionserfüllung gemeint. Den Idealfall der Partizipation würde die uneingeschränkte Mitwirkung der Mitarbeiter in allen sie betreffenden Angelegenheiten des Unternehmens darstellen. In der Wirklichkeit bewegen sich also die Partizipationsmodelle auf einem Kontinuum von der rein funktionalen Erfüllung einer Arbeitsaufgabe bis zur unbeschränkten Mitbestimmung. Die jeweiligen Einschränkungen der Partizipation betreffen deren Ausmaß, Richtung und Voraussetzungen. Hinsichtlich des Ausmaßes geht es um die Auswahl aus möglichen Handlungen, an denen mitgewirkt werden kann, zum Beispiel bloße Informationen und Konsultationen oder auch Mitwirkungen an Problemlösungs- und Entscheidungsprozessen. Von der Richtung her geht es um die Verteilung sozialer Rollen in einem gegebenen Handlungsfeld und um ihre jeweilige Einschränkung durch eine Hierarchie von Funktionen und Vollmachten. Die Voraussetzungen schließlich werden unterschiedlich gesehen im Hinblick auf sachliche und personelle Anforderungen. Hierbei haben die Leistungsziele des jeweiligen Unternehmens ein besonderes Gewicht.

Aus diesen allgemeinen Bemerkungen wird deutlich, daß ein Partizipationsmodell nur dann anwendbar ist, wenn es auf bestimmte konkrete Situationen bezogen wird. In ihnen lassen sich Ausmaß, Richtung und Voraussetzungen der gewünschten Mitwirkung bestimmen. Andernfalls entartet die Partizipationsdiskussion leicht zu einem Streit um Worte.

Unabhängig von der jeweils konkreten Bestimmung des Partizipationsinhalts stehen alle Förderer des partizipativen Bildungskonzepts vor einer Grundaufgabe: Es muß versucht werden, auf breiter Beteiligungsbasis Mitwirkungspotentiale bei allen Beteiligten zu entwickeln, d. h. die subjektiven und objektiven Möglichkeiten zur Partizipation zu verbessern. Partizipationsstrategien können sich nur begrenzt administrativer Mittel bedienen, da sie ja im wesentlichen gegen die Fehler bürokratisierter Handlungsstrukturen eingesetzt werden sollen. Deshalb wird immer wieder besonderer Wert darauf gelegt, kleine, initiativ werdende Problemlösungszentren in Form teilautonomer Gruppen zu schaffen. Diese bilden sich aber nicht nach einem Dekret, sondern nach den Regeln sozialer Gruppenbildung. Fördernde Maßnahmen haben hier die Bedeutung von Katalysatoren.

Die Förderung von Selbsterfahrungs-Gruppen

Es soll nun von der These ausgegangen werden, daß sich teilautonome Gruppen durch erfolgreiche Problemlösungsprozesse bilden, durch die gemeinsame Bewältigung einer Situationsherausforderung. Je mehr Menschen in die Lage versetzt werden, Probleme zu erkennen und sinnvoll zu lösen, desto mehr entwickeln sich auch ihre Mitwirkungspotentiale. Es handelt sich im wesentlichen um die Fähigkeit, gemeinsam zu lernen, wie man Herausforderungen der Situation bewältigt. Dieser Lernprozeß darf aber, um die Partizipation nicht von vornherein zu stark zu beschränken, nicht durch die äußere Organisation bis ins kleinste vorausgeplant werden. Er muß teilautonom verlaufen, d. h. er muß hinreichend Spielraum für Selbsterfahrung geben. Eine Begründung partizipativer Strukturen im Unternehmen kann also durch die Bildung von Selbsterfahrungs-Gruppen im Verlauf teilautonomer Lernprozesse erfolgen. Dies ist näher auszuführen.

Grundgedanke beim Aufbau von Selbsterfahrungs-Gruppen ist die Tatsache, daß Lernprozesse bei Erwachsenen handlungsorientiert sein müssen. Im Mittelpunkt steht die Erfahrung der Situationsbewältigung. Ohne direkten Bezug auf tatsächlich erlebte Probleme werden insbesondere erwachsene Menschen nicht zum Lernen, d. h. zu Verhaltenskonsequenzen motiviert. Zweite Bedingung ist aber die Vermittlung eines Erfolgserlebnisses, das motivierend wirkt. Werden Problemlösungen vorgegeben, entsteht nicht das Bewußtsein der Eigenleistung. Deshalb ist die Selbsterfahrung von grundlegender Bedeutung für die Entwicklung von Mitwirkungspotentialen. Die Lernprozesse müssen aber gruppenbezogen sein, weil in der Arbeitswelt Zusammenarbeit entscheidend für den Erfolg ist. Individualleistungen sind nur in dem Maße wirksam, in dem sie den Gesamtzusammenhang des Arbeitsablaufs fördern. Dieser läßt sich von einer Stelle allein her weder grundlegend überblicken noch nachdrücklich beeinflussen und zielführend kontrollieren.

Aus diesen Erwägungen ergeben sich die Merkmale von Selbsterfahrungs-Gruppen. Gemeinsames Merkmal ist das teilautonome Lernen. Es ergibt sich aus der geringen Vorstrukturierung des Lernprozesses, um den Erfahrungsspielraum möglichst weit zu halten. Natürlich sind trotzdem Vorgaben notwendig, um Orientierungen zu ermöglichen. In der industriellen Arbeitswelt betreffen sie in der Regel Leistungszusammenhänge, in denen ein Erfolgszwang besteht. Der Rahmen, der für Selbsterfahrungs-Gruppen zu schaffen ist, umfaßt deshalb

1. die Problemvorgabe, zumindest im Anfangsstadium der Gruppenbildung,
2. die Bereitstellung von Hilfsmitteln zur Problemlösung,
3. die Beratung auf Wunsch,

4. die Ergebniskontrolle, die in späteren Stadien teilweise von der Gruppe selbst übernommen werden kann.

Innerhalb dieser Rahmenbedingungen strukturiert sich die Gruppe in dem Maße, in dem der Problemlösungsprozeß voranschreitet. Hierbei können folgende Phasen unterschieden werden:

1. Wahrnehmung der situationsbezogenen Herausforderung,
2. Strukturierung des Problemzusammenhangs,
3. Organisation der zur Problemlösung einzusetzenden Hilfsmittel,
4. Durchführung zielorientierter Aktivitäten,
5. Ergebniskontrolle und Feedback.

Es handelt sich bei der Selbsterfahrungs-Gruppe gleichsam um die Begründung einer im Rahmen allgemeiner Organisationsziele teilautonomen Einheit zum Zwecke einer von den Interessen der Beteiligten her motivierten Situationsbewältigung. Der Spielraum der Selbsterfahrungs-Gruppe wird sich zunächst auf deren soziale Organisation, d. h. Planung und Vollzug von Interaktionen beziehen und damit im wesentlichen Funktionen, Vollmachten, Normsetzung und Kommunikationsstrukturen betreffen. Die wirtschaftlich-technisch bedingte Struktur des Arbeitsablaufs bleibt aber auf die Dauer auch nicht ein neutraler Sachzusammenhang. Im Verlaufe von Problemlösungsprozessen findet ein Ausgleich von sozialen, wirtschaftlichen und technischen Rahmenbedingungen statt. Hierfür gibt es allerdings in großen Organisationen, wie sie moderne Unternehmen darstellen, deutlich sichtbare Grenzen. Die soziale Mikrostruktur kann nicht völlig autonom werden. Die Handlungsspielräume der kleinen Einheiten sind begrenzt durch übergeordnete Erfordernisse, die berücksichtigt werden müssen. Es gehört deshalb zu den wichtigsten Aspekten teilautonomer Lernprozesse, auch derartige Abhängigkeiten zu erkennen und zu bewältigen.

Obwohl es grundsätzlich für alle Mitarbeiter eines Unternehmens wichtig ist. Partizipation durch teilautonomes Lernen in Selbsterfahrungs-Gruppen zu praktizieren, gibt es doch zu Beginn entsprechender Förderungsmaßnahmen besonders wichtige strategische Bereiche. Sie werden dadurch gekennzeichnet, daß bereits ein bestimmter Situationsdruck vorhanden ist, der Partizipation herausfordert. Dies ist stets bei geplanten oder erfolgten Situationsänderungen der Fall, zum Beispiel dann, wenn sich die personelle Zusammensetzung eines Bereiches ändert, wenn neue Organisationsformen erprobt werden oder wenn sich die Sachausrüstung des Arbeitsbereiches verändert. Es handelt sich also stets um Situationen, in denen eine wechselseitige Anpassung von Sacherfordernissen und In-

teressenlagen der Beteiligten notwendig ist. Partizipation führt derartige Anpassungsprozesse zu einem Ausgleich, der von den Betroffenen freiwillig akzeptiert wird. Mangelnde Partizipation führt zur Betonung des Zwangscharakters der Organisation und damit zur Hinnahme der Lösungen unter Vorbehalt beziehungsweise zur Resignation. Selbsterfahrungs-Gruppen haben also eine große Bedeutung im Verlaufe von Veränderungen der Organisation, die technisch, wirtschaftlich oder sozial bedingt sein können.
Abschließend sollen für die vielfältigen Anwendungsmöglichkeiten von Selbsterfahrungs-Gruppen nochmals deren Grundlagen betont werden:
1. Es werden keine fertigen Lösungen vorgegeben;
2. die Eigeninitiative im Problemlösungsprozeß wird gefördert;
3. die Erfolge bei der Situationsbewältigung werden anerkannt.

Beispiele aus der Praxis zeigen, daß teilautonome Gruppen durch Förderung teilautonomer Lernprozesse begründet werden können. Auf diese Weise läßt sich Mitwirkung fördern, die problemorientiert bleibt und damit einen echten Beitrag zur humanen Gestaltung bürokratischer Arbeitsstrukturen leisten kann.

4.2 Die innerbetriebliche Information als Aufgabe sozialer Unternehmensgestaltung

Die industrielle Arbeitswelt wird in zunehmendem Maße durch sehr komplexe, teilweise sogar abstrakte und sich zudem rasch verändernde Wirkungszusammenhänge gekennzeichnet. Trotz dieser immer geringer werdenden Durchsichtigkeit besteht für den arbeitenden Menschen der Zwang, richtig und d. h. situations- und zieladäquat zu handeln. Hierzu ist eine hinreichende Information unerläßlich. Je weniger die Möglichkeit besteht, die das eigene Handeln bestimmende Umwelt unmittelbar zu erfahren, desto größer wird der Wunsch, sich zuverlässig rechtzeitig und umfassend zu orientieren. Wir können also davon ausgehen, daß in jedem modernen Unternehmen nicht nur ein großes Informationsbedürfnis besteht, sondern daß Information geradezu die Grundlage jedes Arbeitsablaufs und damit auch der betrieblichen Zusammenarbeit bildet.

Information als Voraussetzung betrieblicher Zusammenarbeit

Wie sehr Informationen nicht allein das Betriebsgeschehen begleiten, sondern es geradezu konstituieren, wird deutlich, wenn wir uns kurz mit

dem Inhalt des Begriffs „Information“ auseinandersetzen. Man sollte sich davor hüten, allzu rasch das Vorverständnis zu akzeptieren, das der Alltagssprachgebrauch nagelegt: Information sei eine mehr oder weniger unverbindliche Mitteilung. Tiefergehende Überlegungen werden uns zu der Auffassung führen, daß wir als Information die Übermittlung von Bedeutungsgehalten jeglicher Art zu verstehen haben. Information ist also der umfassende Prozeß der Kenntnisnahme und Interpretation, der zwischen der objektiven Umwelt und einer umweltbezogenen Verhaltensweise vermittelt. Seine Struktur hängt einmal von der Art und Form des jeweiligen Bedeutungsgehaltes, zum anderen vom Medium seiner Übermittlung ab. Hierbei bestehen enge Wechselbeziehungen zwischen Informationsgehalt und Informationsmedium. Der handelnde Mensch, also auch der im Betrieb tätige Mitarbeiter, ist durch einen ununterbrochenen Informationsfluß in seine spezifische Umwelt integriert und nur dadurch in der Lage, sich situtionsadäquat zu verhalten.
In diesem umfassenden Sinne des Begriffs ist betriebliche Information also Voraussetzung jedes arbeitsteiligen Ablaufs und damit Voraussetzung der betrieblichen Zusammenarbeit. Meist wird jedoch von innerbetrieblicher Information in einem einschränkenden Sinne in der Weise gesprochen, daß hierunter alle Maßnahmen verstanden werden, die das Betriebsgeschehen dem jeweiligen Empfängerkreis von Informationen verständlich machen und sinnvoll erscheinen lassen. Es wird also nicht so sehr der Prozeß der Zusammenarbeit an sich betrachtet, sondern mehr die Beeinflussung der inneren Grundhaltung der Beteiligten, die diesen Prozeß fördern oder hemmen kann. So wichtig aus dieser Sichtweise innerbetriebliche Information für eine soziale Unternehmenspolitik ist, so sehr muß doch andererseits betont werden, daß hierdurch nur ein kleiner Teil der tatsächlichen Informationsprozesse erfaßt wird. Wo die den Arbeitsablauf konstituierenden und ihn begleitenden Informationen nicht ausreichen, wird man auch durch eine gezielte, von sozialen Erwägungen bestimmte Informationspolitik nicht viel korrigieren können.
Nach dieser Begriffsklärung soll die besondere Eigenart der innerbetrieblichen Information näher charakterisiert werden. Sie ergibt sich aus der Struktur des Betriebes als eines nach technischen, wirtschaftlichen und sozialen Gesichtspunkten organisierten Leistungsgefüges, das durch planmäßige Zusammenfassung von Arbeitsmitteln und Arbeitskräften entsteht. Innerbetriebliche Information ist also an den Rahmen einer zweckrationalen Organisation gebunden, innerhalb dessen sich die betrieblichen Sozialbeziehungen zwischen Personen und Gruppen verwirkli-

chen. Durch ihren Bezug auf diese Rahmenordnung wird innerbetriebliche Information selbst zu einem Organisationsproblem. Durch ihren Bezug auf die handelnden Personen und Gruppen wird innerbetriebliche Information außerdem zu einem Interaktionsproblem. In beiden Problembereichen spiegelt sich das soziale Spannungsfeld und die soziale Dynamik des Betriebes, und in beiden Bereichen kennzeichnen die jeweiligen Lösungen den gegebenen Entwicklungsstand der betreffenden Unternehmensstruktur. Diese Sichtweise soll nun durch eine Detailanalyse der Vorbedingungen betrieblicher Informationsprozesse vertieft werden.

Innerbetriebliche Information als Organisationsproblem
Die Organisationsgebundenheit jeder innerbetrieblichen Information äußert sich darin, daß diese sich in der Regel nicht umstrukturiert verbreitet, sondern durch bestimmte betriebliche Kommunikationswege gesteuert wird. Diese können ganz formal das Ergebnis einer planvollen Organisation sein oder aber informale Reaktionen auf die betriebliche Rahmenordnung darstellen. Das Organisationsproblem wäre relativ einfach, wenn man davon ausgehen könnte, daß die betrieblichen Kommunikationswege im großen und ganzen dem betrieblichen Arbeitsablauf folgen bzw. diesen begleiten. Dies ist jedoch nicht der Fall. Wir finden eine starke Überlagerung der durch den Arbeitsablauf bedingten Informationen durch Kommunikationsprozesse, die sich aus der hierarchischen Vollmachtenstruktur des Betriebes, d. h. durch die Zentralisierung strategischer Entscheidungs- und Kontrollinstanzen ergeben. Die mit dem Arbeitsablauf zusammenhängenden Kommunikationswege verlaufen im wesentlichen horizontal, die mit betrieblichen Entscheidungen, Weisungen und Kontrollen verbundenen Kommunikationswege verlaufen im wesentlichen vertikal. So entsteht ein engmaschiges Netz von Kommunikationswegen, das zu typischen Kreuzungspunkten führt. Die damit verbundenen Positionen sind von großem Einfluß auf die betrieblichen Informationsprozesse, denn hier werden Weisungen mit Abläufen koordiniert, d. h. Autorität und Kooperation integriert.
Die betriebliche Struktur der Kommunikationswege wird noch dadurch komplizierter, daß sowohl horizontale als auch vertikale Begrenzungen bestehen, etwa durch eine entsprechende Ressortgliederung. Sie schaffen nicht nur räumliche, zeitliche und soziale Distanz, sondern regeln auch ähnlich wie Schleusen den Informationsfluß, ja selbst den Informationsgehalt. Wir müssen also damit rechnen, daß bei der Vermittlung einer

von einer beliebigen Stelle im Betrieb ausgehenden Information erhebliche Verzerrungs- und Verzögerungseffekte auftreten. Sie werden noch verstärkt durch die jedem Menschen innewohnende Eigenschaft, Informationen aufgrund seiner persönlichen Interessenlage wahrzunehmen, zu interpretieren und zu nützen. Es ist deshalb anzunehmen, daß betriebliche Informationen in der Regel mit bestimmten Interessenlagen verquickt werden und deshalb, je länger sie zirkulieren, desto mehr mit erheblichen Vorurteilen belastet werden.
Diese Umstände sind selbstverständlich den Betriebspraktikern nicht verborgen geblieben, und man hat Möglichkeiten gesucht und gefunden, das Organisationsproblem betrieblicher Informationen zweckentsprechender zu lösen. Zwei Wege stehen hierfür zur Verfügung: Einmal ist die Direktinformation bestimmter Personen, betrieblicher Gruppen oder der Gesamtbelegschaft durch eine hierzu autorisierte zentrale Stelle zu nennen. Beispiele hierfür sind Anschläge am „Schwarzen Brett", Betriebsversammlungen und nicht zuletzt die Werkzeitschriften. Die zweite Möglichkeit bietet sich durch möglichst direkte Zwei-Wege-Kommunikation vorzugsweise mit Diskussionsmöglichkeit im Rahmen der Planung, Durchführung und Kontrolle von Arbeitsaufgaben. Beispiele hierfür sind Ausspracheveranstaltungen, Konferenzen, Kommissionen und in gewissem Sinne auch formale Vorschlags- und Beschwerdeverfahren. Zweck all dieser organisatorischen Maßnahmen ist es, Verzögerungen und Verzerrungen in der Informationsübermittlung zu vermeiden und gleichzeitig wechselseitige Information zu ermöglichen. Hierdurch werden die im formalen Kommunikationsnetz des Betriebes geschaffenen strategischen Positionen mit ihrem erheblichen Machtpotential relativiert, was gleichzeitig eine Kontrolle der formalen Autorität im Betriebe ermöglicht.

Innerbetriebliche Information als Interaktionsproblem
Der Mensch arbeitet im Betrieb nicht isoliert. Schon durch seine Aufgabenstellung wird er gezwungen, mit anderen Kontakt aufzunehmen und mit ihnen zusammenzuwirken. Dies kann sowohl in Arbeitsgruppen geschehen als auch in der Form von Ranggruppen, wenn wir etwa an regelmäßige Abteilungsleiter-Konferenzen denken. Neben diesen formalen Bindungen gibt es aber auch viele informale Kontakte. Manche Menschen stehen einander näher, manche einander ferner. Viele werden durch gleiche Interessen verbunden, in anderen Kollegen sieht man Rivalen oder Widersacher. Eine Fülle derartiger informaler Trenn- und Verbindungslinien bzw. -gruppierungen durchzieht jeden Betrieb. Er stellt

also ein äußerst komplexes Interaktionsgefüge dar, das sich auch auf Informationsinhalte, Informationswege und ganz allgemein auf die Übermittlung von Informationen auswirkt. Man kann davon ausgehen, daß jede betriebliche Information in einem sozialen Spannungsfeld entsteht und sich dann verbreitet. Sie bleibt deshalb, wie schon erwähnt, von den unterschiedlichen Interessenlagen der Menschen in diesem Spannungsfeld nicht unberührt.

Betrachten wir zunächst die *individuellen Interessenlagen.* Jeder Mensch, also auch jeder Werkangehörige hat bestimmte Wunschvorstellungen. Manchmal werden sie so stark, daß die Wirklichkeit nur noch hinter einem Schleier wahrgenommen wird. Daneben hat jeder auch bestimmte Abneigungen und Befürchtungen, die für ihn Wirklichkeit sind, obwohl sie objektiv gar nicht gerechtfertigt sein müssen. Diese Wünsche und Befürchtungen beruhen zumeist auf Vergangenheitserfahrungen, Auswirkungen der Erziehung und auf Umwelteinflüssen. Sie wirken gleichsam als ein vorgegebener Filter, den jede Information erst zu passieren hat, bevor ihr Gehalt vom Individuum aufgenommen und schließlich verhaltenswirksam gemacht wird. Daraus ergibt sich die Notwendigkeit, bei der Abfassung und Übermittlung jeder Information ihren möglichen Effekt auf Menschen verschiedener Interessenlagen im Betrieb vorauszusehen. Ohne eine genauere Kenntnis des Betriebes ist dies nicht möglich. Es hat einmal Zeiten gegeben, in denen z. B. dem Werkzeitschriftleiter verwehrt war, sich im Betrieb umzusehen und mit den dort beschäftigten Werkangehörigen Gespräche zu führen. Dies waren auch die Zeiten, in denen man glaubte, von einer zentralen Stelle aus gleichsam durch Knopfdruck den ganzen Betrieb wie ein hochmechanisiertes Räderwerk in Bewegung setzen und in Bewegung halten zu können.

So forderte z. B. Alfred Krupp, „daß man die Vergangenheit der Fabrik sowie die wahrscheinliche Zukunft derselben im Büro der Hauptverwaltung studieren und übersehen kann, ohne einen Sterblichen zu fragen“.[1] Zahlreiche Schwierigkeiten haben inzwischen die Praktiker belehrt, daß die Interessenlagen der arbeitenden Menschen ernst genommen werden müssen und daß man nur dann Verständnis für betriebsnotwendige Maßnahmen findet, wenn man Verständnis für die hiervon Betroffenen aufbringt. Auf die innerbetriebliche Information bezogen bedeutet dies, daß man niemals außer acht lassen darf, daß die Empfänger von Informationen Menschen, d. h. nicht beliebig manipulierbare Funktionsträger sind.

[1] Vgl. Burhenne, Betriebs-Archiv. In: Thünen-Archiv Bd. II (1909). S. 696

Selbst in automatisierten Betrieben mit Lochstreifen und Magnetbändern als Datenträger sind letztlich die Adressaten der Informationen doch wieder bestimmte Werkangehörige, die ihre eigene Sichtweise haben.

Wir haben es im Betrieb nicht allein mit den Interessen einzelner, sondern auch mit *Gruppeninteressen* zu tun, und die Hoffnungen und Befürchtungen von einzelnen werden sehr häufig von größeren Gruppen geteilt, ja von diesen sogar im wesentlichen getragen. Man denke in diesem Zusammenhang etwa an die Schichtarbeiter, die älteren Angestellten, die Mitarbeiter im Außendienst usw. Innerbetriebliche Informationen treffen häufig auf recht festgefügte Gruppenmeinungen und Gruppenstandpunkte. Es findet also eine gruppenspezifische Interpretation der jeweiligen Information statt, wodurch ihr Effekt wesentlich von dem der vorhergeplanten Wirkung abweichen kann. Deshalb ist eine Berücksichtigung der betrieblichen Gruppenstruktur und der hierdurch manifest werdenden Interessen ebenfalls unabdingbare Voraussetzung einer wirksamen Kontrolle des Informationseffekts. Es läßt sich fragen, wie denn dies im einzelnen möglich sei, da man ja bei der Abfassung und Aussendung einer innerbetrieblichen Information nicht immer eine genaue wissenschaftliche Analyse des jeweiligen betrieblichen sozialen Spannungsfeldes erstellen könne. Hierauf ist zu antworten, daß selbstverständlich ein solches Verfahren viel zu umständlich wäre, und daß deshalb die Unternehmensstruktur selbst so gestaltet werden muß, daß das Verfahren gleichsam automatisch abläuft. Angesichts des komplexen betrieblichen Interaktionsgefüges kann wirksame Information praktisch nur durch Interaktion, ja sogar als Interaktion vermittelt werden. Information wird dann nicht für bestimmte Individuen und Gruppen im Betrieb, sondern *mit* diesen gemacht und weiterverbreitet. Im Idealfall kommt dann die innerbetriebliche Information nicht von irgendeiner Stelle unvorbereitet bei einem Personenkreis an, der womöglich auch keine Möglichkeit der Rückäußerung hat. Vielmehr wird die Information im Interaktionsprozeß, d. h. in Auseinandersetzung mit den verschiedenen Personen und Gruppen geschaffen und weitergegeben. Dies ist der wesentliche Inhalt der schönen Maxime des Mitwissens und Mitberatens, die keineswegs nur Gültigkeit für irgendwelche Repräsentativgremien haben sollte.

Die Berücksichtigung des betrieblichen Interaktionsgefüges führt also zu einer Revision des Dogmas von der einseitig durch privilegierte Stellen vermittelten Information, durch die keine Wechselwirkungen begründet werden. In dieser Richtung liegt auch die Lösung eines anderen, in der betrieblichen Wirklichkeit immer wieder anzutreffenden Problems. Es handelt sich um die Mitteilungs- und Verständnisschranken, die bestehen, wenn Informationen einer höheren an eine niedrigere Stelle weitergeleitet werden. Das betriebliche Ranggefälle wirkt sich dahingehend aus, daß auch die harmloseste Erkundigung des Chefs für den Empfänger den Charakter einer Weisung haben kann, es sei denn, daß ein langjähriges beiderseitiges Vertrauensverhältnis dieses Mißverständnis von vornherein ausschließt. Umgekehrt erscheinen rückwirkende Erkundigungen der Mitarbeiter häufig als Kritik, die eine angeblich zu bewahrende Autorität in Frage stellt. Wo derartige Verhältnisse herrschen, wird man kaum von einem ungehinderten Informationsfluß sprechen können. Auch hier gibt es nur die Möglichkeit, die Information als Interaktion aufzufassen, d. h. durch den Informationsprozeß selbst Wechselwirkungen auszulösen, also dem Prozeß der Informationsübermittlung etwa den Charakter einer gemeinsamen Beratung oder Aussprache zu geben, in deren Verlauf durch wechselseitige Vorschläge eine problemorientierte Information zustande kommt.

Wir können nun die wesentlichsten Schlußfolgerungen aus der Tatsache ziehen, daß innerbetriebliche Informationen organisations- und interaktionsgebunden sind.

1. Zur Ausschaltung der verzerrenden und verzögernden Wirkung organisatorischer Informationsschranken ist die planvolle Einrichtung wechselseitiger Informationsmöglichkeiten ebenso erforderlich wie die zusätzliche Einrichtung allgemeiner Kommunikationswege und Kommunikationsmittel, die nicht an die Ressortstruktur gebunden sind.
2. Zur Ausschaltung von verzerrenden und verzögernden Auswirkungen der Interessenlagen von im Betrieb tätigen Personen und Gruppen muß ein möglichst großer Teil der Informationsprozesse die Form direkter Interaktionen annehmen. Die sachbezogene Information bildet sich gleichsam in gemeinsamer Beratung. Hierdurch steigen die Chancen, sich gegenseitig ernst zu nehmen, sich gegenseitig anzuerkennen. Auf diese Weise wird eine Vertrauensgrundlage geschaffen, ohne die ein Interessenausgleich und damit die Zurückdrängung vorurteilsvoller Interpretationen nicht möglich ist.
3. Ganz allgemein sollte eine fortschrittliche Unternehmensstruktur so beschaffen sein, daß das Entstehen einseitiger Informationsmonopole verhindert wird und daß strategische Positionen im Kommunikationsprozeß im Sinne des Betriebszwecks und nicht im Sinne einseitiger Interessenlagen kontrollierbar gemacht werden.

Diese Schlußfolgerungen haben auch große Bedeutung für die Werkzeitschriften. Zunächst ist festzustellen, daß die Werkzeitschrit in jedem größeren Unternehmen eine wesentliche Informationsfunktion hat, weil ihre Verbreitung zweifellos der Einebnung von Informationsschranken und Vorurteilsgräben im Betrieb dient. Wie kein anderes Informationsinstrument ist die Werkzeitschrift geeignet, die vielen person- und gruppenbezogenen Partialmeinungen und die latente nicht-öffentliche Meinungsstruktur in eine betriebsbezogene öffentliche Meinung umzuwandeln. Diese in der Werkzeitschrift zum Ausdruck kommende öffentliche Meinung wird um so stärker verhaltenswirksam werden, je mehr sie die tatsächlich durch die Organisationsstruktur und das Interaktionsgefüge gegebenen Standpunkte berücksichtigt und zum Ausdruck bringt. Das bedeutet also in erster Linie: Widerspiegelung und Sichtbarmachung, sach- und problembezogene Interpretation. Es bedeutet nicht: interessengebundene Meinungsmanipulation und Aufbau eines „falschen Bewußtseins" durch einseitigen oder mangelnden Wirklichkeitsbezug. Die Werkzeitschrift kann ohnehin kein Informationsmonopol begründen. Deshalb besteht ihre vordringliche Aufgabe in einer vorwiegend unternehmensbezogenen, allgemein verständlichen und den betrieblichen Interessenausgleich nicht behindernden Information über Sachverhalte und über Probleme, die einer Sachlösung zugänglich sind.

In gewissem Sinne ein Prüfstein für die sachgemäße Integration der Werkzeitschrift in den innerbetrieblichen Informationsprozeß ist der Meinungsaustausch. Mit diesem Wort wird ja genau das gekennzeichnet, was als Korrelat der Zusammenarbeit auf der Informationsebene zu gelten hat. Die Probleme bei der praktischen Verwirklichung des Meinungsaustausches in der Werkzeitschrift ergeben sich einerseits aus der Notwendigkeit, das offene Wort seitens der Schriftleistung zu garantieren, andererseits aber die Gefahr unsachlicher, provozierender Veröffentlichungen zu vermeiden. Der Meinungsaustausch braucht also sowohl einen Spielraum als auch Ermessensgrenzen. Liegt die Begrenzung des Spielraums allein in dem Belieben des Werkredakteurs oder einer Vertreters der Betriebsleitung, so entsteht bei der Belegschaft die Vermutung, der Meinungsaustausch werde manipuliert. Aus diesem Grunde hat der Verfasser schon 1953 vorgeschlagen, in der Werkzeitschrift eine oder zwei Seiten der Belegschaft direkt für den Meinungsaustausch zur Verfügung zu stellen und die Verantwortung für diesen ausdrücklich als „nichtredaktionell" gekennzeichneten Teil einem Komitee der Werkangehörigen zu überlassen. Dieses hätte die Pflicht, die eingesandten Beiträge zu sichten und für deren Veröffentlichung auch die Verantwortung zu übernehmen. Ein solches Komitee für den betrieblichen Meinungsaustausch in der Werkzeitschrift böte mannigfaltige Gelegenheit dazu, durch Pflichten und Taten die Mitverantwortung zu lernen. Nach diesem kurzen Exkurs wollen wir uns nun der entscheidenden Frage zuwenden, welche Rolle die innerbetriebliche Information im sozialen Wandel der Unternehmensstruktur spielt.

Innerbetriebliche Information im sozialen Strukturwandel

Die Unternehmensstruktur ist im Gegensatz zu dem Eindruck, den manche Organisationspläne vermitteln, kein starres, für immer festgefügtes System. Sie ist in ständiger Entwicklung und Umwandlung begriffen, deren Fortschrittlichkeit an dem Ausmaß zu messen ist, in dem es gelingt, sich den technischen, wirtschaftlichen und sozialen Herausforderungen der Umwelt gewachsen zu zeigen. Dies ist nicht so sehr durch bedingungslose Anpassung an vorgegebene Muster, durch eine Art von „Pseudomodernität" zu erreichen, sondern durch schöpferische Auseinandersetzung. Andernfalls droht die technokratisch gelenkte Produktionsbehörde. Diese Notwendigkeit zur schöpferischen Auseinandersetzung begründet eine geradezu strategische und fast ausschlaggebende Rolle der innerbetrieblichen Information im Prozeß des betrieblichen Strukturwandels. Ohne rechtzeitige, hinreichende und verläßliche Information keine Situationsanalyse und keine Feststellung der möglichen Verhaltensalternativen, also auch keine zieladäquate Handlungsweise. Wir können also davon ausgehen, daß betriebliche Anpassungsprozesse ein erhöhtes Maß an qualifizierter Information bedingen. Die Mobilisierung der Organisation, der betrieblichen Gruppen und der einzelnen Werkangehörigen setzt umfassende Orientierungshilfen voraus. In welcher Weise lassen sich nun die betrieblichen Kommunikationsprozesse in dieser Richtung optimal steuern?

Wir wollen von einer idealtypischen Betrachtung von zwei Grundformen innerbetrieblicher Informationspolitik ausgehen und deren Eignung für die Ermöglichung betrieblicher Strukturwandlungen überprüfen.

Den ersten Typ kann man als *wertrationale Informationspolitik* bezeichnen, weil das Schwergewicht auf der Vermittlung wertbezogener Meinungen und Haltungen liegt. Besonders typisch sind etwa die Bemühungen um eine innerbetriebliche Meinungspflege, eine innerbetriebliche Werbung mit dem Ziel, bestimmte Grundhaltungen des Managements zu rechtfertigen und die Belegschaft von der Richtigkeit bestimmter Standpunkte zu überzeugen. Auch ein betriebliches Informationswesen, das als eine Art sozialpolitischer Betreuung der Arbeitnehmer gedacht ist, in dessen Rahmen also Informationen für die Belegschaft gegeben werden, um sie sozial zu integrieren, paßt in diesen Rahmen. Eine wertrationale Informationspolitik ist grundsätzlich autoritätsbezogen, insofern als die zu vermittelnden Werte nicht in Frage gestellt werden, sondern als gültiges Koordinatensystem für die Einordnung von Tatsachen und Problemen dienen.

Den zweiten Typ stellt die *zweckrationale Informationspolitik* dar. Im Mittelpunkt steht die Orientierung an Fakten, die in irgendeinem rational einsichtigen Zusammenhang mit dem offen gelegten Zweck stehen. Dementsprechend handelt es sich bei den Informationen vorwiegend um Nachrichten oder um hiervon abgegrenzte Kommentare. Zweckrationale Informationspolitik will nicht so sehr überzeugen als die Urteilsbildung ermöglichen. Sie ist letztlich nicht autoritäts-, sondern funktionsbezogen.

Vergleichen wir diese beiden Typen, so können wir feststellen, daß sie in unterschiedlicher Weise geeignet sind, den sozialen Strukturwandel zu fördern. Zweckrationale Informationspolitik fördert die eigenständige Auseinandersetzung mit den Fakten und damit die Gewinnung eines funktionsrichtigen Standpunktes. Es ist deshalb nicht verwunderlich, daß sie bei allen technischen Problemen im Betrieb schon seit jeher den Vorrang hat. In dem Maße, in dem Rationalisierung im Betrieb aber über den rein technischen Bereich hinaus ebenso zu einem wirtschaftlichen wie sozialen Anliegen geworden ist, sind praktisch alle Problemkreise im Betrieb Gegenstand funktionaler Erwägungen geworden. Funktionsrichtiges Verhalten setzt jedoch überall Zweckrationalität voraus. Damit ist die Notwendigkeit einer Ausbreitung und Vertiefung zweckrationaler Informationsmaßnahmen erwiesen.

Wertrationale Informationspolitik vermag überall da eine Orientierungshilfe zu geben, wo dem Individuum die Verhältnisse, die sein Handeln bestimmen, nicht durchschaubar erscheinen, sei es aus Mangel an zuverlässigen Daten, sei es aus Mangel an Sachkenntnis. Dies geschieht, indem das Individuum von funktionsbezogenen Entscheidungen entlastet wird und stattdessen das Angebot erhält, gleichsam die große allgemeine Linie vertrauensvoll zu akzeptieren. Menschen, die Sicherheit und Geborgenheit suchen und deren betriebliches Handlungsfeld relativ klein ist, werden deshalb immer für wertrationale Informationspolitik empfänglich bleiben. Allerdings ist hier ein Moment der Starrheit zu beachten. Wertrationale Grundhaltungen ändern sich nicht so schnell, wenn die Verhältnisse sich wandeln. Stattdessen haben sie die Tendenz, dann als Ideologien noch lange Zeit fortzubestehen. Der Preis für Denksicherheit bzw. das Denken in einfachen Kategorien besteht also in einer gewissen Immobilität. In diesem Zusammenhang kann an die Propagierung bestimmter Betriebsgemeinschafts-Ideologien und des damit zusammenhängenden Wertes der Betriebstreue erinnert werden. Der Wahlspruch: „Ein Gramm Treue wiegt ein Pfund Gewandtheit auf" ist sicherlich allgemein verständlich und auch für einen großen Teil der arbeitenden Menschen akzeptabel. Mit einer flexiblen Personalpolitik, die infolge technisch-wirtschaftlicher Strukturwandlungen unerläßlich wird, steht er jedoch nicht im Einklang.

Es wäre sicherlich voreilig, sich einseitig für eine wertrationale oder eine zweckrationale betriebliche Informationspolitik zu entscheiden. In gewissem Sinne ergänzen sich beide Formen, weil die Belegschaften auch in ihrer Denkstruktur und in ihren Interessenlagen unterschiedlich zusammengesetzt sind und in unterschiedlichem Maße einen starken Anpassungsdruck aushalten können. Wer die Werkangehörigen möglichst abschirmen möchte von den Anstrengungen einer selbständigen Auseinandersetzung mit den Fakten, wird geneigt sein, sich für eine wertrationale Informationspolitik zu entscheiden. Er wird unter Umständen sogar gezwungen sein, diese Form zu wählen, wenn die Belegschaft ein geringes Maß an geistiger Wendigkeit besitzt. Andererseits ist nicht zu verkennen, daß eine zweckrationale Informationspolitik dem mündigen, emanzipierten Arbeitnehmertyp sicherlich mehr entspricht. Sie setzt aber auch eine stark zweckrationale Grundhaltung beim Informationsempfänger voraus. Wahrscheinlich werden wir es noch für die nähere Zukunft mit Mischsystemen zu tun haben, in denen sowohl zweckrationale als auch wertrationale Elemente nachweisbar sind. Der Übergang von der wertrationalen Information zur zweckrationalen Information, d. h. von autoritätsbezogenen zu rein funktionsbezogenen Kommunikationsmitteln wird nicht kurzfristig stattfinden.

Betrachten wir nun die Rolle der Werkzeitschriften angesichts der Herausforderungen des Wandels der Unternehmensstrukturen, so wird deutlich, wie ausschlaggebend die Wahl zwischen wertrationaler oder zweckrationaler Informationspolitik für ihre Weiterentwicklung ist. Es wird selten vom Werkredakteur allein abhängen, welche Wahl er treffen kann. Die Konsequenzen muß er jedoch täglich tragen und verwirklichen. Das Bestreben, die Werkzeitschriften aus der Welt des „schönen Scheins", der harmonischen Einebnung von Spannungen und Konflikten herauszuführen und eine wirkliche Auseinandersetzung der Belegschaft mit ihrer Arbeitswirklichkeit und den sie beeinflussenden Faktoren herbeizuführen, ist aber offenkundig. Der von der modernen Technik und Wirtschaftsentwicklung geprägte Mensch hat in wachsendem Maße auch ein Verständnis für funktionelle Erfordernisse, und er braucht entsprechend weniger den Krückstock der illusionären Zurückdrängung von Problemen. Allmählich wird auch das Verständnis für übergreifende Zusammenhänge wachsen, so daß eine sachadäquate Information ausgeweitet werden kann, die alle wesentlichen Unternehmensprobleme in irgendeiner Weise berührt. Die Werkzeitschrift kann also durchaus ein sozialpädagogisches Instrument sein, um traditionelle, autoritätsbezogene Denkschemata aufzulockern und die Menschen in die Lage zu versetzen, funktionsbezogen zu denken und zu handeln. Nehmen sie diese Aufgabe wahr, sind Werkzeitschriften selbst ein wichtiges Instrument des sozialen Wandels im modernen Unternehmen. Sie fördern die Auseinandersetzung des Menschen mit seiner Umwelt, ohne die keine eigenverantwortliche Stellungnahme, kein eigenverantwortliches Handeln möglich sind. Auch angesichts mannigfaltiger Belastung im täglichen Arbeitsablauf im Rahmen eines sehr komplexen sozialen Spannungsfeldes sollte sich der Werkredakteur immer wieder auf diesen Aspekt seiner Tätigkeit besinnen. Sein Beruf bringt ihn in tägliche Berührung mit einem der verletzlichsten Güter des modernen Menschen: der Meinungs- und Urteilsfreiheit. Es ist nicht allein gefährdet durch die Manipulationsversuche sozialer Interessengruppen, sondern auch durch die allzu große Bereitschaft des Individuums, sich lenken zu lassen. Ein modernes, fortschrittliches Unternehmen ist aber auf denkende und selbständig handelnde Menschen angewiesen, die sich nicht aus Furcht oder Hoffnung, sondern aus Vernunftsgründen in einen funktionellen Arbeitsvollzug einordnen. Sie werden dies um so leichter tun, je mehr ihnen bewußt gemacht wird, warum ihre Arbeit und warum eventuelle Veränderungen ihrer Arbeit und ihrer betrieblichen Umwelt notwendig sind. Einsicht in die Notwendigkeit ist aber stets der erste Schritt zur Freiheit gewesen, weil er den Spielraum für selbständiges Handeln erkennen läßt. Solche Einsicht zu fördern und gleichzeitig die verfügbaren Spielräume zu verteidigen, kann ein wesentlicher Beitrag des betrieblichen Informationswesens zur Entwicklung einer sozialen Unternehmenspolitik sein.

4.3 Das betriebliche Vorschlagswesen im Organisationszusammenhang

Das betriebliche Vorschlagswesen dient in der Regel dem Ziel, das Erfahrungs- und Bildungspotential der Mitarbeiter durch geeignete Anreize zu aktivieren und wirtschaftlich zu nutzen. Es soll anregen, sich mit der Arbeits- und Betriebssituation auseinanderzusetzen und Verbesserungen zu finden. Grundsätzlich gibt es hierfür zwei Wege:

1. kann direkt im Arbeitsablauf der Kommunikationsprozeß intensiviert werden im Sinne eine ständigen Erfahrungsaustausches und Lernprozesses, an dem alle Beteiligten mitwirken.
2. kann ein bestimmtes Vorschlagsverfahren in der Betriebsorganisation institutionalisiert werden, was meistens mit entsprechender innerbetrieblicher Werbung hierfür verbunden ist. Auch hierbei geht es um die Förderung von Kommunikation, die jedoch mehr oder weniger stark formalisiert ist.

Die unmittelbare Mitwirkung an Verbesserungen im direkten Arbeitsablauf wird meistens durch entsprechende Veränderungen der Organisations- und Führungsstruktur zu fördern versucht. Sie soll hier nicht näher behandelt werden. Das betriebliche Vorschlagswesen ist aber auch häufig als organisatorischer Eigenbereich vorhanden. In solchen Fällen muß versucht werden, sich mit einer zweifachen Problematik zielführend auseinanderzusetzen. Zunächst ist es Aufgabe einer derartigen Instanz, durch organisatorische Maßnahmen Spontaneität und Kreativität zu verbessern. Dies ist aber nur begrenzt praktisch möglich, denn man kann höchstens zum kreativen Denken erziehen und situationsbedingte Widerstände auf diesem Wege ausräumen. Hierzu fehlt aber häufig der breite sozialpädagogische Ansatz oder die Möglichkeit, ihn in die betriebliche Praxis umzusetzen. Die Demonstration erfolgreich verwirklichter Vorschläge und der Hinweis auf die damit verbundenen Belohnungen sind nur ein ungenügender Ersatz für ein umfassendes Kreativitätstraining.

Das zweite Problem entsteht dadurch, daß die vorhandenen Ideen zur Situationsverbesserung durch Verwaltungsakte richtig zum Ausdruck gebracht und Nutzen bringend angewendet werden sollen. Diese schwierige Aufgabe kann praktisch von einer betrieblichen Stelle allein gar nicht gelöst werden. Von jedem Verbesserungsvorschlag sind mehrere, oft sogar viele Abteilungen und Instanzen betroffen, so daß eine Koordination erforderlich wird. Hier zeigt sich oft, daß es außergewöhnliche Schwierig-

keiten mit sich bringt, den normalen Ablauf der Realisierung von Neuerungen, der weitgehend bürokratisiert ist, in Einzelfällen zu übergehen. Ebenso problematisch ist es, Verbesserungsvorschläge in diesen normalen Ablauf zu integrieren, den ja eine spezielle Zielvorgabe kennzeichnet. Demgegenüber sind viele Verbesserungsvorschläge nur von peripherer oder im Moment nicht aktueller Bedeutung.
Falls diese grundsätzlichen Dilemmas nicht gelöst werden, treten häufig Mißstände auf, die die praktische Bedeutung des betrieblichen Vorschlagswesens wesentlich reduzieren können. Am offenkundigsten wird die mangelnde Effizienz des betrieblichen Vorschlagswesens dann demonstriert, wenn nur wenige Vorschläge unterbreitet werden. Deshalb finden wir in der Praxis immer wieder als wichtigsten Indikator des Erfolgs die Anzahl der eingereichten Vorschläge. Wenn diese Vorschläge aber nur selten eine überzeugende Qualität haben, ist das Ziel der organisatorischen Maßnahme ebenfalls nicht erreicht.

Organisatorische Probleme
Mögliche Mißstände werden jedoch nicht allein durch mangelnde Quantität und Qualität der Vorschläge angezeigt. Oft liegen sie im Verfahrensablauf selbst. Die Bearbeitung, insbesondere die Begutachtung bis zur Anwendung dauert häufig außerordentlich lange. Wenn aber ein Mitarbeiter unter Umständen jahrelang warten muß, bis er endgültigen Bescheid über die Verwendbarkeit seines Vorschlages bekommt, dann hemmt das zweifellos seine zukünftige Initiative in dieser Richtung. Fallweise werden auch der Anwendung an sich sinnvoller Vorschläge große Widerstände seitens der betrieblichen Vorgesetzten und der Fachabteilungen entgegengebracht. Die Ursache hierfür muß keineswegs immer in psychologischen Faktoren, wie Neidkomplexen und verletztem Geltungsbedürfnis liegen. Sie können auch darin zu suchen sein, daß die Verwirklichung von Verbesserungen die eingespielte Routine stört und unter Umständen mehr Arbeit verursacht. Es können auch von den beurteilenden Instanzen nicht antizipierte Folgeprobleme auftreten, die erst im Stadium der Anwendung überschaubar werden.
Diese Mißstände hängen mit der allgemeinen Problematik der Institutionalisierung eines Vorschlagswesens im Unternehmen zusammen. In der Regel wird eine Stabsabteilung geschaffen, die sich stets in einer Grenzposition zwischen dem Personalbereich und dem technischen Bereich befindet. Sie kann nur indirekt auf die konkrete Arbeitssituation einwirken, in der Vorschläge zustandekommen können. Wenn nicht für eine breite

Trägerschaft des Vorschlagswesens außerhalb der Stabsabteilung gesorgt wird, bleibt diese relativ isoliert.

Außerdem wird der Vorschlagsweg notwendigerweise weitgehend bürokratisiert, was sich zum Beispiel schon an der Einführung entsprechender Formulare zeigt. Eventuell entstehen aber gerade dadurch zusätzliche Spannungen, weil die übrigen Kommunikationswege im Unternehmen ausgeschaltet werden. So fühlen sich bestimmte Personen und Gruppen übergangen oder vor vollendete Tatsachen gesetzt.

Schließlich erfolgt als vielleicht bedeutsamste Auswirkung der Institutionalisierung durch die Vorschriften des Vorschlagswesens eine Konzentration auf ganz bestimmte Vorschlagsformen. Sie werden dann auch zum Zwecke der Bearbeitung und Prämienfestsetzung normiert. Meist konzentriert sich das Vorschlagswesen entsprechend auf Vorschläge von Einzelpersonen. Die ganze Breite des innovatorischen Prozesses wird also durch ein institutionalisiertes Vorschlagswesen gleichsam gefiltert.

Diese allgemeinen organisatorischen Probleme werden dadurch noch akzentuiert, daß dem betrieblichen Vorschlagswesen häufig ein Leitbild zugrunde liegt, für das die Beziehung Erfinder – Patentamt Pate gestanden hat. Man sieht auf der einen Seite den Einzelerfinder, auf der anderen Seite eine begutachtende Stelle, die bestimmte Rechte bzw. Belohnungen verteilt. Wenn gegenwärtig das betriebliche Vorschlagswesen immer stärker als ein sozialpolitisches Instrument mit begrenzter Wirkung betrachtet wird, hingegen die grundsätzliche Einflußnahme auf betriebliche Innovationsprozesse gar nicht mehr angestrebt wird, dann hat dies sicherlich seine Ursache in den hier aufgezeigten Schwierigkeiten. Das Vorschlagswesen erscheint dann mehr oder weniger als Betätigungsfeld für findige Köpfe, die in ihrer normalen Arbeitssituation frustiert sind, sowie als eine Quelle zusätzlicher Anerkennung und Motivation.

Wege zu neuen Leitbildern

Wenn man sich mit einem derartigen Ist-Zustand nicht abfinden möchte, dann sind folgende Schritte geboten:

1. eine Kritik der Ideologie des Einzelerfinders im Betrieb;
2. eine Kritik der Stabsstellenmentalität bei der Förderung von Neuerungen;
3. eine Kritik der Anreizformen für Vorschläge und schließlich
4. eine Kritik an den vorwiegend technischen Bewertungskriterien.

Leistungen werden im Unternehmen innerhalb eines kooperativen Zusammenhangs erbracht. Es ist deshalb eher die Ausnahme als die Regel, daß eine einzelne Person allein mögliche Verbesserungen vornimmt. Die Formulierung, Begutachtung und Anwendung eines Verbesserungsvorschlags ist ein sozialer Prozeß, an dem stets mehrere Personen, Instanzen und oft auch Ressorts beteiligt sind. Wird einem einzelnen allein Beachtung und Anerkennung geschenkt, so kann dies zu Spannungen führen. Die bisweilen beobachtete Praxis, bei der Prämierung eines Vorschlags der jeweiligen Person, die den Vorschlag gefördert hat (z. B. dem Vorgesetzten), eine kleine Anerkennung zukommen zu lassen, reflektiert dieses Problem.

Neuerungen breiten sich auch im Betrieb nicht von einer Stelle gleichsam radial auf die übrigen Bereiche aus, am allerwenigsten von einer Stabsstelle her. Der erforderliche soziale Prozeß zur Nutzung eines Vorschlags ist stets komplex und erfordert Zusammenarbeit nicht allein im Bereich der Stäbe.

Hinsichtlich der Anreizformen für Vorschläge besteht das Problem der Angemessenheit zwischen Leistung und Entgelt. Auch ist die Besonderheit einer geistigen Leistung zu berücksichtigen, die vielfach nicht allein mit Geld abgegolten werden sollte, sondern mit einer weiteren Beteiligung an den durch sie ausgelösten Problemlösungsprozessen. Es kann auch sinnvoll sein, Vorschläge durch besondere Förderungsmaßnahmen für den betreffenden Personenkreis anzuerkennen.

Schließlich ist in der Praxis zu beobachten, daß Vorschläge im Unternehmen sehr stark aus technischer Sicht unter Berücksichtigung wirtschaftlicher Momente beurteilt werden. Das zeigt sich zum Beispiel auch daran, daß die Personen, die das betriebliche Vorschlagswesen betreuen, häufig Ingenieure sind. Es darf aber nicht vergessen werden, daß Vorschläge sich auf jede im Unternehmen nachweisbare Situation beziehen können. Wo immer Probleme auftreten und zu lösen sind, werden auch Vorschläge nützlich sein. Einseitigkeit in der Förderung von Initiativen wäre deshalb wenig sinnvoll. Z. B. sind auch sozialorganisatorische Innovationen selbst im Mikrobereich der einzelnen Werkstatt oder Abteilung sicherlich nicht weniger wichtig als produkt- oder absatzbezogene Verbesserungen.

Die katalytische Funktion des Vorschlagswesens

Aus den bisherigen Ausführungen läßt sich schließen, daß ein modernes betriebliches Vorschlagswesen nur die Funktion eines Katalysators sozialer Prozesse haben kann. Diese müssen in der Grundstruktur der verschiedenen Bereiche der Gesamtorganisation verankert sein. Anhand des

Schaubildes 4 wird dieser Zusammenhang verdeutlicht, indem die jeweiligen Funktionen der verschiedenen betrieblichen Stellen in dem sozialen Innovationsprozeß charakterisiert werden, der durch einen Vorschlag ausgelöst worden ist. Es zeigt sich, daß der betriebliche Vorschlag Teil eines phasenartig gegliederten Problemlösungsprozesses ist. Hierbei gibt es verschiedene Alternativwege, die teilweise von der Zahl und Struktur der Instanzen, teilweise auch von der Art der Kommunikation zwischen den Beteiligten abhängen. Eine Organisation dieses Problemlösungsprozesses zum Zwecke der Förderung von Vorschlägen könnte darin bestehen, daß man nicht so sehr vom Individuum her und einer bestimmten fachlich kompetenten Instanz her denkt, sondern von verschiedenen Projektteams her. Im ersten Projektteam, in der unmittelbaren Arbeitsgruppe, stellt sich das Problem, und es wird den Beteiligten bewußt. In einer zu fördernden Diskussion kommen sie zur Ausarbeitung von Vorschlägen, die eingereicht werden. Damit tritt das zweite Projektteam in Kraft, das aus Vertretern der begutachtenden Fachabteilungen besteht und die Implikationen des eingereichten Vorschlags diskutiert. Nach Abschluß der Endbegutachtung wird ein drittes Projektteam aktiviert, das aus Vertretern des Managements der Fachabteilungen und der unmittelbar betroffenen Arbeitsgruppen besteht. Hier stellt sich die Aufgabe der Anwendung des Vorschlags und der Anerkennung der Leistung aller Beteiligten.

Von besonderer Bedeutung ist nun im Rahmen des Vorschlagswesens die Förderung von Initiativen auf der ersten Stufe, also mit Hinblick auf das erste Projektteam in der Arbeitsgruppe. Hier hat die Abteilung für das Vorschlagswesen gemeinsam mit der Ausbildungs- und Personalabteilung eine katalytische Funktion. Durch Bildungshilfen und Fachkurse kann das nötige Problembewußtsein geweckt werden. Durch sozialpädagogische Hilfen, wie z. B. die Einrichtung von Gruppendiskussionen und Gruppenarbeit kann der Gedankenaustausch, das lösungsfördernde „brainstorming“ eingeleitet werden. Schließlich sind formale Hilfen erforderlich, damit Personen, die in der Ausarbeitung von Vorschlägen ungeschult sind, ihre Gedanken und Anregungen zielführend formulieren.

Aus dieser Konzeption des betrieblichen Vorschlages als eines kooperativen Prozesses ergeben sich Konsequenzen, deren Beachtung die Aktivierung der Mitarbeiter wesentlich unterstützen kann. Zunächst wird ein kooperativer Führungsstil anzustreben sein, der den verschiedenen Projektteams einen hinreichenden Handlungsspielraum gibt. Kommt es nicht

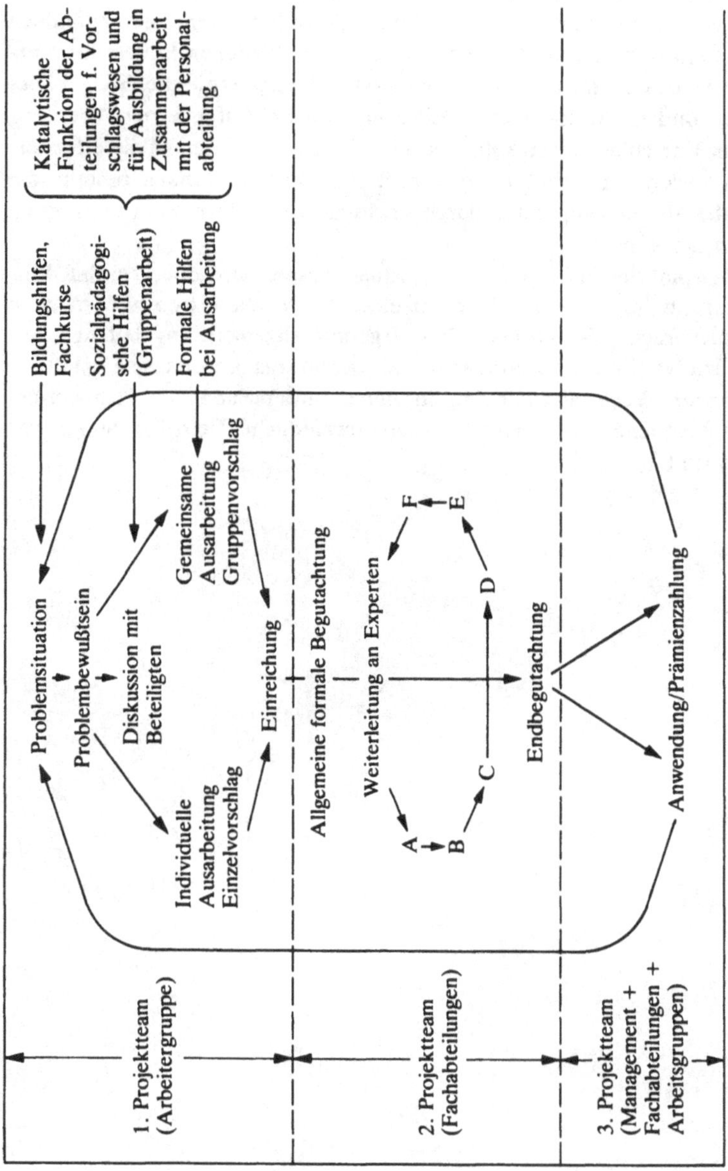

Schaubild 4. Der betriebliche Vorschlag als kooperativer Prozeß

zur Bildung derartiger Teams und wird die Kommunikation zwischen den verschiedenen Trägern des Problemlösungsprozesses blockiert, so erreichen die Ergebnisse nicht das an sich mögliche Niveau. Selbstverständlich ist es weiterhin erforderlich, daß auf den verschiedenen Stufen des Vorschlagsprozesses tatsächlich die charakterisierten Projektteams gebildet werden und in Aktion treten. Eine wesentliche Aufgabe der Abteilung für das Vorschlagswesen sollte es sein, diesen Projektteams die erforderlichen Orientierungshilfen zu vermitteln. Darüber hinaus besteht die Aufgabe, deren Tätigkeiten durch wechselseitige Information zielführend zu koordinieren.

Am Beispiel des betrieblichen Vorschlagswesens wird deutlich, daß Mitarbeiteraktivierung nicht einer einzelnen Stelle überlassen werden kann und auch nicht als automatisches Ergebnis allgemein angebotener Anreize erfolgt. Es geht vielmehr um die sozialorganisatorische Gestaltung komplexer Wechselwirkungen, in denen unterschiedliche Sichtweisen, unterschiedliche Situationen und unterschiedliche Beiträge zu koordinieren sind.

5. Kooperation im Führungsvollzug

Die Erscheinungsformen einer unzureichenden sozialen Unternehmenspolitik sind direkt und indirekt durch mangelhafte innerbetriebliche Kooperation im Führungsvollzug spürbar. Hierzu gehören u. a. Symptome wie die Funktions- und Arbeitshäufung in Führungspositionen, die abnehmende Effizienz von Kontrollmaßnahmen im Arbeitsprozeß, die Schwierigkeiten, verantwortungsbewußte Mitarbeiter zu ersetzen bzw. heranzubilden und den Widerspruch von subjektivem Anspruch und objektivem Leistungsvermögen auszugleichen.
Auf der Suche nach einer positiven Bewältigung der genannten Herausforderungen sind verschiedene Führungsmodelle entwickelt worden, deren Verwirklichung innerbetriebliche Kooperation verbessern soll. Meistens handelt es sich um Synthesen von Grunderkenntnissen aus den bisherigen Etappen sozialer Unternehmenspolitik: der patriachalisch orientierten betrieblichen Sozialpolitik, der liberal orientierten Politik des individuellen Leistungswettbewerbs und der sozialpsychologisch orientierten Human Relations-Bewegung. Schlüsselbegriffe derartiger Führungsmodelle sind Leistungsmotivation, Aufgabendezentralisierung, Ergebnisbeteiligung und insbesondere auch das Konzept der kooperativen Mitwirkung, das allerdings mehr als Forderung und weniger als tatsächliche Strategie verwendet wird.
In der Regel wird eine Neuorientierung des Managements durch einen Wandel des Führungsstils angestrebt. Man erwartet immer noch am meisten durch die persönliche Verhaltensänderung, worin ein Nachwirken der Human Relations-Tradition zu sehen ist. Typisches Beispiel ist etwa die Devise: „Führung im Mitarbeiter-Verhältnis" durch Anerkennung des Mitarbeiters und Aufgabendelegation. Als Konsequenz dieser Einstellung wird vermehrt der Führungskräfteschulung und -auslese Interesse entgegengebracht. Dennoch führen derartige Maßnahmen in der Regel nur zu einem begrenzten Erfolg. Dies hat im wesentlichen drei Gründe:

1. Die Schwierigkeiten, Verhaltensstrukturen durch bloße Schulung zu ändern, sind außerordentlich groß.
2. Verhalten auch im Rahmen betrieblicher Organisation ist das Ergebnis aus einer Situationsherausforderung und einer persönlichen Reaktion. Es genügt also nicht, die persönliche Haltung zu beeinflussen, vielmehr

sind zusätzlich sozialorganisatorische Maßnahmen zur Situationsverbesserung erforderlich.

3. Generell mangelt es meist an einer Koordinierung der Maßnahmen zur Einführung eines neuen Führungsstils. Ausbildungsaktivitäten haben keine oder nur geringe personalpotische Konsequenzen, und außerdem werden kaum sozialorganisatorische Veränderungen durchgeführt.

Daß sich durch bloße Schulung Organisationsstrukturen nicht innovatorisch verändern lassen, wird auch durch Beispiele aus dem betrieblichen Vorschlagswesen, der betrieblichen Unfallverhütung, der innerbetrieblichen Information vielfältig belegt.

All dies führt zu der Erkenntnis, daß zur Verbessserung innerbetrieblicher Kooperation nicht nur ein neues Führungsmodell, sondern eine integrale soziale Unternehmenspolitik erforderlich ist. Die Verhaltensbeeinflussung muß auch von der Situation her erfolgen und zwar dadurch, daß neue sozialorganisatorische Strukturen neue Formen der Kooperation ermöglichen und Anreize für entsprechende Verhaltensänderungen bieten.

Darüber hinaus ist es wichtig, die allgemeinen Voraussetzungen innerbetrieblicher Kooperation zu berücksichtigen. Sie ergeben sich aus den Sacherfordernissen leistungsorientierter Tätigkeit und aus der Interessenlage der Beteiligten. Bei hinreichend großem Ausgleich von objektiver Anforderung und subjektivem Anspruch (auch von Arbeitgruppen) entsteht Kooperation als freiwillige Zusammenarbeit. Allerdings ist zu berücksichtigen, daß der Spielraum hierfür nicht allein von Persönlichkeitsmerkmalen, sondern auch von den durch das Niveau des technischen Fortschritts vorgegebenen Sacherfordernissen begrenzt wird.

Angesichts der Mannigfaltigkeit widerstreitender Zielsetzungen und persönlicher beziehungsweise gruppenbezogener Interessen kann es sich bei der Zusammenarbeit im Führungsvollzug nur um kontinuierliche, schwierige Ausgleichsprozesse handeln, in denen immer wieder Argumente sorgfältig abgewogen und den Beteiligten einsichtig gemacht werden, so daß Entscheidungen immer weniger als einseitige Diktate und immer mehr als Ergebnis kooperativer Prozesse zustandekommen.

5.1 Betriebliche Führungslehren im sozialen Wandel

In der Entwicklung der modernen industriellen Führungslehren können wir verschiedene Schwerpunkte feststellen, die eng mit dem unterschiedlichen

Selbstverständnis der betrieblichen Führungsgruppen und der Verschiedenartigkeit der Betriebsstrukturen in Verbindung stehen. Eine soziologische Analyse der Leitbilder, die das Verhalten betrieblicher Führungskräfte prägen, ist deshalb eine unumgängliche Voraussetzung für die Rationalisierung des Führungsvollzugs. Es genügt hierbei nicht allein darauf hinzuweisen, daß es allgemein gültige Führungsprinzipien, die mehr als leicht ideologisierbare abstrakte Leerformeln sind (z. B. die „goldene Regel" oder das Prinzip der „Kontrollspanne"), angesichts des ständigen Strukturwandels der Führungssituationen nicht gibt. Es ist ebenso erforderlich, die grundlegenden Sichtweisen, das „Problembewußtsein" der Führungskräfte, zum Gegenstand einer relativierenden Analyse zu machen. Die hierdurch mögliche Aufdeckung der Standortgebundenheit der Führungsprinzipien und entsprechender Verhaltensweisen führt aber nicht zum Agnostizismus. Im Gegenteil weist sie auf die umfassende Verantwortung der Führungskräfte auch für die Schaffung situationsadäquater Leitbilder hin, von der man sich nicht durch kritiklose Übernahme irgendwelcher „Führungssysteme" befreien kann. Gerade betriebliche Führungskräfte müssen den Mut zur fortwährenden Selbstanalyse, zur kritischen Überprüfung ihrer Verhaltensmaßstäbe besitzen. Hierzu kann die soziologische Analyse betrieblicher Führungslehren einen konstruktiven Beitrag leisten.

Die personalistische Tradition

Wohl die weiteste Verbreitung und den nachhaltigsten Einfluß bis in die Gegenwart haben Führungslehren mit ausgesprochen personalistischem Ansatzpunkt gehabt. Hiernach sind Art und Qualität des Führungsvollzugs direkte Auswirkungen der Persönlichkeitsstruktur des Führenden. Seine Eigenschaften, als deren Grundlage in der Regel eine glückliche Kombination von Anlagefaktoren angenommen wird, die allenfalls noch fortentwickelt werden können, verleihen ihm die erforderliche Anerkennung und Durchsetzungskraft. Wesensbestimmender Antriebsfaktor ist die Selbstidentifikation der Führungskraft mit dem „Werk" in der Bedeutung sowohl der Produktionsstätte als auch des absatzfähigen Produkts. Dieser objektivierte Hintergrund des Führungshandelns verleiht diesem einerseits eine zweckrationale Sanktionierung im Sinne der Grundsätze wirtschaftlich-technisch orientierter Vernunft, zum anderen aber auch absoluten Spielraum, um Persönlichkeit und Werk in unwiederholbarer Eigenart einander anzugleichen. Die Entsprechung zwischen dieser Führungsauffassung und der liberalen Unternehmerideologie der industriellen Frühzeit ist unverkennbar. Selbst dort, wo diese Bindungen völlig gelöst erscheinen, liegt den personalistischen Führungslehren doch die stillschweigende oder explizierte Auffassung zugrunde, die Führungskraft solle in erster Linie eine „Persönlichkeit" sein, deren Eigenart der Umwelt ihren prägenden Stempel aufdrückt. Führen heißt hier, aus der Fülle der Persönlichkeit heraus das Wirtschaftsleben eigenverantwortlich zu gestalten. Einzige Möglichkeit, für gute Führung zu sorgen, ist demnach eine weitsichtige, an den Individualkomponenten orientierte Auswahl des Führungsnachwuchses.

Die Wendung zur Gruppendynamik

Es steht außer Zweifel, daß selbst in einer weitgehend versachlichten und hochrationalisierten Arbeitswelt sowohl die individuellen Leistungskomponenten der Führungskraft als auch die „Ausstrahlungfähigkeit" ihrer Persönlichkeit, d. h. die von ihr ausgehenden Impulse zum Handeln, Beachtung verdienen. Der betriebliche Arbeitsablauf benötigt zu seiner Lenkung aber nicht nur die Dynamik der Führungskraft, sondern insbesondere auch eine rationelle Planung, Durchführung und Kontrolle. So kam der erste und nachhaltigste Anstoß zur Begrenzung der Freizügigkeit der Unternehmerpersönlichkeit von den Versuchen zur „wissenschaftlichen Betriebsführung" her, die seitdem zur Herausbildung wissenschaftlicher Sonderdisziplinen geführt haben. Ohne die Ergebnisse betriebswirtschaftlicher und arbeitswissenschaftlicher Forschung ist ein modernes „Management" nicht mehr denkbar. Im Maße der Vervollkommnung dieser technisch-wirtschaftlichen Grundlagen für eine erfolgreiche Betriebsführung werden aber auch deren Grenzen deutlich. Für die Bewältigung des mit wachsender Unternehmensgröße, effizienterer Interessenvertretung der Arbeitnehmerschaft durch die Aktivität der Gewerkschaften und intensiviertem Arbeitsvollzug immer komplizierter werdenden Problemkreises der Menschenführung erwiesen sich die Methoden zur Beherrschung der betrieblichen Sachwelt nur als bedingt brauchbar. Insbesondere erwies sich das aus den vereinfachenden Modellvorstellungen der klassischen Wirtschaftstheorie von der wissenschaftlichen Betriebsführung übernommene Menschenbild als unrealistisch. Ausschlaggebend waren aber inzwischen erfolgte Veränderungen in der sozialen Betriebsstruktur. Sobald die sozialen Beziehungen in der industriellen Arbeitswelt institutionell durch Mindestgarantien für ein Mitwirkungsrecht der Arbeitnehmerschaft geregelt sind und die Betriebe eine „Verfassung", eine verbindliche Rahmenordnung erhalten, ist es nicht mehr möglich, Führung als Prozeß einseitiger Willensdurchsetzung zu verstehen. Damit tritt die Mehrdimensionalität des Führungsvorgangs, die durch die überragende Betonung der Persönlichkeitsfaktoren der Führungskraft verdeckt war, immer stärker in den Blickpunkt. Die Führungslehren erhalten nun einen stark sozialpsychologischen Akzent und werden zur angewandten Gruppendynamik. Führen heißt dann, das Leistungspotential sozialer Gruppen im Sinne des Betriebsziels zu aktivieren, was nicht nur durch direkten Einsatz der „Führungspersönlichkeit", sondern auch und oft besser indirekt durch den Aufbau von Teamarbeit, d. h. durch zweckmäßige Verteilung sozialer Rollen geschehen kann. Nicht der einzelne bestimmt das Feld betrieblicher Führungsentscheidungen, sondern ein kompliziertes Interaktionsgefüge, dessen Eigengesetzlichkeit der Führende anerkennen muß, die er aber klug für seine Ziele zu nutzen lernt. Wurden bisher die Anlagefaktoren hervorgehoben, so erscheint im Blick dieser Auffassung Führung als weithin erlernbare angewandte Sozialpsychologie, und die „Ausbildung von Führungskräften" wird geradezu zum Schlagwort weitsichtiger Unternehmenspolitik. Wichtige Voraussetzung hierfür ist die Überzeugung, daß das Feld der Führungsentscheidungen in seiner Grundstruktur zum theoretischen Modell abstrahiert werden kann, daß also alle Führungssituationen prinzipiell unter den gleichen Gesetzmäßigkeiten stehen. Neben die Auswahl der Führungskräfte und das Gewicht dieses Vorgangs weithin herabsetzend tritt nun deren systematische Aus- und Fortbildung. Diese Praxis entspricht deutlich einem Stadium der betrieblichen Entwicklung, in dem sich die nicht mehr nach dem Ein-Mann-Prinzip, sondern nach dem Direktorialprinzip gebildete Führungsspitze als Gremium von Experten versteht, das mit Hilfe wissenschaftlich objektivierter und dadurch auch leichter gegenüber den Kontrollinstanzen zu rechtfertigender Methoden und Pläne das Betriebsgeschehen überwacht. Zuviel impulsive Eigeninitiative, die in bestimmten Grenzen weiterhin unerläßlich ist, erscheint hier – trotz aller Nachklänge der traditionellen Persönlichkeitsideologien – als Störungsfaktor.

Bringt auch die Abkehr vom reinen Führungsindividualismus und die Anerkennung der Eigengesetzlichkeit des sozialen Rollengefüges wesentliche Fortschritte in der Führungslehre, so fordert dieser Trend doch auch zur Kritik heraus. Im Grunde ist damit die Vorstellung von einer letzlich in eigener Verantwortung und freier Entscheidung das Betriebsgeschehen prägenden Führungskraft keineswegs überwunden. An die Stelle intuitiver Selbstrealisierung durch unmittelbare soziale Kontrolle und Aktivität ist lediglich die rationale Manipulation der Sozialzusammenhänge getreten. Der instrumentale Charakter der den Führungskräften nachgeordneten Sozialgefüge bleibt bestehen und damit auch weiterhin das Postulat der weitgehenden Konzentration solcher „Persönlichkeitswerte" wie Entscheidungsfreude, Initiative, Eigenverantwortlichkeit usw. in den Händen weniger Privilegierter, obwohl diese selbst das Faktum oft nicht wahrhaben wollen.

Führung als soziale Ordnungsaufgabe

Führung hat aber dort, wo sie nicht dominierend die Mitarbeiter zur „Gefolgschaft" reduziert, noch eine dritte Dimension, die ihren Platz neben den bereits erwähnten in modernen Führungslehren beanspruchen sollte. Es handelt sich um die Schaffung einer objektiven Ordnung, um eine institutionelle Selbstbegrenzung des Führenden, um seinen Mitarbeitern Spielraum zu geben. Erst die Errichtung einer solchen Ordnung, in der sich die verschiedensten Interessen und Motivationen realisieren können, stabilisiert die Sozialstruktur. So sind die wirklichen großen „Führer" der Vergangenheit, deren Werk fortlebt, stets Menschen gewesen, deren Tätigkeit sich in einer derartig vielgestaltigen Ordnung objektivierte. Auch aus der industriellen Arbeitswelt sind solche Beispiele bekannt. Man denke z. B. an das Werk Abbes, das in der Carl-Zeiß-Stiftung weiterlebt. Die soziale Ordnung des Betriebs als Führungsaufgabe läßt sich aber weder durch impulsives Sich-Durchsetzen – das durchaus in vielen Situationen seinen Nutzen haben mag – noch durch virtuose Rollenmanipulation im sozialen Feld verwirklichen. Entscheidend ist, daß diejenigen, die die umfassendsten Vollmachten besitzen, diese im Interesse der fortdauernden Stabilität des Ganzen durch Regeln begrenzen und damit kontrollierbar, d. h. jedoch auch: rational anerkennbar machen. Im wesentlichen handelt es sich hier, wenn wir uns an Max Webers Terminologie anlehnen, um den Übergang von charismatischer Herrschaft durch das Zwischenstadium der bürokratischen Kontrolle mit autoritärem Hintergrund zur legalen Herrschaftsordnung rationalen Charakters. Dieses Problem wird an dem Punkt der industriellen Entwicklung akut, an dem ein fortwährend komplizierter werdender Produktionsprozeß und immer weiter sich verzweigende Marktbeziehungen die Lenkung des Betriebsgeschehens von einer Stelle aus, mag diese auch ein Gremium höchstbefähigter Personen sein, illusorisch machen. Eine rasche Anpassungen ermöglichende Flexibilität von Riesenorganisationen wird aber weder allein durch fortwährende regulierende Eingriffe von oben noch durch geschickte Rollenmanipulation bzw. Menschenführung im Sinne von persönlicher Kontaktpflege, sondern vor allem durch strategische Disposition über das organisatorische Netzwerk, d. h. den institutionellen Bezugsrahmen des Unternehmens, erreicht. Die zentralen Führungsanforderungen zumindest in Großunternehmen haben die Ebenen der unmittelbaren „Chef-Symbolik" und auch der zweckmäßigsten „Menschenbehandlung" schon überschritten. Sie sind abstrakter, umfassender geworden. Deshalb muß als Hilfsmittel zu ihrer Bewältigung neben die Individual- und Sozialpsychologie die Soziologie der Organisationen und Institutionen, ja in immer stärkerem Maße auch die politische Wissenschaft treten. Denn Führung wird mehr und mehr zu einer politischen Aufgabe, nicht im Sinne der Parteipolitik, sondern im Sinne der Gestaltung eines Teilbereichs modernen Lebens, der industriellen Arbeitswelt, unter Einbeziehung aller das moderne Leben prägenden Wertvorstellungen.

Betrachten wir die Führungsfunktion näher unter dem Gesichtspunkt der Schaffung einer objektiven Ordnung, so wird deutlich, daß diese Ordnung nicht allein der Erfahrung oder auch Phantasie eines einzelnen entspringen kann, mag diese auch den Anstoß gegeben haben. Sie ist vielmehr die Objektivation der optimalen Arbeitsbedingungen in dem spezifischen Sinn, den sie bei den Beteiligten haben. Über das Optimum entscheidet also kein Spezialist, auch nicht der technische Prozeß oder die Wirtschaftlichkeitsnorm, ebensowenig der Fachmann für Menschenführung. Das Optimum ist die im Betrieb mögliche moderne Lebensform des arbeitenden Menschen schlechthin. Das ist ein sehr vager Begriff, der zunächst nicht mehr als die letzte Zielrichtung betrieblicher Führungsmaßnahmen angeben kann. Er verdeutlicht aber genau die entscheidende Aufgabe, durch deren Bewältigung allein Führung auf demokratische Weise legitimiert werden kann: die Ordnung des sozialen Feldes unter dem Gesichtspunkt eines bestmöglichen Ausgleichs der objektiven Anforderungen einerseits und der subjektiven Interessen der Beteiligten andererseits. Auch die Methoden der Teamarbeit sollen einem solchen Ausgleich dienen. Der Vorgesetzte bemüht sich z. B. durch Berücksichtigung der individuellen Motivation und durch Vermeidung von Rollenkonflikten um einen möglichst reibungslosen Arbeitsablauf und um eine hohe „Arbeitsmoral". Leider wird dieses Bemühen nur allzu oft von außen her gestört, z. B. durch Einwirkung anderer neben- oder übergeordneter Bereiche, und allzuleicht werden diese Störungen damit gerechtfertigt, daß es sich um Anordnungen der Direktion oder die höhere

Gewalt des Marktgeschehens handele. Solche alltäglichen Vorfälle zeigen deutlich, wie wenig die einzelne Führungskraft in ihrem eigenen Entscheidungsfeld vermag, wenn dieses nicht in übergreifender Weise durch Sanktionierung der Unternehmensspitze sozial geordnet ist. Was nützen beste „Führungsqualitäten" – wobei die Problematik ihrer Ermittlung einmal beiseite gelassen werden soll – oder hervorragende Kenntnisse im sachkundigen Umgang mit Mitarbeitern und Vorgesetzten, wenn die Situationen, in die man gestellt wird, sich nicht mehr ohne Preisgabe der Führungsgrundsätze bewältigen lassen!

Zumindest ebenso dringlich wie Führungsauswahl und Führungsschulung ist also die Forderung, keine „unmöglichen" Führungssituationen entstehen zu lassen. Sie läßt sich aber nur durch umfassende Ordnungsvorstellungen und ihre schrittweise Realisierung verwirklichen. Wo dies nicht geschieht, regieren weder die „Führungspersönlichkeit" noch die modernen Grundsätze der Menschenbehandlung, sondern der Betriebsablauf, dessen Irrationalitäten notdürftig durch spontane Eingriffe eingedämmt werden. In einem derartigen System wird die Führungskraft zu einer Art Feuerwehrhauptmann (häufig genug begegnet ja der Vorgesetzte seinen Mitarbeitern mit der Frage: „Na, wo brennt's denn?"), aber die Löschwasserversorgung ist leider nicht intakt.

Führungsprinzip und betriebliche Sozialstruktur

In der Schwerpunktverlagerung der Führungslehren von der reinen Persönlichkeitstypologie über die Gruppendynamik zur Frage nach der institutionellen Ordnung des Betriebs spiegelt sich der Entwicklungstrend der betrieblichen Sozialstruktur. Vom intuitiv-genial gelenkten „Gründerbetrieb" über das marktexpansive Großunternehmen mit ausgeprägter Rationalisierungstendenz bis zur bürokratisierten und funktionalisierten „Produktionsbehörde" mit ihren Koordinationsproblemen ändert sich auch der vorherrschende Unternehmer- bzw. Führungstyp. Dennoch bleiben die Erkenntnisse der Vergangenheit nicht nutzlos. Sie wirken nicht nur auf jeder Führungsebene fort, sondern durch ihre Entsprechung mit bestimmten Führungstypen und -situationen finden sie weiterhin ausgedehnte Anwendungsbereiche selbst im durchrationalisierten Riesenbetrieb. Das „persönliche" Moment des Führungsvollzugs ist z. B. überall dort, wo dieser kleine Arbeitgruppen bzw. -teams betrifft, durchaus vorrangig. Deshalb werden entsprechende personalistische Führungslehren in diesen Kreisen immer besonderen Anklang finden, weil sie der erlebten Wirklichkeit entsprechen. Wo hingegen kompliziertere Arbeitsgefüge zu gestalten sind und an die Stelle des unmittelbaren Kontakts die Vermittlung der Führungsdirektiven über zwei oder mehrere Stufen der Betriebshierarchie hinweg erfolgen muß, also insbesondere auf der Stufe der Abteilungsleiter bzw. Leiter größerer Werkstätten, bewähren sich die Erkenntnisse der Gruppendynamik besonders gut. Sie tun es in dem Maße, in dem die spezifische Führungssituation eine direkte autoritative Beeinflussung der Mitarbeiter nicht mehr ermöglicht. So wird sich gerade die mittlere Führungsschicht im Betrieb, in der ja die Fachleute besonders zahlreich vertreten sind, zu sozialpsychologisch fundierten Führungslehren hingezogen fühlen, deren Differenziertheit der eigenen Mentalität entgegenkommt und die sich in begrenzten Arbeitsbereichen durchaus mit der Sachlogik des technisch-wirtschaftlichen Betriebsablaufs in Einklang bringen lassen. An der Führungsspitze eines Großbetriebs ist die Situation wieder anders. Hier hängt der Erfolg von der Angemessenheit der umfassenden Direktiven und der Interpretation vorhandener Regeln ab, deren Gesamtheit die institutionelle Rahmenordnung des Unternehmens darstellt.

Für diese Führungsaufgabe geben pesonalistische und sozialpsychologische Führungslehren, wie schon dargelegt, nur unvollkommene Orientierungs- und Verhaltenshilfen. Hier öffnet sich das Feld für Führungslehren, die als Schwerpunkt die Organisations- bzw. Institutionslenkung herausgebildet haben. Diese Differenzierung der Führungsaufgaben nach der unterschiedlichen Struktur der Führungssituation darf nicht vergessen werden, wenn die Angemessenheit von Führungslehren diskutiert wird. Manche Einwände sind sachlich nur vom besonderen Standpunkt ihres Vertreters aus. Im Gesamtrahmen müssen sie jedoch als Vorurteile betrachtet werden, denen die Verabsolutierung der eigenen Probleme zugrunde liegt.

Der unterschiedliche Bereich der relativen Anwendbarkeit von partiellen Führungslehren hat eine für das Betriebsgeschehen wichtige Konsequenz. Steigt eine Nachwuchskraft im Betrieb auf, so muß sie gegebenenfalls auch ihre Führungsgrundsätze erweitern und sich der neuen Situation anpassen. Direktoren z. B., die den persönlichen Führungsstil eines Abteilungsleiters beibehalten, sind sich selbst und ihren Mitarbeitern ein Problem.

Grundlagen einer betrieblichen „Ordnungslehre“

Eine Führungslehre, die sich in erster Linie an der Organisationsstruktur und ihrer Gestaltung orientiert, die also das Ordnungsproblem besonders hervorhebt, ist auf eine soziologische Betriebsanalyse angewiesen. In diesem Rahmen können nur die Hauptpunkte dargestellt werden, die zu beachten sind. Eine komplexe soziale Organisation wird zwar durch unmittelbare Kontakte von Mensch zu Mensch in Gang gehalten, und hierbei auftretende Störungen können tiefgreifende Folgen haben. Der Ablauf des Betriebsgeschehens erfolgt jedoch mehr oder weniger in vorgezeichneten Bahnen. Ihrer Beeinflussung kommt also ein besonderes Gewicht zu. In der Betriebssoziologie kennzeichnet der Unterschied zwischen formaler und informaler Organisation diese verschiedenen Aspekte. Die formale Organisation ist gleichsam der Rahmenplan, dessen Realisierung fallweise durch die informale Organisation, z. B. die vom Betriebsgeschehen unabhängigen Prestigeabstufungen in einer Arbeitsgruppe, beeinflußt wird. Meist wird aber nicht genügend hervorgehoben, daß die informale Organisation erstens gar keine gesamtbetrieblich zusammenhängende, in sich geschlossene „Organisation" ist, sondern sich nur in relativ kleinen Teilbereichen entwickelt, und daß sie zweitens im wesentlichen als Reaktion der Beteiligten auf die Formalorganisation zu verstehen ist. Art, Ausmaß und Angemessenheit der Rahmenplanung entscheiden also weithin die Struktur der informellen Beziehungen. Wenn z. B. die Vollmachtverteilung zwischen Meister und Arbeitsvorbereitung unklar ist, entstehen – oft nach langwierigen Spannungen und Konflikten – ad hoc ergänzende oder umwandelnde informelle Regeln. Wenn zwischen Konstruktionsabteilungen und Produktionsabteilungen keine offiziellen Kommunikationslinien geplant sind, entwickeln sich informelle Mitteilungskanäle aus dem Zwang des Arbeitsvollzugs heraus. Es wird also deutlich, daß der formalen Sozialorganisation immer der Vorrang beim Vollzug übergeordneter Führungsaufgaben zukommt, was nicht bedeutet, daß die Eigendynamik der informellen Sozialbeziehungen unbeachtet bleiben sollte.

Welches sind nun die Hauptansatzpunkte der formalen Sozialorganisation, auf die sich eine an Ordnungsproblemen orientierte Führungslehre in erster Linie beziehen muß? Vier Bereiche lassen sich hier unterscheiden: die Funktionsabgrenzung und -zuordnung, die Vollmachtenabgrenzung und -zuordnung, die Festlegung betrieblicher Verhaltensnormen und das System zur Gewährleistung ihrer Innehaltung sowie viertens das betriebliche Kommunikationssystem, d. h. die Verbindungswege und -mittel, die soziale Kontakte zwischen den verschiedenen Funktionsträgern ermöglichen. Die Gestaltung dieser vier Bereiche sozialer Organisation ist die Grundaufgabe jedes ordnenden Führungsvollzugs. Der überwiegende Teil betrieblicher Binnenkonflikte ist darauf zurückzuführen, daß diese Rahmenordnung in Teilsektoren nichtexistent, widersprüchlich oder unbeachtet ist. Solche Spannungen äußern sich in der Regel als persönliche Antipathien oder als Gruppengegnerschaft, also im Bereich der zwischenmenschlichen Beziehungen. Sie sind ihrer Ursache nach aber nicht personengebunden, sondern organisationsgebunden. Es hilft also nicht die Unterrichtung der Beteiligten in den Grundsätzen der Menschenführung und der Zusammenarbeit, sondern nur die ordnende Überprüfung des Organisationssystems. Gegen diese einleuchtende Erkenntnis wird leider aus Unkenntnis der Zusammenhänge heraus dauernd verstoßen. Es gibt Beispiele dafür, daß die Führungskräfte eines ganzen Betriebsbereichs schon traditionell in dem Ruf von schlechten Vorgesetzten stehen und daß an diesem Ruf auch die Neubesetzung der betreffenden Posten nichts ändert. Schließlich wird die Ursache bei der für den gesamten Bereich zuständigen Führungskraft gesucht. Diese Person ist in der Regel weder ein schlechter Fachmann noch ein besonderer Menschenfeind. Es fehlt ihr aber meistens das Format zur sozialen Ordnung des anvertrauten Bereichs. Statt dessen nimmt sie ihre Funktion nach dem Modell nur personalistischer oder nur sozialpsychologischer Führungslehren wahr. Gerade die Grundzüge der sozialen Organisation des Betriebs und der verschiedenen Ordnungsbilder dürfen in der modernen Ausbildung von Führungskräften nicht vernachlässigt werden. In gehobenen Führungspositionen ist Menschenführung ohne umfassende Ordnung, d. h. Steuerung der Arbeitssituation, gerade in ihren institutionellen Aspekten, nicht möglich. Aber auch auf der unteren Führungsebene sind diese Komponenten der Führungsaufgabe schon wirksam, wenn auch noch in bescheidenem Maße.

Die dringende Aufgabe, auf die diese Erörterungen hinweisen sollen, ist die vermehrte Erforschung der sozialen Ordnungselemente im Betriebsgeschehen und der tatsächlichen Vorgänge, die zur Entstehung von betrieblichen Ordnungsvorstellungen sowie zu ihrer Realisierung führen. Hier besteht allerdings die Gefahr eines fatalen Mißverständnisses. Aus der partikularen Sicht des Spezialisten erscheint „Ordnung“ stets als Durchsetzung der jeweiligen Fachlogik. So hat der Arbeitsvorbereiter sehr genaue Ordnungsvorstellungen, ebenso der Ingenieur einer Entwicklungsabteilung und auch der Verantwortliche für die Plankostenrechnung. All diesen Vorstellungen ist das Merkmal der Effizienz in einem möglichst genau abgegrenzten Bereich gemeinsam. Deshalb läßt sich durch ihre Addition auch keine Gesamtordnung zusammenstückeln. Es fehlt der integrierende, übergreifende soziale Gesichtspunkt. Ihn zu finden ist eine Führungsaufgabe, ist das Ergebnis einer nicht an Spezialisten delegierbaren Entscheidung. Es handelt sich hierbei um die Bewertung der den Betriebsablauf konstituierenden und beeinflussenden Faktoren unter dem Gesichtspunkt ihrer bestmöglichen Anpassung an die Bedürfnisse des arbeitenden Menschen. Ohne ein Leitbild vom Mitarbeiter, von seiner Freiheit zur Entscheidung und seiner Gebundenheit durch Verantwortung kommt also eine Führungslehre, die mehr als Sozialtechnik sein will, nicht aus. Die Betonung organisationssoziologischer Gesichtspunkte in der Führungslehre bedeutet also nicht das Wiederaufleben der „wissenschaftlichen Betriebsführung" mit ihren technizistischen Dogmen, obwohl selbstverständlich die technisch-wirtschaftlichen Ablaufregeln und ihre rationale Kontrolle unbedingt zu berücksichtigen sind. Sie können jedoch nur als Daten, nicht als Komponenten des Führungsvollzugs betrachtet werden, der stets eine soziale Angelegenheit bleibt.

Bewußt wurde den individual- und sozialpsychologischen Führungslehren eine organisationssoziologisch orientierte Führungslehre gegenübergestellt. Dies geschah jedoch hauptsächlich nur zur Klärung und Abgrenzung dieses noch relativ wenig erforschten Aufgabengebietes. Wie aber schon an verschiedenen Stellen dieser Ausführungen zum Ausdruck kam, sind die verschiedenen Führungslehren keine Gegensätze, sondern ergänzen sich angesichts der komplexen Führungsaufgabe, die stets individual- und sozialpsychologische und soziologische Elemente, allerdings in verschiedener Wichtigkeit aufweist. So zeichnet sich auch nicht eine Ersetzung der bisher wohl zu stark monistisch interpretierten Führungslehren durch einen neuen Methodenmonismus ab, sondern die Aufnahme all dieser Elemente in eine integrierte Führungslehre, die der Wirklichkeit vielschichtiger Führungssituationen in der industriellen Arbeitswelt besser entspricht.

5.2 Möglichkeiten und Grenzen des kooperativen Führungsstils

Führungskräfte in modernen Unternehmungen haben die Aufgabe, ein soziales Spannungsfeld durch Zielvorgabe zu gestalten, das durch zwei Grundvoraussetzungen geprägt wird: den *Leistungszwang,* der von den technisch-wirtschaftlich-organisatorischen Sacherfordernissen ausgeht, und den *Zwang zum Interessenausgleich*, der durch die verschiedenartigen Wünsche und Zielvorstellungen der beteiligten Personen und Gruppen entsteht.

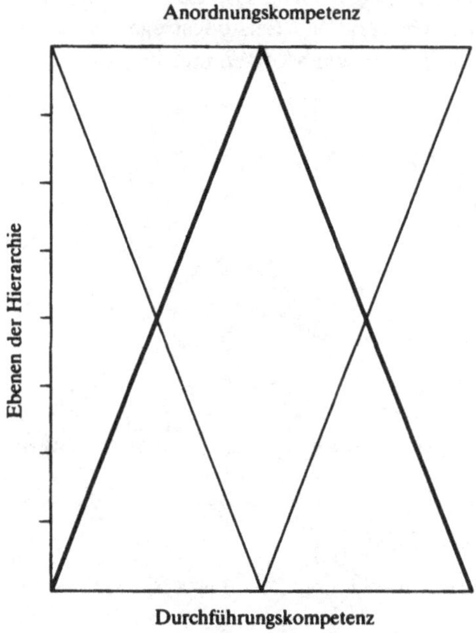

Schaubild 5. Hierarchisches Modell der Vollmachtenverteilung

Lange Zeit herrschte eine Führungskonzeption vor, die auf der Disziplinargewalt des Vorgesetzten beruhte. Durch autoritative Kontrolle der Arbeitsabläufe mittels persönlicher Eingriffe oder eines bürokratischen Reglements suchte man das erforderliche Leistungsniveau zu garantieren (vgl. Schaubild 5). Konsequenterweise wurden Probleme des Interessenausgleichs periphär als Aufgaben der betrieblichen Sozialpolitik betrachtet. Demgegenüber gründet sich die neuere *Konzeption des kooperativen Führungsstils* nicht so sehr auf direkte Einwirkung des Vorgesetzten durch Leistungskontrolle, sondern auf seine indirekte Einwirkung durch Leistungsmotivation. Diesem Konzept entspricht ein Bild vom Mitarbeiter, in dessen Mittelpunkt nicht die mechanische Funktionserfüllung, sondern eine von Einsicht und Verantwortung getragene Mitwirkung im

Funktionsvollzug steht. Die einseitige Beziehung zwischen demjenigen, der Weisungen erteilt, und denjenigen, die sie ausführen, wird ersetzt durch eine wechselseitige Beziehung zwischen Partnern, die eine selbständige Aufgabe im Leistungsvollzug erhalten (vgl. Schaubild 6). Die Anerkennung des Mitarbeiters als Leistungsträger wird ergänzt durch seine Anerkennung als Träger von Motiven und Interessen.

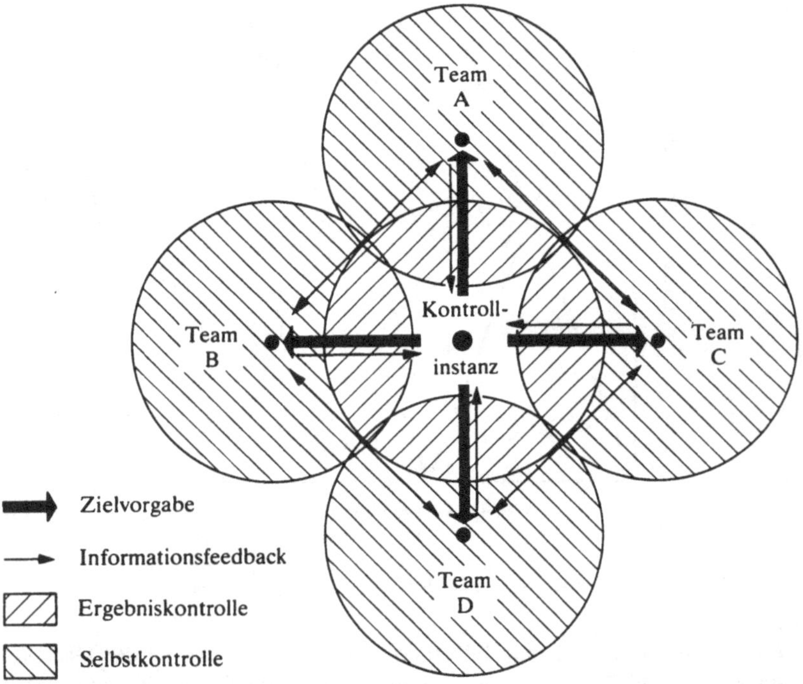

Schaubild 6. Kooperatives Modell der Vollmachtenverteilung

Die theoretischen Dimensionen dieses neuen Führungsstils sind insbesondere durch sozialpsychologische Forschungen in den USA geklärt worden. Zu seiner Beurteilung aus der Sicht des Managements ist allerdings erforderlich, seine Möglichkeiten und Grenzen im sozialorganisatorischen Zusammenhang der Unternehmenspraxis zu analysieren. Hierzu können zwei Kriterien dienen: das Ausmaß, in dem das neue Führungsmittel der Verwirklichung vorgegebener Unternehmensziele dient, und das Ausmaß, in dem es in einer konkreten Situation anwendbar ist.

Zielkonzepte

Mit der Anwendung des kooperativen Führungsstils sollen insbesondere betriebsorganisatorische, betriebspädagogische und gesellschaftspolitische Ziele verfolgt werden.

Aus *betriebsorganisatorischer* Sicht soll kooperative Führung die Leistungshemmnisse einer herkömmlichen hierarchischen Struktur neutralisieren helfen. Dies erscheint deshalb als erforderlich, weil immer komplexer werdende Arbeitsabläufe auf Zusammenarbeit zwischen verschiedenen Rangstufen und horizontalen Bereichen beruhen, weil die betreffenden Problemlösungen häufig nur durch Gemeinschaftsarbeit zustande kommen und weil sich schließlich der spezifische Sachverstand auf jeder Ebene gegenüber dem bürokratischen Instanzenzug behaupten muß. Zwar konnte bisher noch nicht bewiesen werden, daß kooperative Führung zu besonderen Leistungssteigerungen in der industriellen Praxis führt. Andererseits zeigen aber betriebliche Erfahrungen, daß Leistungen im Rahmen der unternehmerischen Zielsetzung auch kooperativ erbracht werden können. Es kommt also bei der Bewertung aus betriebsorganisatorischer Sicht vor allem darauf an, welches Gewicht man der Beibehaltung oder dem Abbau hierarchischer Strukturen beimißt.

Die Einführung eines kooperativen Führungsstils wird häufig mit der *Verfolgung betriebspädagogischer Zielsetzungen* begründet. Kernpunkt ist die Einsicht, daß die Eigenleistung des Mitarbeiters in dem Maße wächst, in dem er die Fähigkeit zur umfassenden, richtigen Orientierung und die Fähigkeit zum sinnvollen, verantwortungsbewußten Handeln erhält. Umfassendere Mitwirkungsmöglichkeiten können das Interesse an den Arbeitsaufgaben und dem sie bedingenden betrieblichen Zusammenhang wecken und deshalb einer weitverbreiteten Apathie und Lethargie entgegenwirken. Der kooperative Führungsstil kann Lernprozesse auslösen, die nicht nur die Leistungsmotivation steigern, sondern die Gesamtpersönlichkeit des Mitarbeiters fördern.

Schließlich wird der kooperative Führungsstil auch mit dem Hinweis auf *gesellschaftspolitische Zielsetzungen* vertreten. Ausgangspunkt ist die Einsicht, daß freiwillige Mitarbeit das Recht zum Widerspruch voraussetzt. Bei Interessenkonflikten muß man sich also um Kompromisse bemühen, sofern es hierfür angesichts der allgemeinen Unternehmenssituation einen Spielraum gibt. Inzwischen haben die Herausbildung unterschiedlicher Interessenlagen und das Gewicht ihrer Vertretung in einem Ausmaß zugenommen, das betrieblichen Autoritarismus vollends anachronistisch erscheinen läßt. Ebensowenig wie die Extremposition einer rein

herrschaftlichen Struktur etwa in der Form des Herr-im-Hause-Standpunktes ist aber auch eine rein genossenschaftliche Struktur des Betriebes durchsetzbar, bei der alle Belegschaftsmitglieder mit gleichem Stimmrecht über alle wesentlichen Entscheidungen abstimmen. Der kooperative Führungsstil kann als Kompromißlösung gelten, die Führung von obsolet gewordenen autoritären Strukturen ablöst und dadurch für die Beteiligten glaubwürdiger macht.
Zusammenfassend läßt sich bei Überprüfung der verschiedenen Zielkonzepte feststellen, daß der kooperative Führungsstil als Anpassung des Managements an bestimmte Umweltherausforderungen aufzufassen ist. Er stellt den Versuch einer modernen Führungskonzeption dar, der auch ein verändertes Legitimitätsbewußtsein ihrer Träger zugrunde liegt. Führung soll nicht nur mit Hilfe der Eigentumsrechte und des Expertenmonopols allein aus dem Leistungszwang hergeleitet werden, sondern auch den Interessenkonsensus der Beteiligten und damit die soziale Integration des Unternehmens fördern. Zu beachten ist, daß hierdurch keineswegs ein sachlich begrenzter Autonomieanspruch des Managements aufgegeben wird. Auch bei kooperativer Führung bleiben die Führungsaufgaben unverändert. Es ändert sich jedoch die Art der Durchführung. Im Rahmen allgemeiner Zielsetzungen des Managements wird ein Spielraum für situations- und motivationsbezogene Anpassungen eröffnet. Es kann kein Zweifel darüber bestehen, daß der kooperative Führungsstil eine zeitgemäße Konzeption ist, die hinreichend flexibel gehandhabt werden kann, um sehr unterschiedliche Interessen in der Unternehmenspraxis zu integrieren.

Realisierungschancen
Welche Chancen hat dieses Konzept, in der betrieblichen Wirklichkeit durchgesetzt zu werden? Diese Chancen sollen als abhängig von der jeweils gestellten Aufgabe, vom Kreis der jeweils Mitwirkenden, vom betreffenden Arbeitssystem und von der betreffenden Unternehmungsstruktur dargestellt werden.
Der Spielraum für kooperative Mitwirkung im Unternehmen wird zweifellos von der jeweils zu bewältigenden *Aufgabenstellung* her eingegrenzt. Während die Durchführung von Arbeitsaufgaben ohne Mitwirkung aller Beteiligten schlechthin nicht denkbar ist und auch bei Planungsarbeiten die Mithilfe aller Betroffenen durchaus als sinnvoll erscheint, treten bei der kooperativen Strukturierung betrieblicher *Entscheidungsprozesse* häufiger Bedenken auf. Sie werden damit begründet, daß es bei diesen

Entscheidungen in erster Linie um Sachentscheidungen gehe, die häufig mit großer Schnelligkeit und entsprechendem Durchsetzungsvermögen vorgenommen werden müssen. Die Anordnungen eines kleinen Kreises handlungsfähiger Personen seien endlosen Debatten größerer Gruppen vorzuziehen. Zweifellos kann es sich kein Betrieb auf die Dauer leisten, das Fachurteil durch politische Mehrheitsbeschlüsse zu ersetzen, besonders wenn sie in größeren Betriebsversammlungen zustande kommen. Andererseits bietet aber die Abschirmung der Betriebsführung gegenüber den Personen, die ihre Beschlüsse durchzuführen haben, keine Garantie für sachliche und schnelle Entschlüsse. Offensichtlich hängt die Beteiligung der Mitarbeiter an Entscheidungsprozessen von deren jeweiliger Struktur ab. In der betrieblichen Praxis können wir zwischen strategischen Entscheidungen, die eine längere Vorbereitung erfordern, und Routineentscheidungen mit vorgegebenen Zielsetzungen unterscheiden.
Hinzu kommen in Ausnahmefällen Krisenentscheidungen, die durch eine rasche Reaktion auf Umwelteinflüsse gekennzeichnet werden. Bei Krisenentscheidungen wird der Kreis der Entscheidungsträger immer klein bleiben. Bei Routineentscheidungen ist durchaus eine Verbreitung des Kreises der Mitwirkenden nach Maßgabe des Sachverstandes möglich. Wenn auch bei strategischen Entscheidungen das Expertenwissen eine große Bedeutung hat, wird jede Führungskraft doch hierbei die möglichen Stellungnahmen der Mitarbeiter ernstnehmen müssen. Allerdings wird es sich schon aus Gründen der Geheimhaltung (z. B. bei der Entwicklung neuer Produkte oder neuer Marktstrategien) nicht vermeiden lassen, den Kreis der Mitwisser zu begrenzen. Grundsätzlich ist jedoch festzustellen, daß eine Mitwirkung der Mitarbeiter auch an Entscheidungsprozessen nicht ausgeschlossen werden kann, sondern anhand der gegebenen Sachlage zu überprüfen ist. Man wird ihr um so positiver seitens des Managements gegenüberstehen, je mehr Mitarbeiterinteressen bei der Entscheidung zu berücksichtigen und zum Ausgleich zu bringen sind. Allerdings muß der Maßstab dieses Ausgleichs die betriebliche Leistung sein, wie sie vom Markte honoriert wird. Leider ist in Extremfällen, in denen die Mitarbeiter vital betroffen werden, z. B. bei Umsetzungen oder Entlassungen als Auswirkungen wirtschaftlich-technischer Strukturwandlungen, der Spielraum für die Modifizierung von Führungsentscheidungen eng begrenzt. Dennoch gibt es Beispiele dafür, daß gerade in diesen Fällen die Mitwirkung der Beteiligten zu einer menschlich tragbaren Lösung geführt hat.
Die Chancen für einen kooperativen Führungsstil hängen auch zweifellos

von der *Qualifikation der Mitwirkenden* ab. Mitwirkungsmöglichkeiten können im Betrieb nur nach Maßgabe des Sachverstandes gegeben werden, wenn der Betriebszweck, die Erstellung einer wirtschaftlichen Leistung, nicht gefährdet werden soll. Dies darf jedoch nicht zu der Argumentation verleiten, man habe keine verantwortungsbewußten, hinreichend qualifizierten Mitarbeiter und könne deshalb keinen kooperativen Führungsstil praktizieren. Wie schon erörtert, ist Grundlage dieser Führungspraxis ja gerade die Erziehung zum verantwortungsbewußten Mitarbeiter. Je größer der Anteil der Personen in der Belegschaft wird, die neben der Beherrschung arbeitsplatzgebundener Fertigkeiten einen Überblick über gesamtbetriebliche Zusammenhänge und darüber hinaus ein tiefergehendes Verständnis für wirtschaftliche, technische und soziale Probleme überhaupt haben, desto eher wird ein kooperativer Führungsstil erfolgreich sein. Alle Aus- und Fortbildungsmaßnahmen sowie die Anhebung des Schulbildungsniveaus kommen also seiner Fundierung letztlich zugute. So ist damit zu rechnen, daß in Zukunft besonders qualifizierte Gruppen von Belegschaftsmitgliedern stärker als bisher im betrieblichen Arbeitsablauf selbst zu Partnern der betrieblichen Führungsgruppen werden. Wenn sich auch heute noch die Dezentralisierung von Entscheidungsbefugnissen im wesentlichen auf die mittlere Ebene der betrieblichen Führungskräfte beschränkt, so ist doch dieser Kreis erweiterungsfähig. Allerdings wird es in der industriellen Arbeitswelt immer Bereiche geben, in denen wenig qualifizierte Arbeit von stark fluktuierenden Belegschaften zu verrichten ist, so daß wesentliche Voraussetzungen für die Einführung des kooperativen Führungsstils fehlen.
Damit ist bereits auf einen dritten Beeinflussungsfaktor hingewiesen: die *Struktur des betriebsspezifischen Arbeitssystems*. Es gibt hochmechanisierte Arbeitsabläufe, in denen die Mitarbeiter wenig Spielraum für eigenverantwortliches Handeln besitzen. Es gibt andere Arbeitsabläufe, teilweise sogar bei der Überwachung automatisierter Maschinenaggregate, bei denen eigenverantwortliches Handeln unerläßlich ist. Man wird also bei der Praktizierung des kooperativen Führungsstils Rücksicht nehmen müssen auf den jeweils im Betrieb gegebenen Rationalisierungsstand der Arbeit und das sich hieraus ergebende Potential für reaktives oder aktives Handeln der Mitarbeiter. Leider sind diese Potentiale noch viel zu wenig arbeitswissenschaftlich erforscht. Gegenüber dem vorherrschenden Gesichtspunkt, durch Rationalisierungsmaßnahmen menschliche Arbeit zu ersetzen, wäre gerade im Zusammenhang mit einem kooperativen Führungsstil auch die Frage zu stellen, wie rationalisiert werden muß, damit

die vorhandenen Fähigkeiten der Mitarbeiter optimal genutzt werden können. In dieser Hinsicht sind Untersuchungen in den USA, in Großbritanien, in Skandinavien und in Holland beachtenswert, deren Ziel die Erweiterung des Mitwirkungsspielraums durch technische Veränderungen war.

Schließlich ist auf die gesamte *Unternehmensstruktur* als Beeinflussungsfaktor kooperativer Führung hinzuweisen. Die Art der Verteilung von Funktionen und Vollmachten, die Festlegung von Normen und Kommunikationswegen beeinflussen zweifellos längerfristig Möglichkeiten der innerbetrieblichen Kooperation. Besonders offenkundig wird dies im Falle strikter hierarchischer Kompetenzabgrenzungen und horizontaler „Abteilungszäune". Wo derartige Strukturen als gegeben hingenommen werden, bleibt der Spielraum für kooperative Führung eng begrenzt. Sie kann dann nicht einen wichtigen Nebenzweck erfüllen, den sie in fortschrittlichen Unternehmungen besitzt: als Management-Strategie zur schöpferischen Umwandlung der Organisation zu dienen.

Aus einer Analyse der wichtigsten Beeinflussungsfaktoren kooperativer Führung ergibt sich, daß dieser Führungsstil kein automatisch wirkendes Patentrezept ist. Seine Wirksamkeit hängt wesentlich von der Situation ab, in der er praktiziert wird. Kooperative Führung kann sich nur als ein maßgeschneiderter Führungsstil bewähren, dessen Grundlage eine sorgfältige Situationsanalyse ist. Deshalb ist eine bloße Schulung der Führungskräfte durch Konfrontation mit kooperativen Führungspraktiken für sich allein ebenso wenig zielführend wie der Alleingang eines fortschrittlichen Vorgesetzten. Beides muß an der Starrheit organisatorischer Strukturen und an den dann auftretenden Widersprüchen im Führungsverhalten verschiedener Vorgesetzter des gleichen Unternehmens scheitern. Die Chancen des kooperativen Führungsstils sind also letztlich die Chancen der Unternehmensreform überhaupt, wobei jedoch zu beachten ist, daß auch in den Unternehmen die Spielräume für Reformen aus objektiven Gründen unterschiedlich groß sein können.

Eine an Zielkonzepten und Realisierungschancen orientierte Beurteilung des kooperativen Führungsstils gelangt zu folgenden Schlußfolgerungen:

1. Kooperative Führung verändert nicht den Führungszweck, sondern die Führungsform. Durch verstärkte und teilweise partnerschaftlich organisierte Mitwirkung der Mitarbeiter sollen im Leistungsvollzug auch Voraussetzungen für die Berücksichtigung von Motiven und Interessen geschaffen werden.
2. Der Vollzug kooperativer Führung ist situationsabhängig. Ein ab-

straktes „Kooperationsmodell“ eignet sich nur für Schulungszwecke. Seine Verwirklichung setzt jedoch genaue Analysen der durch die Arbeits- und Betriebsstruktur sowie die Qualifikation der Mitwirkenden gegebenen Spielräume für eigenverantwortliches Handeln voraus.

3. Als wesentlicher Vorteil kooperativer Führung ist der hierdurch mögliche Ausgleich hierarchiebedingter Spannungen im Unternehmen zu sehen. Festgefügte bürokratisierte Strukturen können mit Hilfe dieses Führungsstils allmählich verändert werden.
4. Nachteile dieses Führungsstils liegen in den Schwierigkeiten bei den zu schaffenden Voraussetzungen. Kooperative Führung verlangt vom Vorgesetzten erhebliche sozialpädagogische Fähigkeiten und von der Unternehmensführung eine aktive soziale Unternehmenspolitik, die nicht allein durch Schulungsmaßnahmen das persönliche Verhalten, sondern durch Organisationsmaßnahmen auch die objektiven Strukturen erfaßt.

Abschließend ist darauf hinzuweisen, daß der kooperative Führungsstil einen Beitrag zur Modernisierung der betrieblichen Sozialordnung leisten kann. Er ist jedoch kein Allheilmittel für die Führungsprobleme des Managements. Insbesondere hängt der Erfolg kooperativer Führung davon ab, daß auch andere Bereiche der betrieblichen Sozialordnung, wie z. B. die Lohngestaltung, das Personalwesen, die Beziehungen zwischen Betriebsleitung und Betriebsrat modern gestaltet werden.

5.3 Leitung und Kontrolle im modernen Unternehmen

Jedes Handeln im modernen Unternehmen, auch das der leitenden Personen, ist zunächst dadurch gekennzeichnet, daß es in der Regel nicht spontan, sondern organisiert ist. Man wirkt im Betrieb, indem man auf die Organisation einwirkt und sich ihrer bedient. Das Handeln geht also innerhalb einer bestimmten Rahmenordnung vonstatten. Es ist darüber hinaus wichtig, die besondere Struktur, die besonderen Formen zu erkennen, in denen Handlungsabläufe erfolgen. Deshalb ist neben der Rahmenordnung auch noch das Handlungsgefüge zu berücksichtigen, wie es durch das Zusammenwirken der Menschen in Arbeitsgruppen, in Gruppen, die durch die unterschiedliche Rangstellung bedingt sind, in informalen, d. h. in den offiziellen Interessenvertretungen im Betrieb gekennzeichnet ist (vgl. Schaubild 1).

Es ist nun im einzelnen zu untersuchen, wie das Problem der Unternehmensleitung in diesem durch Rahmenordnung und Handlungsgefüge gegebenen Spannungsfeld erscheint. Betrachten wir zunächst die Wechselwirkungen zwischen dieser Rahmenordnung und dem Vollzug der Unternehmensleitung. Hier gibt es bestimmte herkömmliche Vorstellungen, bestimmte axiomatische Grundfeststellungen, die auch heute noch das Selbstbewußtsein vieler Menschen, vieler Führungskräfte teilweise mitbestimmen. Hierzu gehört zum Beispiel die Auffassung, daß Funktionen und Vollmachten im Unternehmen nach dem individuellen Leistungsbeitrag hierarchisch geschichtet seien, daß es also eine in sich kohärente Hierarchie des Unternehmens gebe. In dieser Hierarchie sei die Entscheidungsbefugnis an der Spitze konzentriert. Eine weitere Grundauffassung besteht darin, daß es Aufgabe der Unternehmensführung sei, Normen für das betriebliche Verhalten der Menschen zu setzen, wobei das Ziel die Marktanpassung und die Behauptung des Unternehmens im Markte sei. Legitimation für diesen normsetzenden Akt sei das haftende Unternehmenseigentum bzw. die Delegation seiner Funktionen an bestimmte Führungskräfte. Als dritte Grundthese wäre die Auffassung zu nennen und zu prüfen, daß das Unternehmen durch ein straffes Kontrollsystem integriert werden müsse, das von oben nach unten gerichtet ist. Zu diesen herkömmlichen Elementen einer unternehmerischen Führungslehre soll zunächst ein soziologischer Kommentar gegeben werden.

Angesichts der Vielfalt der verschiedenen Unternehmenstypen und Unternehmensstrukturen ist festzustellen, daß diese Aufassung von der Rahmenordnung des Unternehmens und dem Platz der leitenden Angestellten in ihr nur für eine ganz bestimmte Phase des Rationalisierungsprozesses gilt, das heißt für eine bestimmte Art und Weise der Arbeitsorganisation, die ihrerseits wieder an technische, wirtschaftliche und soziale zeitbedingte Voraussetzungen gebunden ist. Es gibt also keine abstrakte, ewig gültige Führungslehre, sondern die Elemente einer solchen Führungslehre sind mehr oder weniger raumzeitlich begrenzte Sonderfälle. Betrachten wir zunächst die Funktionen und Vollmachten und ihre hierarchische Schichtung. Wir können feststellen, daß im Zuge der fortschreitenden Rationalisierung eine Fülle von multifunktionalen Zusammenhängen entsteht, die die herkömmliche Hierarchie unterhöhlen. Solche Zusammenhänge etwa im Bereich der Produktion führen dazu, daß bisherige Über- und Unterordnungsverhältnisse nicht mehr in der herkömmlichen strikten Art und Weise aufrechtzuerhalten sind. Es ist zum Beispiel bemerkenswert, daß in einer Untersuchung über Arbeiter in der chemischen Industrie festgestellt worden ist, daß 37 % dieser Arbeiter angegeben haben, sie würden von mehr als einer Person Weisungen empfangen. Daraus ist ganz deutlich der multifunktionale Zusammenhang ersichtlich. Es ist nicht nur ein Vorgesetzter da, sondern ein Kreis verschiedener Fachleute, die alle auf die Arbeit einwirken und mit denen sich der Arbeiter auseinanderzusetzen hat. Das gilt aber nicht nur für den Arbeiter, das gilt für die Führungskräfte in gleichem Maße, auch sie sind in diesen multifunktionalen Zusammenhang eingebettet.

Ebenfalls stellt sich heraus, daß die zunehmende Bürokratisierung als Begleitumstand der Rationalisierung nur dann nicht zur Erstarrung der Unternehmensstruktur führt, wenn Initiative in Teilbereichen gewährleistet wird. Deshalb kann man mit der Konzentration aller Befugnisse an der Spitze nicht völlig ernst machen. Es muß bewußt innerhalb der Grenzen gewisser Plandaten durch Dezentralisation von Funktionen und Vollmachten ein Entscheidungsspielraum auch auf der mittleren und unteren Führungsebene angestrebt werden. So ist es heute nicht mehr eine Außenseiterauffassung, daß auch die mittleren, ja sogar die unteren Führungskräfte unternehmerisch denken lernen müssen. Solche Auffassungen sind nicht unwidersprochen. Sie kennzeichnen jedoch einen gewissen Trend, der vom starren Schema der Funktions- und Vollmachtenverteilung nach dem Modell der unilateralen Hierarchie abweicht. Man kann also eine erste These aufstellen, daß eine *weitgehende Auffächerung der Führungsfunktionen* oder wenigstens eines Teils der Führungsfunktionen im modernen hochrationalisierten Unternehmen durchaus zu verzeichnen ist.

Betrachten wir nun die Entstehung der unternehmerischen Normen, dann können wir feststellen, daß sie zumindest im Großunternehmen nicht mehr in der Führungsspitze entwickelt werden, sondern in der darunter liegenden Schicht der Experten. Die Führungsspitze hat jedoch eine sehr wesentliche Aufgabe behalten: Sie sanktioniert diese Normen, sie verwirft oder akzeptiert die Vorschläge, und damit ermöglicht sie erst die tatsächliche Durchsetzung der Normen. Sanktionen sind aber nur möglich auf Grund einer entsprechenden Legitimation. Diese Legitimation ist allerdings im modernen Unternehmen mehrschichtig. Sie beruht zweifellos einmal auf der gesellschaftsrechtlich fundierten Stellung der Unternehmensführung, wobei das Eigentum ein entscheidender Faktor ist. Wir dürfen aber nicht vergessen, daß sie außerdem noch auf dem Sachverstand der Führungskräfte beruht, auf der Fähigkeit, sich den Sachverstand anderer anzueignen, sich mit ihm auseinanderzusetzen.

Drittens beruht sie auf der persönlichen Autorität, auf dem Ansehen und auf dem Vertrauen, das den Führungskräften entgegengebracht wird. Das ist zweifellos ebenso eine Legitimation der unternehmerischen Entscheidung wie die Delegation des Kapitalinteresses. Angesichts der Neugestaltung der Betriebs- und Unternehmensverfassung wird schließlich als vierte Legitimationsbasis der Konsensus der Beteiligten in der Form eines befristeten Interessenausgleichs immer wichtiger. Das *Eigentum* wirkt also weitgehend innerhalb des modernen Unternehmens *als* eine Art *Hintergrundlegitimation.* In den Entscheidungsablauf wirkt dieser Hintergrund häufig nicht allzu stark ein, wie eine Reihe von Untersuchungen bestätigt.[1]

Betrachten wir schließlich die Integration der einzelnen Elemente im betrieblichen Arbeitsablauf, so können wir feststellen, daß einseitige Kontrolle von oben nach unten dieses schwierige Problem zu lösen gar nicht imstande wäre. Betriebliche Kommunikationsprozesse, und dazu gehören auch die Weisungen, sind wechselseitige Prozesse. Sie reichen auch von unten nach oben. Aktion bedingt Reaktion, Reaktion bedingt Aktion. Es besteht ein fortlaufender Kreislauf der Problemlösungen. Dies gilt im betrieblichen Alltag durchaus für wirtschaftliche und technische Informationen, Weisungen und dergleichen. Im Bereich des sozialen Führungsvollzugs ist ohnehin schon vom Gesetzgeber her zum Beispiel durch das Betriebsverfassungsgesetz dafür gesorgt, daß eine Zwei-Wege-Kommunikation an die Stelle der strikten Anordnung von oben nach unten getreten ist. Es handelt sich zwar hier nicht um eine durchgängige Kontrolle der oberen Instanzen durch die unteren, aber doch immerhin um Informationsrechte, Appellationsmöglichkeiten, Vorschlags rechte sowie das Recht auf Gehör und Mitbestimmung in verschiedenem Ausmaß. Es läßt sich eine dritte These formulieren, daß es eine Wechselseitigkeit, eine *Interdependenz* auch *der Bindungen im Weisungsvollzug* gibt und daß sich jeder gute Vorgesetzte dieser Dinge durchaus bewußt ist, ja daß sein Durchsetzungsvermögen von der Anerkennung dieses Tatbestandes geradezu abhängig ist.

Soviel zur Frage der Wechselwirkungen zwischen der betrieblichen Rahmenordnung und dem Leitungsvollzug. Wie steht es nun mit den Beziehungen zwischen dem Handlungsgefüge und seiner Gruppenstruktur und dem Leitungsvollzug? Auch für diesen Aspekt, der wesentlich das

[1]Vgl. S. Cassier, Wer bestimmt die Geschäftspolitik der Großunternehmen? Frankfurt/M. 1962.

Sozialleben des Betriebes und auch die Möglichkeiten für einen bestimmten Führungsstil prägt, können wir davon ausgehen, daß traditionsgebundene Vorstellungen immer noch vorhanden sind. Eine Auffassung von unabsehbarer Tragweite besteht darin, daß nicht allein gesamtgesellschaftlich, sondern auch für die soziale Gruppenbildung im Unternehmen entscheidend das Eigentumsinteresse einerseits und das Lohninteresse andererseits seien. Man wird viele Menschen antreffen, sowohl in der Theorie als in der Praxis, die diese Grundauffassung vertreten. Daraus folgt dann, daß in jedem Unternehmen eine dichotomische, d. h. zweigeteilte Strukturierung der Belegschaft festzustellen sei, nämlich eine Trennung in die Arbeitnehmerschaft einerseits, die sich am Lohninteresse orientiere, und andererseits die Vertreter oder Repräsentanten des Unternehmers, wozu auch die leitenden Angestellten in der Regel gezählt werden, die sich am Eigentumsinteresse orientieren. Aus dieser Auffassung folgt dann notgedrungen eine weitere These, die sich dahingehend präzisieren läßt, daß Gruppen mit einem Ranggefälle der Mitglieder instabil seien. Es sei also mit anderen Worten nicht günstig, wenn Gruppen gebildet würden, in denen Personen mit unterschiedlicher Rangstellung zu eng miteinander Kontakt bekämen, weil ja doch die Interessenlage grundsätzlich unterschiedlich sei. Die dritte Auffassung, die sich nun aus dieser, wenn man so will, als Klassenschema zu bezeichnenden Sichtweise des Unternehmens ableitet, geht dahin, daß Ranggruppen im Unternehmen homogen seien, schon wegen des gemeinsamen Interesses. Deshalb spricht man dann von der Arbeiterschaft, den Angestellten, den Meistern, den leitenden Angestellten usw. Eine kritische Untersuchung dieser Vorstellungen wiederum an Hand der tatsächlichen Gruppenstruktur in modernen Unternehmungen zeigt, daß sie keineswegs Allgemeingültigkeit beanspruchen können.

Entscheidend für die Gruppenbildung im Betrieb, insbesondere aber die Bildung von Arbeitsgruppen und Ranggruppen sind einmal die Stellung des Individuums im Betrieb und seine Stellung im Arbeitsablauf. Es ist nicht so sehr eine arbeitsrechtlich fundierte Stellung, sondern es ist die Stellung innerhalb eines bestimmten Arbeitsprozesses, die den Menschen letztlich formt: Was tut er im Betrieb, in welchem Zusammenhang tut er es im Betrieb und mit welchen Funktionen und Vollmachten tut er es? Das kann man arbeitsrechtlich gar nicht ein für allemal normieren, weil die betriebliche Wirklichkeit von Fall zu Fall außerordentlich differenziert ist. Hier müssen wir ansetzen, um zu verstehen, wie die Menschen auf diese Wirklichkeit reagieren. Diese Stellung im Betrieb hängt nicht allein von der Eigentumsstruktur ab, sondern neben wirtschaftlichen und sozialen Faktoren vor allem von den technischen Voraussetzungen der Arbeit. Um ein Beispiel zu nennen: Es ist gerade in letzter Zeit festgestellt worden, daß die Funktions- und Vollmachtenstrukturen der Arbeiterschaft und der Angestelltenschaft sich in weiten Bereichen überschneiden, was bedeutet, daß es viele Arbeiter gibt, die einen höheren funktionalen Stellenwert im Betrieb haben als Angestellte, auch als männliche Angestellte. Sie haben höhere Haftungsgrenzen und eine höhere Kontrollspanne in ihrer Arbeit, d. h. sie haften umfassender als viele Angestellte und sie kontrollieren mehr als viele Angestellte. Nun könnte man sagen, das ganze Problem lasse sich ja schnell lösen, wenn diese Arbeiter zu Angestellten gemacht würden. Dann hätten wir ja wieder diese Zweiteilung. Aber ganz so einfach liegen die Dinge nicht. Hier ist tatsächlich an die Stelle eines alten Schemas eine neue Zuordnung zum Arbeitsprozeß getreten, die sich mit den alten Kategorien einfach nicht mehr beschreiben läßt.

Wenn aber nun die Erfordernisse des Arbeitsablaufs auch auf die Gruppenbildung nicht ohne Einfluß bleiben, dann folgt daraus, daß Gruppen mit einem Ranggefälle durchaus möglich sind, nämlich insbesondere dort, wo der Arbeitsablauf sehr komplex ist. Im Grunde genommen sind eigentlich alle Arbeitsteams, die wir antreffen, derartig multifunktional zusammengesetzt, und es sind auch Ranggefälle darin festzustellen, und die Menschen arbeiten durchaus nicht schlechter. Es ist also offensichtlich hier das Interesse, das durch die Struktur des Arbeitsablaufs gegeben ist, viel stärker wirksam als ein Eigentumsinteresse oder ein Lohninteresse, das sozusagen in einem anderen sozialen Raum vorausbegründet ist. Gerade in hochrationalisierten, ja schon automatisierten Betriebsteilen finden wir Arbeitsgruppen, die aus Angehörigen sehr unterschiedlicher Ranggruppen bestehen.

Schließlich ist es auch keineswegs mehr allgemein zutreffend, daß die Ranggruppen homogen seien. Sie differenzieren sich nach den verschiedenen Unternehmensbereichen. Man kann nicht von der Gruppe der Meister sprechen, sondern man muß nach verschiedenen Produktionsgruppen differenzieren. Ebenso wenig kann man etwa von der Gruppe der Prokuristen sprechen. Auch hier ist ein trennendes Merkmal die Bindung des jeweiligen Prokuristen an einen bestimmten Bereich. Die Ursache für diese Trennung liegt darin, daß je nachdem, ob jemand in der Planung, in der Produktion, im Verkauf oder in der Zentralverwaltung tätig ist, er einer unterschiedlichen Sachlogik verpflichtet wird. Diese

Sachlogik trennt ihn als Fachmann zunächst einmal von der Sachlogik des Fachmannes in einem anderen Unternehmensbereich. Deshalb ist auch die erweiterte Führungsgruppe in einem Unternehmen nicht homogen, und es wird sogar zunehmend schwieriger, die Führungsspitze dort, wo sie nicht aus einer Person besteht, zu integrieren.

Die Konsequenzen dieser sich abzeichnenden Entwicklung kann man zusammenfassend etwa so darstellen: In dem Maße, in dem das moderne Unternehmen zu einer immer differenzierteren Leistungseinheit umgestaltet wird, für die ganz neue Verbundformen im Arbeitsablauf typisch sind, wandelt sich auch das Handlungsfeld für das leitende Personal sowohl hinsichtlich der Rahmenordnung als auch hinsichtlich der sozialen Gruppenstruktur. In vielen modernen Unternehmen erklärt die These „von denen da unten und denen da oben", d. h. von einer durch Eigentumsinteresse und Lohninteresse akzentuierten Dichotomie, die betriebsbezogenen Interessenlagen nur noch begrenzt. Ebenso bewußtseinsbildend wie diese Dichotomie, die aus bestimmten ideologischen Sichtweisen gefolgert wird, sind die unterschiedlichen Sachlogiken, die zu sehr partiellen Wahrnehmungen des Unternehmungsgeschehens führen.

Das Unternehmen wird also geteilt in Bereiche mit partiell autonomen Sachlogiken. Wie erreicht man es nun, diese Sachlogiken zu integrieren, deren Ausdruck auch die unterschiedlich verteilten Funktionen und Vollmachten sind? Die Integration des Unternehmens in einer solchen Entwicklungsphase läßt sich nicht durch Anwendung des klassischen hierarchischen Schemas, aber auch nicht durch einen bloßen Machtspruch von oben her, d. h. durch Dekrete erreichen. In dem Maße, in dem die Rationalisierung geradezu zur Produzentenlogik unseres Zeitalters geworden ist, muß auch die Integration des Unternehmens dieser Logik gehorchen, d. h. es geht um zweckrationale Argumentation, um Aufklärung über den wirklichen Sachverhalt. Der Mensch, der von seiner Sachlogik her argumentiert, kann nur überzeugt werden, wenn er auch sachlogische Argumente, diesmal höherer Ordnung, zur Kenntnis nimmt. Darin liegt vielleicht der große Bildungswert des Rationalisierungsprozesses. Die Menschen können gar nicht anders unter den Bedingungen der fortschreitenden Rationalisierung, als zunehmend sich auf dieser Ebene begegnen, was bedeutet, daß sie einander aufklären müssen über die sachlichen Beweggründe der jeweiligen Handlung. Darin liegt eine Art Selbsterziehung im Betrieb. Möglichst vielen Menschen im Unternehmen muß deshalb das Unternehmensinteresse einsichtig gemacht werden, wie es sich im Arbeitsablauf täglich aktualisiert, damit sie auch Möglichkeiten

des Ausgleichs mit ihren eigenen Interessen erkennen können.
Hieraus ergeben sich einige Schlußfolgerungen für die Unternehmensleitung. Das moderne Industrieunternehmen zeigt eine Übergangsstruktur zwischen einer unilateralen Organisation alten Stils mit stark hierarchischer Prägung und Häufung von Entscheidungsfunktionen an der Spitze und andererseits einem multilateralen Organisationsverbund mit sehr differenzierter Arbeitsteilung, gewissen Dezentralisierungstendenzen und einer Umgestaltung der alten hierarchischen Grenzen. Dadurch öffnet sich auch ein neuer Spielraum für die soziale Gestaltung. Die Probleme, die sich in einer derartigen Übergangssituation den leitenden Personen stellen, lassen sich in dreifacher Weise charakterisieren. Einmal geht es darum, die Hinnahme einer ungewollten Unternehmenswirklichkeit umzuwandeln in die Anteilnahme möglichst vieler Beteiligter. Gerade wenn die Dinge im Wandel sind, geht es darum, daß die Mitarbeiter zu dieser Wandlung positiv eingestellt sind. Zum anderen besteht die Aufgabe, die nicht gering zu schätzen ist, die verschiedenen sachlogisch gerechtfertigten Standpunkte auszugleichen, und schließlich ist es erforderlich, die Unternehmensentscheidung sowohl nach innen als auch nach außen auf neue Weise zu legitimieren. Abschließend ist zu den Möglichkeiten Stellung zu nehmen, diese Probleme zu lösen.
Was die *Anteilnahme aller Beteiligten* betrifft, so war zunächst der Weg der Ergebnisbeteiligung derjenige, der am meisten diskutiert wurde. Sicherlich liegen hier einige interessante Ansatzpunkte, man darf sich aber nicht allzu viel davon versprechen, weil diese Ergebnisbeteiligung doch mehr oder weniger außerhalb des eigentlichen Arbeitsvollzuges steht, außerhalb der täglich erlebten Realität. Der Weg einer umfassenden Mitarbeiterförderung mit dem Ziel der Steigerung des Leistungspotentials des einzelnen und der damit ermöglichten Verbesserung auch des Lebensstandards und der Stellung im Betrieb scheint die gangbarste Lösung zu sein. Sie schließt allerdings auch eine Aktivierung der Mitarbeiter durch vermehrte Mitwirkungschancen und eine Respektierung ihrer Grundinteressen mit ein.
Besonders schwierig erscheint der *Ausgleich der verschiedenen sachlogischen Standpunkte.* Hier treten auch in der Tat die größten Spannungen auf, die manche Großunternehmen geradezu lahmlegen und anpassungsunfähig machen. Eine integrierende Sachlogik, sozusagen übergeordneter Art, die den Standpunkt des Ingenieurs, des Betriebswirts und des Personal- oder Sozialreferenten zu integrieren in der Lage ist, ist leider noch nicht überzeugend formuliert worden. Es bedarf deshalb vorerst immer

noch der ausgleichenden, fast intuitiven Eingriffe seitens der Unternehmensführung, die hierbei die Tugenden einer wirklichen „Industrial Statesmanship" zu entwickeln hat. Der Führungsvollzug erscheint als Schaffung einer Ordnung und als Garantie dieser Ordnung, die aber immer nur zeitlich begrenzt gültig sein kann wegen der Anpassungsprobleme und der Erfordernisse des Interessenausgleichs.

Was schließlich die Frage der *Legitimation unternehmerischer Entscheidungen* betrifft, so zeigen sich hierfür drei Möglichkeiten. Einmal könnten Versuche zumindest zu einem Teilerfolg führen, die das Eigentum wieder tragfähig machen wollen. Hierher gehören die Bemühungen um eine breite Eigentumsstreuung und eine neue Form der Repräsentation dieser Eigentumsinteressen. Das Problem hierbei ist die Repräsentation. Ein anderer Weg könnte darin bestehen, die Unternehmen, in erster Linie die Großunternehmen, gleichsam zu veröffentlichen, wie dies schon Gustav von Schmoller in den neunziger Jahren vorausgesagt hat. Dies wäre möglich durch Errichtung von Kontrollinstanzen, in denen alle vom Unternehmensablauf vital Betroffenen bzw. alle vom Unternehmensschicksal Abhängigen vertreten sind. Das wäre zu rechtfertigen, indem man sich sagt: Wenn das wirtschaftliche Schicksal irgendwelcher Gruppen entscheidend vom Unternehmen geprägt wird, dann sollen diese Gruppen auch irgendwie repräsentativ vertreten sein in einem Kontrollorgan. Wenn wir uns die Zusammensetzung der Aufsichtsräte einmal ansehen, wird eine gewisse Tendenz in dieser Richtung deutlich. Ein dritter, allerdings auch nicht unproblematischer Weg ist die Bildung einer Art von kleiner Koalition zwischen den Vertretern des Eigentums bzw. Eigentumsinteresses und den Vertretern der Arbeitnehmerschaft, des Arbeitsinteresses. In Richtung der Etablierung eines derartigen Interessenverbunds zielt die Erweiterung der Mitbestimmung. Da es nicht so sehr um das Mitspracherecht der Belegschaften, sondern um die Etablierung von Repräsentativorganen geht, ist immer wieder sicherzustellen, daß das geäußerte Interesse tatsächlich Ausdruck eines integrierten Gruppenstandpunkts ist.

Man darf nicht verkennen, daß die Unternehmen in einer modernen Volkswirtschaft nicht mehr allein von Kapital und Arbeit im traditionellen Sinne getragen werden, obwohl man das manchmal sogar noch in Lehrbüchern lesen kann. Sie werden im wesentlichen auch von einer Schicht hochqualifizierter Experten mitgetragen, die weder einseitig vom Kapital abhängen, noch im traditionellen Sinne Vertreter der Arbeitnehmerschaft sind, sondern dem Organisationsinteresse dienen. Wer diese gleichsam technokratische Struktur unserer modernen Großunternehmen übersieht, geht an der Wirklichkeit vorbei. Außerdem ist auch die Unternehmensautarkie, die Grundlage einer unternehmensinternen Interessenkoalition wäre, heute fast eine Fiktion. Unternehmenspolitik kann nicht mehr ohne Berücksichtigung gesamtwirtschaftlicher Erfordernisse verwirklicht werden.

In zunehmendem Maße wird die Leitung insbesondere größerer Unternehmen eine Aufgabe sein, die nur durch erheblichen Einsatz von Sachlogik, verbunden mit einer Art staatsmännischer Klugheit praktiziert werden kann. Voraussetzung hierfür ist aber neben der entsprechenden Qualifikation der beteiligten Personen auch deren Unabhängigkeit für Sachentscheidungen. Im 19. Jahrhundert gab das Eigentum dem Unternehmer eine entsprechende Unabhängigkeit, allerdings innerhalb der Grenzen, die durch das Marktgeschehen verursacht waren. Heute stehen die leitenden Personen vor dem schwierigen Problem, trotz vielfacher erkennbarer Abhängigkeiten, die fast unlöslich miteinander verwoben sind, dennoch den Mut zu haben, das für das Unternehmen Richtige zu tun und sich hierbei von sachlichen Überlegungen leiten zu lassen. Es geht also darum, Spielraum für sachliche Überlegungen und deren Durchsetzung zu gewinnen, die von den Beteiligten als sinnvoll und auch als sozial tragbar anerkannt werden.

6. Strukturen der Mitwirkung und Mitbeteiligung

Die Notwendigkeit, das industrielle Arbeitsverhältnis als solches unter Anerkennung der bestehenden Interessengruppen institutionell zu stabilisieren, erfordert auch Initiativen auf Unternehmensebene. Das Hauptproblem hierbei war zunächst die Umwandlung der einseitigen Weisungsbefugnisse des Arbeitgebers und der Fremdbestimmung des Arbeitnehmers in ein System der Zusammenarbeit mit kontrollierbaren Abhängigkeitsformen. Eine kontinuierliche Entwicklung führte über die ersten Versuche einer „konstitutionellen Fabrik" bis zum heute geltenden Betriebsverfassungsgesetz mit seiner Einrichtung der Betriebsräte und zu den erweiterten Bestimmungen des Gesetzes über die Mitbestimmung. Das Ergebnis ist eine Abschwächung der einseitig vom Arbeitgeber bestimmten betrieblichen Machtstruktur durch die Institutionalisierung von Verhaltensregeln im Rahmen einer gesetzlich sanktionierten Unternehmens- und Betriebsverfassung, die durch Arbeitsordnungen und Betriebsvereinbarungen ergänzt wird.

Das moderne Unternehmen ist eine hochorganisierte, straff koordinierte technisch-wirtschaftlich-soziale Leistungseinheit. In ihr wird der Mensch intensiver als bisher auf seine Aufgaben vorbereitet und während ihrer Durchführung unterstützt. Er muß aber auch mehr als bisher Verständnis für übergreifende Zusammenhänge, den Willen zur Mitarbeit und eine ständige Lernbereitschaft mitbringen. Man könnte angesichts dieser Anforderungen vom „mündigen Arbeitnehmer" sprechen. Soll aber der Arbeitnehmer eigenverantwortlich im Betrieb tätig sein, denn das ist ja die Grundbedeutung der Mündigkeit, dann muß er in gleichem Maße Mitwirkungsrechte besitzen.

Allerdings ist die Tatsache, daß es Arbeitnehmer und Arbeitgeber gibt, einzelbetrieblich trotz aller Bemühungen um „Mitunternehmertum" und „Partnerschaft" nicht zu ändern. Es ist angesichts der Erfahrungen in den Ostblockstaaten auch zu fragen, ob sie überhaupt grundlegend geändert werden kann, ob also große Industriebetriebe etwa genossenschaftlich organisiert werden können. Wir müssen wohl davon ausgehen, daß es im Betrieb für die nächste Zukunft weiterhin eine ungleiche Verteilung von Entscheidungs- und Kontrollbefugnissen geben wird, ganz gleich, wem der Betrieb gehört. Aber die Art der Zielfindung und der Funktions-

wahrnehmung kann sich ändern. In einer Gesellschaft von verantwortungsbewußten Staatsbürgern darf der Betrieb kein autoritär gelenkter Fremdkörper sein.
Die industrielle Lebensform, die sich gegenwärtig abzuzeichnen beginnt, ist durch eine umfassendere Anteilnahme des Menschen am gesamten Unternehmensgeschehen, durch eine größere „Mündigkeit" des Arbeitnehmers gekennzeichnet. Der Betrieb erscheint immer weniger als sozialer Fremdkörper, gegen den man sich auflehnt, sondern als ein grundlegender Teil unserer sozialen Wirklichkeit, mit dem man sich positiv auseinandersetzen muß. Gleichzeitig wachsen aber auch die zu bewältigenden Probleme. Das Los des proletarisierten Arbeiters, der zu einem Hungerlohn sich und die Seinen ernähren mußte, war hart. Die Bürde des Arbeitnehmers, der die Verantwortung für das Betriebsgeschehen teilt, von dem sich der Proletarier distanzieren konnte, ist auch nicht leicht, selbst wenn sie mit hohen Löhnen verbunden ist. Es ist aber ein menschlicheres Los.

6.1 Die Mitwirkung der Arbeitnehmer im Betrieb

Die Struktur des modernen Betriebes weist ein immanentes Spannungsverhältnis auf, das sich auf seine Stellung im Wirtschaftsleben auswirkt. Jeder Betrieb ist sowohl eine Leistungseinheit als auch ein soziales Gebilde. Er dient zur Erstellung von Wirtschaftsleistungen und ist zugleich die Stätte organisierter Zusammenarbeit von Arbeitskräften, die hierdurch ihren Lebensunterhalt erwerben. Ohne einen dauerhaften wirtschaftlichen Erfolg kann kein Betrieb bestehen. Deshalb sind Rentabilität und Effizienz des Betriebes als Maßstäbe für die Messung seiner Wirtschaftsleistung von grundlegender Bedeutung. Es darf aber nicht vergessen werden, daß jede betriebliche Leistung an Voraussetzungen sozialer Art gebunden ist. Ohne Kooperation und Koordination der Arbeitskräfte bleibt das betriebliche Leistungspotential ungenützt.
Zu Beginn der Industrialisierung war eine Auffassung vom Betriebsgeschehen weit verbreitet, die den Betrieb gleichsam als eine Art Maschine ansah, für deren Steuerung und richtigen Einsatz entsprechende Ingenieurkenntnisse erforderlich sind. Auch heute begegnet man noch dieser Meinung, daß technisch-wirtschaftliche Gesetzmäßigkeiten bzw. Steuerungsmechanismen auch komplexe betriebliche Arbeitsvollzüge integrieren könnten. Sie schaffen aber stets nur die Grundlage für die sinnvolle

Eigenleistung jeder Arbeitskraft. Ohne ein gewisses Mindestmaß an Eigenverantwortlichkeit und Initiative, an persönlicher Bejahung der Betriebsdisziplin und Hinnahme der betrieblichen Ordnung läßt sich das Betriebsgeschehen nicht im Hinblick auf die zu erstellende Leistung optimal koordinieren. Die modernen Betriebe sind weniger denn je als bloße Produktionsapparate zu verstehen. Dies wird sofort klar, wenn wir uns vergegenwärtigen, wie sehr häufige Fehlzeiten, ein überdurchschnittlich hoher Krankenstand in einer Abteilung, ein häufiger Arbeitsplatzwechsel, bewußte Leistungszurückhaltung bei Akkordarbeit, Streitereien zwischen Abteilungen, egoistische Auslegungen von betrieblichen Anordnungen usw. den Arbeitsablauf hemmen können. Wir müssen also feststellen, daß die Betriebe ein hinreichendes Ausmaß sozialer Integration aller Belegschaftsmitglieder brauchen, um die beabsichtigte Wirtschaftsleistung kontinuierlich erbringen zu können. Als soziale Integration soll hierbei das am Interessenausgleich orientierte sinnvolle Zusammenwirken aller Beteiligten verstanden werden. Nur unter dieser Voraussetzung wird die betriebliche Rahmenordnung, wie sie sich in Funktionen und Vollmachten, in betrieblichen Normen und den verschiedenen Informationsprozessen niederschlägt, von den Beteiligten bejaht. Umgekehrt kann aber auch nur ein hohes Leistungsniveau und bei den vom Markt abhängigen Betrieben eine vom Markt honorierte Leistung auf die Dauer die soziale Integration gewährleisten. Wird der Wirtschaftszweck des Betriebes nicht erfüllt, droht der Verlust des Arbeitsplatzes. Also muß auch bei der Verbesserung der Zusammenarbeit immer das Moment der Wirtschaftlichkeit berücksichtigt werden.

Diese einleitenden Bemerkungen verdeutlichen das Problem, das hinter unserem Thema steht. Wie kann die soziale Integration im Betrieb mit Hilfe einer mehr oder weniger umfassenden Demokratisierung so gestaltet werden, daß dadurch die Beteiligten ein hohes Niveau wirtschaftlicher Leistung erzielen und gleichzeitig genügend Spielraum für den sozialen Interessenausgleich behalten?

Mitwirkung als Integrationsfaktor

Die Form, in der sich die soziale Integration im Betrieb vollzieht, hängt von dem jeweils erreichten kulturellen Niveau der betreffenden Gesellschaft ab. Weitsichtige Fachleute erkannten schon gegen Ende des vorigen Jahrhunderts, daß der moderne Mensch im Betrieb ebenso wenig wie in anderen Bereichen unserer Gesellschaft eine völlige soziale Abhängigkeit hinnehmen kann. So schrieb Gustav von Schmoller bereits

1892: „Unsere demokratische Zeit erträgt an keiner Stelle, wo viele erwachsene, verheiratete Männer frei zusammenwirken, daß einige nur befehlen, alle übrigen nur gehorchen".[1] Inzwischen ist die Überzeugung Allgemeingut geworden, daß die Betriebe in einer demokratischen Gesellschaft nicht Inseln der Fremdbestimmung sein können. Was bedeutet aber Mitwirkung der Arbeitnehmer im Betrieb? Wir müssen ja davon ausgehen, daß der Demokratisierungsprozeß sich sowohl nach der Form als auch dem Inhalt nach der Struktur des jeweiligen Sozialbereiches richten muß. Auf die betriebliche Wirklichkeit bezogen bedeutet dies, daß die Extrempositionen einer rein herrschaftlichen Struktur etwa in der Form des Herr-im-Hause-Standpunktes ebenso wenig heute noch durchsetzbar sind, wie eine rein genossenschaftliche Struktur, bei der alle Belegschaftsmitglieder mit gleichem Stimmrecht über alle wesentlichen Entscheidungen abstimmen. Solche Vorstellungen sind utopisch, weil sich aus der Differenzierung der verschiedenen Funktionen im Arbeitsablauf, z. B. zwischen Arbeiter und Meister, zwischen Sachbearbeiter und Abteilungsleiter, zwischen Produktion und Kontrolle, zwischen Verkauf und Rechnungswesen bestimmte Ungleichheiten und wechselseitige Abhängigkeiten ergeben. Sie sind zwar rein sachlicher Art, wirken sich aber auf die betriebliche Stellung und das Gewicht des eigenen Urteils und des eigenen Handelns unweigerlich aus.

Deshalb zeigen auch die ersten Ansätze zur betrieblichen Demokratisierung mehr oder weniger „konstitutionelle" Formen. Es ging zunächst darum, den Belegschaften gewisse Grundrechte zu vermitteln, wie z. B. ein Beschwerderecht, ein Vertretungsrecht gegenüber der Betriebsführung, ein Informationsrecht in allen für die Belegschaft wichtigen Belangen und schließlich auch ein Mitspracherecht hauptsächlich im personalen und sozialen Bereich. Eugen Rosenstock, der sich mit Nachdruck für die Mitwirkung des arbeitenden Menschen an der Gestaltung des Lebensraumes „Betrieb" eingesetzt hat, versprach sich besonders viel von der Einrichtung eines „Audienzrechtes", wie er es nannte. Er meinte, es könne geradezu eine soziale Revolution einleiten, indem es Gegengewichte gegen die reine Betriebshierarchie schaffe und gleichsam Nervenbahnen installiere, die von den Gliedern zum Zentrum zurücklaufen. Inzwischen haben diese und andere Überlegungen ihren juristischen Niederschlag im Betriebsverfassungsgesetz gefunden, das

[1] Vgl. G. Schmoller, Über die Entwicklung des Großbetriebes und die soziale Klassenbildung, in: Preußische Jahrbücher 69 (1892)

man als soziales Grundgesetz unserer deutschen Betriebe bezeichnen kann. Um seine Auswirkungen auf eine innerbetriebliche Demokratisierung zu überprüfen, muß man sich jedoch vergegenwärtigen, daß es wichtige Reservate der Betriebsführung gibt. Sie beziehen sich im wesentlichen auf Arbeitsplanung, Arbeitsablauf und Arbeitskontrolle sowie auf die grundlegenden wirtschaftlichen Entscheidungen über Kombination und Einsatz der Produktionsfaktoren und die Verwendung des Ertrages. Diese Reservate werden damit begründet, daß eine Demokratisierung in diesem Sektor die Funktionsfähigkeit der Betriebe in Frage stellen würde. Außerdem ist zu beachten, daß die Demokratisierung betrieblicher Abläufe, wo sie durch das Gesetz ermöglicht wird, doch in Form einer repräsentativen Interessenvertretung der Arbeitnehmerschaft erfolgt. Überbetrieblich vertritt das Mitbestimmungsgesetz dies Prinzip. Hier stellen sich wie bei allen Repräsentativvertretungen gewisse Entfremdungserscheinungen zwischen Repräsentanten und Wählerschaft ein. Sie sind auf die notwendige Bürokratisierung der demokratischen Meinungsäußerung und Willensbildung zurückzuführen und zeigen sich in einer relativ geringen Beteiligung der Belegschaften an der Arbeit ihrer Interessenvertreter. So wird in den meisten Betrieben auf personellem und sozialem Gebiet auch heute noch mehr *für* die Belegschaft als *mit* der Belegschaft getan, auch seitens der von ihnen gewählten Interessenvertreter. Allerdings zeigen sich verschiedenartige Versuche, diese Phase eines wohltätigen, gemäßigten Autoritarismus durch Intensivierung der individuellen Mitarbeiterförderung und durch Möglichkeiten für die Gruppeninitiative etwa durch Gespräche, Beratungen, Vorschlagsrechte usw. zu überwinden. Diese Versuche und Experimente haben sich aber stets mit dem Argument auseinanderzusetzen, daß eine soziale Integration im Betriebe auf der Basis einer mündigen, mitwirkenden Belegschaft nur in dem Rahmen gefördert werden könne, der eine Beeinträchtigung der wirtschaftlichen Leistungsfähigkeit ausschließe. Mit dieser These wollen wir uns nun auseinandersetzen.

Autonomie der Betriebsführung

Im allgemeinen wird die Auffassung, daß Wirtschaftlichkeit im Betriebe nur durch autonome Entscheidungen der Betriebsführung garantiert werden könne, damit begründet, daß es bei diesen Entscheidungen in erster Linie um Sachentscheidungen gehe. Sie müßten dazu noch häufig mit großer Schnelligkeit und entsprechendem Durchsetzungsvermögen vorgenommen werden. Nun ist es ohne weiteres klar, daß angesichts der sehr komplexen Arbeitsabläufe, insbesondere in den Großbetrieben, und der vom einzelnen kaum mehr zu überschauenden, geschweige denn zu beurteilenden technisch-wirtschaftlichen Grundlagen des Betriebsgeschehens in größeren Betriebsversammlungen nicht ohne weiteres über Produktionsprogramme debattiert und entschieden werden kann. Kein Betrieb kann es sich auf die Dauer leisten, das Fachurteil durch politische Mehrheitsbeschlüsse zu ersetzen. Andererseits muß die Belegschaft als entscheidender Faktor des Betriebsgeschehens ernst genommen werden. Sie ist aber nicht der einzige Partner der Betriebsführung. Dieser Sachverhalt zeigt sich auch darin, daß die Betriebsführung nicht allein an die Normen etwa des Betriebsverfassungsgesetzes oder allgemeiner arbeitsrechtlicher Bestimmungen gebunden ist. Sie muß ebenso die Vorschriften des Handelsrechtes, des Aktien- oder GmbH-Gesetzes oder anderer Wirtschaftsgesetze beachten, außerdem natürlich die allgemeinen Normen des gesellschaftlichen Lebens. Durch die wachsende internationale Verflechtung, z. B. am Kapitalmarkt, die durch die Aktivität der EG-Staaten wesentlich gefördert wird, ergibt sich außerdem die Notwendigkeit, international geltende Normen zu berücksichtigen. Die internationale Kooperation von Firmen und von Kapitalgebern wird z. B. am ehesten dann reibungslos verlaufen, wenn gleichartige Auffassungen über die Aufgaben der Betriebsführung und der Belegschaft bzw. über die Autonomie der einen und das Mitspracherecht der anderen bestehen. Diese Hinweise zeigen sehr deutlich, daß von einer völligen Autonomie der Betriebsführung oder auch nur derjenigen, die für die Durchsetzung des Wirtschaftlichkeitsprinzips im Betrieb verantwortlich sind, keineswegs die Rede sein kann. Hier gilt sogar im besonderen Maße die Notwendigkeit, Interessen zu berücksichtigen und zum Ausgleich zu bringen. Allerdings muß der Maßstab des Ausgleiches die betriebliche Leistung sein, wie sie vom Markte honoriert wird.

Der Spielraum, der von Situation zu Situation den Betriebsführungen gegeben ist, kann zweifellos dazu dienen, die Interessen der Belegschaft stärker zu berücksichtigen. Jedoch sind gerade in den Extremfällen, in denen die Belegschaften vital betroffen werden, z. B. bei Entlassungen oder Umsetzungen als Auswirkungen wirtschaftlich-technischer Strukturwandlungen oder sogar bei Betriebsstillegungen, wie etwa im Kohlebereich, diese Spielräume eng begrenzt. Als Faustregel kann man davon ausgehen, daß immer dann, wenn ein Betrieb eine günstige Marktposition hat, auch der Spielraum für die Förderung der sozialen Integration im Betrieb durch Erweiterung des Demokratisierungsprozesses wächst, daß hingegen in wirtschaftlichen Notzeiten dieser Spielraum erheblich eingeengt wird.

Aus diesen Darlegungen könnte der falsche Eindruck entstehen, daß eine verstärkte innerbetriebliche Mitwirkung der Arbeitnehmer die Führungsentscheidungen in jedem Falle erschweren oder sogar verzerren würde. Dies wäre nur dann der Fall, wenn die Sachlichkeit der Entscheidungen gefährdet wäre. Andererseits ist die wirtschaftliche Führungsspitze des Betriebes stets auf die Zusammenarbeit mit der Belegschaft angewiesen. Sie ist aber nur durch Mitverantwortung und Mitbeteiligung zu erreichen, die selbstverständlich im Rahmen der Betriebsordnung nach der jeweiligen Funktionswichtigkeit abzustufen sind. Soll z. B. eine neue Produktionsanlage gebaut werden, so werden die Menschen, die mit dieser Anlage später unmittelbar in Berührung kommen, diese in Betrieb nehmen und in Betrieb halten müssen, mehr dazu sagen können als die Belegschaftsmitglieder, die als Vertreter im Außendienst stätig sind. Damit ist zugleich schon angedeutet, daß Demokratisierung im Betriebsleben keineswegs unbedingt begrenzt sein muß auf die Rechte und Pflichten der rechtlich garantierten Belegschaftsvertretung, d. h. des Betriebsrates. Es gibt außerdem noch viele Möglichkeiten und Wege, zu wichtigen Beratungen und Entschlüssen die jeweils beteiligten Belegschaftsmitglieder hinzuzuziehen bzw. sie rechtzeitig über Änderungen im Arbeitsablauf zu informieren und auch ihre Vorschläge anzuhören. Es hat sich immer wieder herausgestellt, daß eine solche Form der Mitwirkung für die Betriebsführung ein sehr wesentliches Korrektiv ihrer eigenen, notwendigerweise auch begrenzten Sichtweise sein kann. Betriebsentscheidungen sehen am grünen Tisch immer anders aus als in der Praxis, und es ist deshalb ein Gebot nicht nur der sozialen, sondern auch der wirtschaftlich-technischen Vernunft, die Meinung aller Beteiligten ernst zu nehmen.

Problematisch wird die innerbetriebliche Demokratisierung allerdings dann, wenn es um die Verteilung des wirtschaftlichen Betriebsergebnisses geht. Hier sind die Interessen außerordentlich unterschiedlich. Schon in den Aktionärversammlungen kann man feststellen, daß über die Höhe der zu zahlenden Dividende keineswegs immer Einigkeit besteht. Um so größer wären die Konfliktmöglichkeiten, wenn die Belegschaft direkt mitzuentscheiden hätte, wie hoch Löhne und Gehaltszahlungen des Betriebes sein sollen.[1] Es wird also gerade im Hinblick auf die soziale Lage der

[1] Es gibt allerdings Anhaltspunkte dafür, daß auch dann sachliche Gesichtspunkte sich

Belegschaft immer unterschiedliche Interessenstandpunkte geben, die nur auf dem Wege des Kompromisses einen Ausgleich finden werden.
Wir können also feststellen, daß für die Beantwortung der Frage, inwiefern innerbetriebliche Demokratisierung die wirtschaftliche Autonomie, insbesondere der Betriebsführung, beeinflusse, es nicht unerheblich ist, in welchem Maße die Entscheidungen sachlich vorgegeben oder aber auf dem Wege des Kompromisses ausgehandelt werden. Man wird jedoch davon ausgehen können, daß ein gewisser Spielraum für Sachentscheidungen der Betriebsführung ebenso unerläßlich ist wie die Förderung der freiwilligen Mitwirkung aller Belegschaftsmitglieder zumindest an der Vorbereitung und an der Durchführung betrieblicher Angelegenheiten, selbstverständlich nach Maßgabe des jeweiligen Sachverstandes.
So zeigt sich bei näherer Analyse, daß der Gegensatz zwischen innerbetrieblicher Demokratisierung und wirtschaftlicher Autonomie, zwischen der sozialen Integration und der Durchsetzung wirtschaftlich-technischer Sacherfordernisse eher ein konstruierter als ein wirklicher Gegensatz ist. Moderne Unternehmensleitungen brauchen Spielraum für Sachentscheidungen und außerdem einen engen wechselseitigen Kontakt zur Belegschaft, der niemals durch einseitige Befehlsübermittlung zu erreichen ist. Für die Förderung dieses Kontakts, für die soziale Gestaltung des Betriebes und damit für die Erhöhung der sozialen Integration im Betrieb gibt es kein Patentrezept. Durch die Repräsentation der Arbeitnehmerinteressen seitens der Betriebsräte ist manches erreicht worden. Vieles läßt sich darüber hinaus aber nur durch entsprechende Formen der sozialen Betriebsführung, insbesondere der Aktivierung des Mitarbeiterinteresses durch Mitarbeiterförderung erreichen.

Mitarbeiterförderung als Voraussetzung

Mehrfach wurde auf die erwähnte Tatsache hingewiesen, daß Mitwirkungsrechte im Betrieb nur nach Maßgabe des Sachverstandes gegeben werden können, wenn der Betriebszweck, die Erstellung einer wirtschaftlichen Leistung, nicht gefährdet werden soll. Deshalb hängen Fortschritte in der betrieblichen Mitwirkung der Arbeitnehmer entscheidend von den Förderungsmaßnahmen zur Verbesserung der Kenntnisse und Fertigkeiten der Mitarbeiter ab. Je größer der Anteil an Personen in der Belegschaft wird, die neben der Beherrschung arbeitsplatzgebundener Fertig-

auf die Dauer durchsetzen. Vgl. G. Arminger, Gehaltsfindung als Einigungsprozeß. Beiträge zur Sozialforschung Heft 4, Linz 1973

keiten einen Überblick über gesamtbetriebliche Zusammenhänge und darüber hinaus ein tiefergehendes Verständnis für wirtschaftliche, technische und soziale Probleme überhaupt haben, desto eher wird die Meinung der Belegschaft respektiert werden. Da mit einer ständigen Verstärkung von Aus- und Fortbildungsmaßnahmen zu rechnen ist, werden sich die Voraussetzungen für ein besseres Verständnis des Betriebsgeschehens seitens der Belegschaft wesentlich bessern. Hierzu wird auch das sich allmählich anhebende Niveau der allgemeinen Schulbildung beitragen. Je mehr Personen im Betrieb aber eigenverantwortlich handeln und an betrieblichen Entscheidungsprozessen mitwirken, desto breiter wird die Basis für ein demokratisches Zusammenwirken aller betrieblichen Kräfte. Gegenwärtig ist diese reale und unerläßliche Basis innerbetrieblicher Demokratisierungsprozesse zumindest in Großunternehmungen noch recht schmal. Bei mangelnder Qualifikation der Belegschaft und einer geringen Verbundenheit des einzelnen mit seiner Arbeitsaufgabe wird die Repräsentation der Arbeitnehmerinteressen durch Funktionäre wahrscheinlich noch lange die einzige und bestmögliche Lösung sein. Es gibt aber weite Kreise in unserer Arbeiter- und Angestelltenschaft, die darüber hinaus ein entwicklungsfähiges Potential für eine echte persönliche Mitwirkung besitzen. Dieses Potential zu entwickeln, ist nicht allein eine Aufgabe der Gewerkschaften, die natürlich Nachwuchs für ihre eigenen Führungspositionen brauchen. Es handelt sich hier auch um eine wichtige Aufgabe für die Betriebsführung selbst. Betriebliche Zusammenarbeit ist nur auf der Basis gegenseitiger Achtung und gegenseitigen Verständnisses möglich. Darüber hinaus hängt sie von der Kenntnis übergreifender Zusammenhänge ab, die man berücksichtigen muß. Mitarbeiter, die diese Grundlagen besitzen, können die Konsequenzen ihres Tuns abschätzen und sich im Rahmen der rationalen Betriebsorganisation selbst rational verhalten. Wo diese Voraussetzungen jedoch fehlen, bleibt selbst einer aufgeklärten Betriebsführung nur das Mittel der Fremdbestimmung und der Fremdkontrolle.

Demokratisierungsstrategien

Was muß im einzelnen geschehen, um die Mitwirkungspotentiale der Arbeitnehmer im Betrieb zu erhöhen und zu aktivieren?

Ein wichtiger Ansatzpunkt ist die *Vergrößerung des Spielraums* der Mitarbeiter *im technisch-wirtschaftlich determinierten Arbeitsvollzug.* Hier entstehen grundlegende Herausforderungen für die moderne Arbeitswissenschaft, die bisher eher unkritisch als Vollzugsinstrument des Rationalisierungsprozesses der Arbeit angewendet wurde. Den betrieblichen Rationalisierungsexperten kam sogar die Aufgabe zu, durch Arbeitsbestgestaltung das Arbeitsverhalten zu disziplinieren. Die Idee des mündigen Arbeitnehmers verträgt sich aber nicht mit der Anwendung von Rationalisierungsmaßnahmen als Disziplinierungsinstrument. Komplexe Rationalisierung erweist sich immer mehr nur dann als erfolgreich, wenn sie sich als ein Prozeß wechselseitiger Information und damit zugleich auch als Ergebnis eines Prozesses des Interessenausgleichs aller Beteiligten etabliert. Dies bedeutet hinsichtlich der Festlegung von Arbeitsfunktionen und damit hinsichtlich der Arbeitsplatzgestaltung:

1. Verzicht auf einseitige Interessendurchsetzung;
2. Erzielung leistungssteigernder Ergebnisse nicht auf Kosten, sondern möglichst zugunsten des arbeitenden Menschen;
3. Anwendung der Ergebnisse der Arbeitsplanung und Arbeitsablaufgestaltung unter Berücksichtigung der wohlverstandenen Interessen aller Beteiligten, die auch zu Worte kommen müssen.

Wo der Wille zur verstärkten Mitwirkung am Arbeitsplatz vorhanden ist, kann die Arbeitswissenschaft zu einem wichtigen Hilfsmittel werden. Mit Hilfe ihrer Erkenntnisse und der dadurch geschaffenen Spielräume für Eigenentscheidungen rückt die Emanzipation der Arbeit von einem bloßen Objekt, vom rein disponiblen Faktor, zum Subjekt, zum dispositiven Faktor in Reichweite. So kann der arbeitende Mensch vom Gegenstand der Rationalisierung zu ihrem Träger und Vollender werden.

Konkrete Fortschritte in dieser Richtung zeigen sich vor allem in den Versuchen der Arbeitserweiterung und Arbeitsanreicherung. Oft sind diese Versuche auch mit der Bildung kleiner, relativ autonomer Arbeitsteams und Entscheidungseinheiten verbunden, denen nur eine allgemeine Arbeitsaufgabe, jedoch nicht die näheren Umstände ihrer Erfüllung vorgegeben werden. Anreicherung der Arbeitsfunktion mit Spielraum für Eigeninitiative und Eigenverantwortung beziehungsweise Eigenentscheidung sowohl für den einzelnen Arbeitnehmer als auch für kleinere oder größere Projektteams schafft eine wichtige Voraussetzung für die Aktivierung von Demokratisierungspotentialen am Arbeitsplatz. Da die hierdurch mögliche teilweise Entbürokratisierung des Arbeitsvollzugs auch von fortschrittlichen Vertretern des Managements als wünschenswert erkannt wird, bestehen einige Chancen, sie zu verwirklichen. Hierzu trägt auch der objektive Rationalisierungstrend bei, der bei Erreichung der Automatisierungsphase neue Arbeitssysteme entstehen läßt, in denen

wenigstens für Teile der Arbeitnehmerschaft durch Verstärkung der Aufsichts- und Kontrollfunktionen mehr Mobilität geschaffen wird.
Die *Demokratisierung der Kooperation im Arbeitsablauf* läßt sich im wesentlichen mit Hilfe einer Ersetzung des autoritären durch einen kooperativen Führungsstil einleiten. Zunächst ist ein objektiver Trend zu verzeichnen, der zu einer gewissen Gewaltenteilung im Rahmen der Betriebshierarchie führt. An die Stelle von Einzelpersonen mit umfassender Vollmacht treten Kollegien. Schon die unterschiedliche Verteilung der Sachkenntnisse und die Berücksichtigung mehrerer Standpunkte erfordern es, daß Entscheidungen immer weniger individuell, sondern durch Verhandlungen in derartigen Gremien oder zwischen verschiedenen Gruppen gefällt werden. Diese Aufspaltung der Führungsfunktionen führt allmählich zu einer neuen Einstellung der Betriebsführung, die nun daran orientiert ist, mit selbständigen Mitarbeitern zu kooperieren. Ein ursprünglich individualistisches Befehlssystem wird allmählich abgelöst durch ein System bi- und multilateraler Verhandlungen zwischen verschiedenen Gruppen. Diese Form der Lenkung kann nicht ohne weiteres demokratisch genannt werden, obwohl das häufig geschieht. Sie ist eher durch eine partielle Demokratisierung auf der Grundlage einer konstitutionellen hierarchischen Schichtung gekennzeichnet. Dennoch hat eine Entwicklung in dieser Richtung kaum zu überschätzende Auswirkungen auch auf die Chancen einer Mitwirkung und Mitbestimmung am Arbeitsplatz, weil dadurch die Anschauungen der hierarchisch untergeordneten Mitarbeiter im Betrieb allmählich an Gewicht zunehmen. Als Demokratisierungsstrategie kommt also die Förderung des kooperativen Führungsstils durchaus in Frage. Nur muß man sich darüber im klaren sein, daß bei Mißachtung seiner Voraussetzungen statt des gewünschten Ergebnisses einer tatsächlichen Kooperation die nur formale, bürokratische Kooperation als Zerrbild ursprünglicher Intentionen entsteht. Der kooperative Führungsstil erfordert sozialpädagogisch ausgebildete Vorgesetzte und verantwortungsbewußte Mitarbeiter mit einem tiefergehenden Verständnis für betriebliche Zusammenhänge und Arbeitssituationen, die mehr aufgaben- als kompetenzstrukturiert sind.
Erfahrungen mit der Anwendung des kooperativen Führungsstils sowohl im Büro- als auch im Werkstattbereich liegen bereits vor. Besonders interessant sind in diesem Zusammenhang die Erfahrungen mit dem Scanlon-Plan, der kooperative Führungsformen in institutionalisierte Organisationszusammenhänge einbettet. Objektive Möglichkeiten der Zusammenarbeit werden durch Abbau von Kommunikationsbarrieren, durch

Förderung der Gruppeninitiative insbesondere bei Vorschlägen und durch Verbesserung der Leistungsmotivation durch Bonuszahlungen geschaffen.[1]

Die *Aktivierung von Interessen* ist eine weitere Grundvoraussetzung für betriebliche Demokratisierungsprozesse. Hier liegt auch das Hauptgewicht der politischen Konfrontation, die eine Diskussion der betrieblichen Mitwirkung und Mitbestimmung außerordentlich erschwert. Zweifellos besteht sowohl für den durch Eigentumsrechte abgesicherten Arbeitgeber als auch für die bürokratisch etablierte Gewerkschaft ein Risiko, die Mündigkeit des einzelnen Arbeitnehmers bei der Vertretung seiner Interessen am Arbeitsplatz wirklich anzuerkennen. Der wohltätige Autokrat, der etwas für die Belegschaft und für die Kollegen tut, gewöhnt sich nicht leicht an die Rolle des kreativitätsfördernden Demokraten, der zufrieden ist, wenn die Beteiligten ihre Probleme selbst regeln. Wer aber die Gefahren des bürokratischen Zentralismus gerade in Großorganisationen erkannt hat, dem bietet sich keine andere Alternative als die Förderung der Selbstverwaltung, wo immer dies möglich ist. Außerdem entstehen hierdurch keineswegs zwingenderweise desorganisierte Zerfallsprodukte, sondern eher einander ergänzende, anpassungsfähigere Teileinheiten, die die Zentralinstanzen von unproduktivem Verwaltungsballast entlasten und damit für wirklich grundlegende Koordinierungsarbeit und Zielvorgabe freimachen. Sowohl Arbeitgeber als auch Gewerkschaftsfunktionäre haben deshalb durch die Förderung der direkten Mitwirkung des Arbeitnehmers einiges zu gewinnen, was auch gewisse Risiken rechtfertigt. Zumindest legt die gegenwärtige Situation experimentelle Versuche nahe, damit Möglichkeiten und Grenzen der arbeitsplatzbezogenen Demokratisierung klarer erkannt werden und die Diskussion von ihrem ideologischen Ballast befreit wird.

Aus diesen Erörterungen ergibt sich eine grundsätzliche Strategie zur Förderung der Mitwirkung der Arbeitnehmer. Es ist sehr fraglich, ob eine Mitbestimmung von Repräsentanten der Arbeitnehmer an der Spitze des Unternehmens oder des Betriebes allein für sich genommen die wachsende Abhängigkeit in den unteren Schichten der betrieblichen Sozialstruktur mildern kann. Neben einer Berücksichtigung von Arbeitnehmerinteressen bei Entscheidungen der obersten Betriebsführung sollte deshalb eine partielle Selbstverwaltung in den unteren Einheiten

[1] Vgl. hierzu G. Reber, Der Scanlon-Plan. Ein Beitrag zur Steigerung der betrieblichen Zusammenarbeit, in A. Marx (Hg.), Personalführung Bd. 1, Wiesbaden 1969

der Sozialstruktur eingeführt werden, wofür die verschiedenen im Betrieb vorhandenen Funktionsgruppen einen günstigen Ansatzpunkt bieten. Selbstverständlich kann infolge weitgehender Koordination der Arbeitsprozesse das Ausmaß dieser Selbstverwaltung zunächst nur beschränkt sein. Es gibt aber doch eine Reihe von Aufgaben, die selbständig, womöglich gemeinschaftlich von den unmittelbar Beteiligten gelöst werden könnten. Genauso, wie trotz der Bundes- und Länderparlamente die Gemeinderäte durchaus nicht überflüssig sind, sollte analog hierzu in den Großbetrieben die Funktionsfähigkeit der kleinen untergeordneten Einheiten verbessert werden. Können dann die untergeordneten Glieder des Betriebes nicht allein durch autoritäre Maßnahmen vor allem der unmittelbaren Vorgesetzten, sondern mehr als bisher durch konkrete und unmittelbar durchführbare Rechte und Pflichten in den Arbeitsvollzug integriert werden, so wird ihr Zusammenhalt, weil durch innere Motive seitens jedes Arbeitnehmers freiwillig gestützt, viel stärker, und die Anpassung der einzelnen Mitarbeiter aneinander erfolgt weniger schematisch und wird dadurch lebendiger. Wichtigste Hilfsmittel zur Förderung dieser Selbstverwaltung sind funktionelle Anreicherung der Arbeitsaufgaben im Sinne eines Spielraums für Eigeninitiative, Übergang zum kooperativen Führungsstil, Stärkung der Rechte und Pflichten des einzelnen Arbeitnehmers und Delegation bestimmter Rechte zur Interessenwahrnehmung an teilautonome Funktionsgruppen.

Praktikable Lösungen

Der Spielraum der Betriebsführungen für autonome Wirtschaftsentscheidungen hängt wesentlich vom Rationalitätsgrad der Betriebsorganisation, von der Effizienz des Führungsverhaltens ab. Diese Effizienz wird theoretisch genauso gut durch ein System absoluter Kontrolle wie durch ein System des freiwilligen Zusammenwirkens gestützt, das von der Einsicht und von dem Verantwortungsbewußtsein aller Beteiligten getragen ist. Abgesehen davon, daß die letztere Lösung zweifellos die unserem sozialen Bewußtsein angemessenere ist, darf auch nicht vergessen werden, daß in der Praxis soziale Widerstände nicht durch immer strengere Kontrollen überwunden werden, sondern durch sinnvolle Absprachen unter den Beteiligten. Die Möglichkeiten hierfür sind natürlich ebenso wie die Möglichkeiten für die innerbetriebliche Mitwirkung von Betrieb zu Betrieb, von Branche zu Branche sehr verschieden. Der Versuch, sie zu nutzen, wird aber in vielen Fällen zur Freisetzung neuer Energien und gesellschaftlich wertvoller Grundhaltungen führen, deren gerade unsere hochorganisierte und teilweise schon weitgehend bürokratisierte industrielle Arbeitswelt dringend bedarf. Menschen, die bereit und fähig sind, die Regeln technischer, wirtschaftlicher und sozialer Vernunft zu begreifen und im Betrieb folgerichtig anzuwenden, werden in Zukunft auch Chancen der Mitwirkung über das unmittelbare Arbeitsgeschehen hinaus erhalten können.

Es ist sicherlich deutlich geworden, daß der Prozeß das Ausbaus einer innerbetrieblichen Mitwirkung der Arbeitnehmer ein typisches Beispiel dafür ist, daß soziale Probleme oft mehrere Dimensionen haben. Sie sind nicht durch einfache Modellvorstellungen und auch nicht durch vorzeitige allgemeine Normierung zu lösen. Die betriebliche Arbeitswelt ist von Fall zu Fall so unterschiedlich strukturiert, daß abgesehen von sehr allgemein bleibenden Rahmenordnungen doch immer betriebsspezifische Lösungen gesucht werden müssen. Auch ist es nicht ohne weiteres möglich, Lösungen aus anderen Sozialbereichen in die Betriebssphäre zu verpflanzen, etwa nach dem Muster der parlamentarischen Demokratie Betriebe zu ordnen. Um auf dem Wege der sozialen Unternehmenspolitik, also auf dem Wege zum Ausgleich zwischen sozialen, wirtschaftlichen und technischen Gesichtspunkten voranzukommen, brauchen wir in erster Linie situationsbezogenes Denken und die Fähigkeit zum schöpferischen Kompromiß, d. h. zu einem Kompromiß, der von den Beteiligten als ein fortwirkender Ordnungsfaktor anerkannt wird. Nur im Rahmen einer solchen, sich allmählich herausbildenden Ordnung der Betriebe können soziale Interessen und wirtschaftlich-technische Sachgesichtspunkte dauerhaft ausgeglichen werden. Eine Entwicklung in dieser Richtung bedarf aber auch treibender Kräfte. Ein schöpferisches Management braucht als herausforderndes Gegengewicht die organisierten Arbeitnehmerinteressen. In der wechselseitigen Anerkennung liegt die große Chance, gemeinsam Prozesse des sozialen Wandels einzuleiten.

6.2 Die Betriebskrankenkasse – Modellfall betrieblicher Selbstverwaltung

Im Jahresmittel 1974 waren rund 4,3 Millionen Arbeitnehmer in der Bundesrepublik Deutschland Mitglieder von 988 Betriebskrankenkassen. Unsere Betriebskrankenkassen sind also ein nicht zu übersehender Faktor im Rahmen gesellschaftspolitischer Institutionen und Bestrebungen. Ihre besondere Struktur macht sie zu einem funktional zwar begrenzten, aber dennoch interessanten Modellfall betrieblicher Selbstverwaltung. Dies ergibt sich aus ihrer wesensbestimmenden Eigenart als Mittel betrieblicher Solidarhilfe. Dies soll näher erläutert werden.

Betriebskrankenkassen dienen erstens der *Selbsthilfe*. Sie fungieren nicht als obrigkeitliche Ämter für einen bestimmten zu betreuenden Personenkreis, sondern sie existieren auf der Basis gemeinsamer Beschlußfassung und gemeinsamer Verantwortung aller Beteiligten. Zwar haben die Betriebskrankenkassen mit den anderen Institutionen der gesetzlichen Krankenversicherung das Merkmal des Beitrittszwanges für den größten Teil ihrer Mitglieder gemeinsam. Dieser Zwang des Gesetzgebers erstreckt sich jedoch nur auf das Prinzip der Mitgliederschaft und auf eine bestimmte organisatorische Rahmenordnung. Für den tatsächlichen Vollzug der Selbsthilfe und auch für deren Ausgestaltung gibt es Entscheidungs- und Handlungsspielräume. Angesichts der Gefahr jeder gesetzlichen Krankenversicherung, sich zu einem Instrument des Versorgungsstaates zu entwickeln, wird dieser Aspekt sogar besonders betont, wie z. B. von den Verfassern der Sozialenquete, die feststellen: „Der Gesetzgeber hat noch heute die Chance, die Weichen so zu stellen, daß das System der gesetzlichen Krankenversicherung mehr und mehr zu einem reinen Selbsthilfeinstrument freier Bürger ausgestaltet und auch so verstanden wird.“[1] Es wird zu zeigen sein, daß die Situation der Betriebskrankenkassen sie zu einem derartigen Selbsthilfe-Instrument besonders prädestiniert.

Die Betriebskrankenkassen sind zweitens *Organisationen*, d. h. sie beruhen auf einem zweckorientierten System von mehr oder weniger normierten Verhaltensweisen. Als öffentlich-rechtliche Körperschaften sind sie sogar besonders stark durch Richtlinien und gesetzliche Vorschriften gebunden. Wie für jede Organisation ergibt sich daraus auch für die Betriebskrankenkassen einmal der Zwang zur rational kontrollierbaren Leistung, zum anderen ein versachlichender Arbeitsablauf. Der notwendige Trend zur bürokratischen Handhabung wird aber in der besonderen Situation der Betriebskrankenkassen, wie ebenfalls zu zeigen sein wird, durch das gegengewichtige Element personaler Bezüge stark gemildert. Hierdurch besteht die Chance, den Identifizierungsgrad aller Beteiligten mit dem Organisationszweck zu erhöhen.

Die Betriebskrankenkassen sind dritten *betriebsbezogene und betriebsge-*

[1] Sozialenquete. Soziale Sicherung in der Bundesrepublik Deutschland, Stuttgart, Berlin, Köln, Mainz, o.J., S. 200

bundene Einrichtungen. Ihre Existenz dokumentiert den Charakter des Betriebes als eines sozialen Gebildes. Der technisch-wirtschaftliche Funktionsablauf ist ständig von der sozialen Seite her zu fundieren und abzusichern, was nur durch Respektierung der Grundbedürfnisse des arbeitenden Menschen möglich ist. Verdeutlichen einerseits die Betriebskrankenkassen die soziale Dimension der betrieblichen Zweckorganisation, so wird für ihre Mitglieder andererseits deutlich, wie sehr die betriebliche Entwicklung auch die Möglichkeiten eines solidarischen Lastenausgleichs im Krankheitsfalle mitbestimmt. Die Betriebskrankenkasse ist durch ihre Verflechtung mit dem Betrieb Teil eines für das Selbstverständnis des modernen Menschen grundlegenden Lebensraumes und trägt dazu bei, einerseits das soziale Element in diesem Lebensraum stärker sichtbar zu machen und andererseits die wirtschaftliche Grundlage jeder Sozialleistung nicht zu verschleiern.
Wir sehen aus diesen Erläuterungen, daß die Betriebskrankenkassen über ihre engere Zwecksetzung hinaus einen sehr vielschichtigen Wirkungsbereich haben und daß ihre jeweilige Ausgestaltung ebenso wie die generellen Möglichkeiten, die in dieser Organisationsform liegen, eine akzentuierte Eigenständigkeit im System der gesetzlichen Krankenversicherung begründen. Dies wird nun auch in der folgenden Funktionsanalyse der Betriebskrankenkassen deutlich werden.

Funktionsanalyse der Betriebskrankenkassen

Hinsichtlich des Tätigkeitsbereichs der Betriebskrankenkassen können wir zwischen Haupt- und Zusatzfunktionen unterscheiden. Wie alle gesetzlichen Krankenkassen haben auch die Betriebskrankenkassen die Hauptaufgabe der Risikodeckung des Aufwands für die Krankheitsheilung und der Risikodeckung des Einkommenausfalls wegen krankheitsbedingter Arbeitsunfähigkeit.[1] In diesem Bereich sind ihnen Pflichtleistungen genau vorgeschrieben. Darüber hinaus besteht jedoch ein Spielraum für Mehrleistungen, die über die Regelleistungen hinausgehen, sowie für Ermessensleistungen, für die es keine Norm gibt. Wir können feststellen, daß in der Regel die Betriebskrankenkassen diesen Spielraum durchaus genutzt haben, und die Vielfalt der feststellbaren Lösungen zeigt, daß offensichtlich die besonderen Bedürfnisse der jeweiligen Situation berücksichtigt werden konnten.
Zu diesen schon traditionellen Hauptaufgaben ist in den letzten Jahr-

[1] Sozialenquete a.a.O., S. 213

zehnten mit wachsender Bedeutung der vielschichtige Komplex der sogenannten *Vorsorgemaßnahmen* getreten, der neben einer allgemeinen oder spezifischen gesundheitlichen Aufklärung vor allem prophylaktische Reihenuntersuchungen und Schutzimpfungen sowie die Vorsorgekuren umschließt.

Es kann kein Zweifel darüber bestehen, daß die Betriebskrankenkassen auch eine *gesundheitspädagogische Funktion* haben. Die Erziehung zu einer eigenverantwortlichen Bemühung um die Erhaltung der Gesundheit ist das ganze Leben lang notwendig. Jede Lebensphase stellt neue Anforderungen an die Gesundheit des Menschen und verlangt spezifische Anpassungen des Organismus. Es ist deshalb sicherlich neben einer ganz allgemeinen Aufklärungsarbeit hinsichtlich der Grundsätze der Hygiene im Alltag, insbesondere im Arbeitsleben wesentlich, bei pädagogischen Maßnahmen diese phasenspezifischen Anforderungen zu berücksichtigen. Obwohl sicherlich allen Menschen viel an ihrer Gesundheit liegt, sehen die Probleme für einen jungen Mann, für eine junge Frau anders aus als für den älteren Menschen oder für den nicht mehr im Arbeitsleben stehenden Rentner. Ebenso werden bei unterschiedlichen Belastungen auch unterschiedliche Einstellungen die Folge sein. So wird der Schichtarbeiter andere Gesundheitsprobleme haben als die Stenotypistin oder der leitende Angestellte. Gerade die Arbeitsnähe der Betriebskrankenkasse kann ein Ansporn sein, auch bei gesundheitspädagogischen Maßnahmen gezielt vorzugehen.

Eine *umfassende Prophylaxe* ist nur um den Preis häufiger Untersuchungen durchzuführen. Man denke in diesem Zusammenhang an die Röntgenreihenuntersuchung. Es ist klar, daß hierdurch erhebliche Beitragsmittel gebunden werden. Das gleiche gilt für prophylaktische Maßnahmen in Form von Vorsorgebehandlungen. Für diesen Bereich wird aus wirtschaftlichen Gründen empfohlen, wenn möglich bestimmte Ambulatorien bzw. sogenannte Gesundheitshäuser zu schaffen, die in erster Linie der Prophylaxe und der Diagnostik dienen sollten. Für den Kreis der Versicherten bieten sie erhebliche Vorteile nicht nur im Hinblick auf eine kompetente ärztliche Beratung, sondern auch im Hinblick auf eine kompetente ärztliche Beratung, sondern auch im Hinblick auf die Weg- und Zeitersparnis, wenn die Ambulatorien nicht zu sehr entfernt von der Arbeitsstätte angelegt werden. Für die Betriebskrankenkassen bieten sie hingegen den Vorteil des Kostensenkung, insbesondere überall da, wo bestimmte Geräte auch vom werksärztlichen Dienst mitbenutzt werden können. Allerdings erfordert, wie die Beispiele gezeigt haben, die Einrichtung von Ambulatorien eine sehr genaue Planung und darüber hinaus auch eine entsprechende vorherige Aufklärung des potentiellen Benutzerkreises. Sonst kann es geschehen, daß aus Mißtrauen gegenüber einer zu sehr mit dem Betrieb identifizierten Einrichtung die Benutzungshäufigkeit gering bleibt.

In den letzten Jahren sind die sogenannten *Vorsorgekuren* etwa nach dem Ohlstädter-Muster immer beliebter geworden. Untersuchungen in der Industriearbeiterschaft haben deutlich gezeigt, daß insbesondere die Personen, die einer starken psychischen und physischen Beanspruchung durch ihre Arbeit unterliegen, daran interessiert sind, von Zeit zu Zeit ihre Kräfte zu regenerieren und einem vorzeitigen Aufbrauch vorzubeugen. Es wäre aber sicherlich verfehlt, derartige Vorsorgekuren gleichsam nach dem Gießkannenprinzip oder nach dem zwischen den verschiedenen Interessengruppen ausgehandelten Quotenverfahren durchzuführen. Entscheidend muß hier der Rat eines kompetenten Arztes sein. Dementsprechend kann gezielt vorgegangen werden, was bedeutet, daß nicht allein Rücksicht zu nehmen ist auf den jeweiligen Gesundheitszustand des in Frage kommenden Individuums, sondern auch auf die besondere Belastung bestimmter Gruppen von Versicherten. Auch hier zeigt sich, daß alle Maßnahmen zur Gesunderhaltung des arbeitenden Menschen nach den Anforderungssituationen, d. h. nach besonderen Lebensverhältnissen differenziert werden müssen. Gerade die Betriebskrankenkassen können ihrer gesundheitspolitischen Verantwortung am ehesten dadurch entsprechen, daß sie den Vorteil der Situationsnähe auch in diesem Sinne nutzen.

Die besondere Eigenart der Betriebskrankenkassen zeigt sich in den sehr umfassenden *Zusatzfunktionen*, die sie im Rahmen der betrieblichen Sozialordnung wahrnehmen. Sie resultieren daraus, daß die Betriebskrankenkasse eine Gemeinschaftseinrichtung ist, die auf der gemeinsamen Willensbildung aller Beteiligten beruht. Wenn wir uns vergegenwärtigen, daß etwa 10.000 Mitglieder von Betriebskrankenkassen in deren Selbstverwaltung tätig sind, wird deutlich, in welchem Ausmaße diese Institution Gelegenheit zur Mitwirkung und zur Sammlung von Erfahrungen in dem für den Staatsbürger wichtigen Raum intermediärer Organisationen bietet. In stärkerem Maße als andere Einrichtungen der gesetzlichen Krankenversicherung bieten die Betriebskrankenkassen Chancen für engere Kontakte zwischen allen Beteiligten. Es kennzeichnet sie ein geringeres Ausmaß an Anonymität, das sich erstens in der persönlichen Bekanntschaft mit dem Vorstand, bzw. dem jeweiligen Versicherten-

Vertreter, aber auch mit den verschiedenen Angestellten, und zweitens in der Beschränkung bürokratischer Vollzüge auf ein notwendiges Mindestmaß äußert. Von besonderer sozialpädagogischer Bedeutung ist darüber hinaus die größere Durchschaubarkeit der Beziehung zwischen Mittelaufbringung und Leistungen in einer Betriebskrankenkasse. Dem Versicherten wird der Zusammenhang zwischen persönlichem Verhalten und Funktionsfähigkeit der Selbsthilfeeinrichtung immer wieder beispielhaft vor Augen geführt. Die Bedingungen für ein ordnungsgemäßes und erfolgreiches Funktionieren der Einrichtungen können jederzeit offengelegt und damit auch persönlich erfahren werden.
Trotzdem besteht für jede Betriebskrankenkasse die Zusatzfunktion, das *Mitgliederinteresse* möglichst umfassend zu *aktivieren*. Je mehr jeder Versicherte für die besondere Situation seiner Kasse Verständnis aufbringt, desto besser funktioniert die Selbstverwaltung. In einer Zeit, in der der Trend zur Privatisierung bei allen Arbeitnehmergruppen relativ stark ausgeprägt ist, stoßen derartige Bemühungen auf zahlreiche Schwierigkeiten. In Zukunft wird man noch mehr als bisher alle Möglichkeiten der Erwachsenenpädagogik bis hin zum Einsatz modernster audio-visueller Methoden nutzen müssen, um das Interesse der Mitglieder zu wecken. Solche Bemühungen sind aber um so erfolgreicher, je weniger sie in allgemeinen Geschäftsberichten und Verfahrensprotokollen steckenbleiben. Auf die eigene persönliche Situation, auf ihre Risiken und die Möglichkeiten, diese Risiken durch Solidarhaftung zu verhindern, ist in erster Linie Bezug zu nehmen. Es ist also das konkrete Problem, bezogen auf individuelle Lebenslagen, das die Aufmerksamkeit der Beteiligten weckt. Wo diese Zusammenhänge außer acht gelassen werden, bleibt die Beschäftigung mit Angelegenheiten der Betriebskrankenkassen nur einer kleinen Gruppe von Funktionären vorbehalten, während die breite Arbeitnehmerschicht in einer Konsumentenrolle verharrt. Aus dieser Sicht erscheint dann die Betriebskrankenkasse als Anstalt, bei der gegen Beiträge bestimmte Sozialleistungen käuflich erworben werden können. Wir sehen also, daß es durchaus wesentlich ist, daß die Betriebskrankenkassen ihre Zusatzfunktionen insbesondere hinsichtlich der Weckung des Mitgliederinteresses optimal erfüllen.
Zusammenfassend läßt sich hinsichtlich der Funktionen einer Betriebskrankenkasse feststellen, daß sie über den vom Gesetzgeber vorgeschriebenen Zweck hinaus durch zahlreiche personen- und situationsbezogene Faktoren angereichert werden. Hierbei spielt insbesondere das sozialpädagogische Moment eine wesentliche Rolle, sowohl im Hinblick auf die

Gesundheitsvorsorge als auch im Hinblick auf die demokratische Selbstverwaltung. Die Hauptgefahr für jede Institution, die im Rahmen gesetzlicher Vorschriften umfassende Verwaltungsaufgaben zu erledigen hat, nämlich die Etablierung einer von wenigen Funktionären gelenkten anonymen Bürokratie, ist bei Betriebskrankenkassen grundsätzlich leichter vermeidbar als bei den Mammut-Einrichtungefn anderer gesetzlicher Krankenversicherungen. Allerdings bedarf es auch hier fortgesetzter Impulse und entsprechend gezielter Maßnahmen. Die große Anzahl von Betriebskrankenkassen erlaubt es andererseits auch, immer wieder experimentell die Grenzen des Erreichten in Frage zu stellen und neue Wege zur Funktionserfüllung zu finden.

Die Betriebskrankenkasse im sozialen Spannungsfeld des Betriebes
Im Unternehmen ergeben sich unterschiedliche Positionen mit unterschiedlichen Interessenlagen. So ist es für jeden Betrieb nicht nur erforderlich, den geordneten Arbeitsablauf zu garantieren, sondern darüber hinaus auch den Interessenausgleich zwischen den verschiedenen betrieblichen Gruppen und Individuen zu ermöglichen. Die Betriebskrankenkasse als eine betriebliche Institution bleibt von dieser Konstellation nicht unberührt. In ihrer eigenen, vom Gesetzgeber vorgeschriebenen Struktur weist sie die Elemente eines institutionellen Interessenausgleichs auf der Basis verantwortlicher Mitwirkung aller Beteiligten auf. Im Vollzug der ihr übertragenen Funktionen erweist sich die Betriebskrankenkasse nicht nur als administrativ an die Organisation des Betriebes gebunden. Enge Beziehungen verbinden sie mit den Maßnahmen der betrieblichen Sozialpolitik und der sozialen Betriebspolitik. Hierauf soll nun im einzelnen eingegangen werden.

Als *betriebliche Sozialpolitik* können wir grundsätzlich alle Maßnahmen verstehen, die seitens des Betriebes zum Schutz und zur Verbesserung der materiellen Lage des Arbeitnehmers im Betrieb getroffen werden. Hierzu gehören auch die sehr intensiven Bemühungen um die Gesundheit des arbeitenden Menschen, sei es durch Sicherung vor Unfallgefährdung, sei es durch allgemeine ärztliche Betreuung während der Arbeit. Gerade in diesem Sektor der betrieblichen Sozialpolitik gibt es enge Berührungspunkte mit den Funktionen der Betriebskrankenkasse. Der Krankenstand eines jeden Betriebes weist sowohl hinsichtlich seiner Struktur als auch hinsichtlich seiner zeitlichen Entwicklung spezifische Züge auf. Eine nähere Analyse verweist auf Beeinflussungsfaktoren, die teils vom Betrieb nicht zu vertreten sind, teils aber auch in der besonderen betrieblichen Situation begründet sind. Die zuletzt genannten Beeinflussungsfaktoren stellen selbstverständlich eine entsprechende Herausforderung zur Durchführung prophylaktischer Maßnahmen, etwa seitens des werkärztlichen Dienstes dar. Die Erfahrungen der Betriebskrankenkasse bieten somit wesentliche Impulse, die Gesundheit des arbeitenden Menschen zu verbessern. Hierbei zeichnen sich vor allem zwei Wege ab: erstens Maßnahmen zur Arbeitsplatzverbesserung im Sinne der Verwirklichung einer auch vom ärztlichen Standpunkt vertretbaren Anforderungsstruktur, und zweitens Maßnahmen zum Arbeitsplatzwechsel in den Fällen, in denen ein Werkangehöriger angesichts besonderer konstitutioneller Bedingungen vor gesundheitlichem Schaden zu bewahren ist.

Der Zusammenarbeit zwischen den Betriebskrankenkassen und den Werksärzten ist durch die Leitsätze vom 1. 8. 1957 ein Rahmen gegeben worden, der die wesentlichen Erfahrungen und Probleme berücksichtigt. Es ist einleuchtend, daß die Werkärzte um so besser ihre Funktion erfüllen können, je mehr ihre ärztliche Unabhängigkeit gewährleistet ist. Deshalb scheint in der Regel auch eine gleichzeitige Bestellung des Werkarztes zum Vertrauensarzt nicht wünschenswert, denn die hierbei mögliche Rollenkollision kann zu einer gestörten Beziehung zwischen Arzt und Patient und darüber hinaus zu einem wachsenden Mißtrauen gegenüber dem Werksarzt führen, wodurch sein Grundanliegen, die Verbesserung der gesundheitlichen Verhältnisse im Betrieb, großen Schaden erleiden könnte.

Nicht vergessen werden sollten die vielen organisatorischen Beziehungen zwischen der Betriebskrankenkasse und den Institutionen der betrieblichen Sozialpolitik. Gerade die so notwendige gezielte Information der Belegschaft hinsichtlich der rechten Benützung der Betriebskrankenkasse und hinsichtlich eines richtigen Verhaltens zum Schutze der eigenen Gesundheit lassen sich durch Koordination mit den verschiedenen betrieblichen Einrichtungen wesentlich verbessern. Das kann von der Verteilung von Merkblättern über den richtigen Gebrauch der Betriebskrankenkassen im Rahmen des Einstellungsverfahrens seitens der Personalbüros bis hin zu entsprechenden Artikeln in der Werkzeitschrift reichen. Ein interessantes Forum bieten auch die Betriebsversammlungen, in deren Rahmen durchaus auch Versichertenvertreter der Betriebskrankenkasse und Werksärzte oder Sicherheitsbeauftragte über bestimmte Probleme der Gesundheit des arbeitenden Menschen sprechen können, die in der besonderen betrieblichen Situation aktuell sind.

Von besonderer Bedeutung und durchaus noch ausbaufähig sind die *Beziehungen zwischen Betriebskrankenkasse und sozialer Betriebspolitik.* Als soziale Betriebspolitik sollen alle gestaltenden Maßnahmen bezeichnet werden, die im Hinblick auf den Betriebszweck, aber unter Berücksichtigung der unabdingbaren Bedürfnisse des arbeitenden Menschen getroffen werden. Es handelt sich also nicht um besonders spezifische Sozialleistungen, sondern um die grundsätzliche Berücksichtigung des menschlichen Faktors im Betriebsgeschehen. Die Ansatzpunkte hierfür reichen weit über den Arbeitsablauf in den Werkstätten und Büros hinaus und erfassen den gesamten organisatorischen Rahmen des Betriebes. Während unmittelbare gesundheitlicne Gefährdungen durch den Arbeitsablauf etwa in Form von Unfallhäufigkeit oder Berufskrankheiten in der deutschen Industrie doch schon weitgehend kontrollierbar geworden sind, gilt dies nicht gleichermaßen für die sogenannten Stress-Situationen, die durch längerfristige Überforderung, insbesondere der nervlichen Kräfte auch zu vorzeitigen Aufbraucherscheinungen, z. B. zu Kreislaufstörungen und -erkrankungen führen können. Diesen Stress-Situationen ist allerdings durch unmittelbare betriebliche Sozialpolitik weniger beizukommen als durch eine umfassende soziale Betriebspolitik, d. h. z. B. durch eine richtige Organisation, die soziale Spannungsherde vermindern hilft und die wohlverstandenen Interessen jedes Arbeitnehmers respektiert. In diesem Sinne wirken sich z. B. richtige Auslese- und Ausbildungsmethoden sowohl für Mitarbeiter als auch für Vorgesetzte aus. Grundsätzlich ist zu sagen, daß alles, was zur Anpassung zwischen persönlichen Erwartungen und objektiven Situationsanforderungen führt, etwa in der Weise, daß das Leistungspotential des Menschen entwickelt und er selbst als Mitarbeiter gefördert wird, auch dazu beiträgt, Stress-Situationen abzubauen. Wenn z. B. der Krankenstand zwischen verschiedenen Bereichen besonders starke Unterschiede aufweist, dann sollte man neben einer Überprüfung technischer und personbezogener Faktoren auch die organisatorische Struktur des Arbeitsablaufs und den sie vorzeichnenden Rahmen von Funktionen, Vollmachten, Normen und Kommunikationswegen betrachten. Es gibt nicht nur Fehler im Verhalten von Personen, sondern auch Fehler in der Organisationsstruktur. Es ist durchaus denkbar, und wurde auch fallweise verwirklicht, daß von der Betriebskrankenkasse Impulse zu ihrer Beseitigung ausgehen.

Wir können also feststellen, daß die Betriebskrankenkasse im Betrieb sehr viel mehr als ein „Abrechnungsbüro für Beiträge und Krankengeld“

sein kann und auch sein muß.[1] In welchem Maße diese Forderung verwirklicht wird, hängt davon ab, wie sehr es gelingt, ihre Tätigkeit mit den Maßnahmen der sozialen Betriebspolitik und der betrieblichen Sozialpolitik zu koordinieren. Dies setzt neben dem Willen aller Beteiligten auch deren Kenntnis der tiefergreifenden Zusammenhänge voraus. Es ist deshalb ein großer Vorteil, daß die Betriebskrankenkassen nicht nur über gute Administratoren verfügen, sondern Rat und Hilfe von Personen erhalten, die in der Lage sind, das Betriebsgeschehen analytisch zu durchdringen.

Die Betriebskrankenkasse im betrieblichen Strukturwandel
Durch ihre enge Verhaftung mit dem betrieblichen Geschehen ist die Betriebskrankenkasse auch durch betriebliche Strukturwandlungen stark beeinflußt. *Wandlungen der Arbeitskräftestruktur* können sich z. B. auf die Beitragssätze auswirken, indem betrieblicher Krankenstand, betrieblicher Rentneranteil und betriebliche Einkommensschichtung sich verändern. Wir wissen, daß der Krankenstand nicht nur vom Geschlecht und den Familienverhältnissen der Mitarbeiter, sondern auch von deren Qualifikationsniveau abhängt. Ebenso ist der Rentneranteil stark bedingt durch die Schrumpfung oder Expansion der Belegschaft. Schließlich hängt die Einkommensschichtung ganz wesentlich von der Funktionsgruppenentwicklung im Zusammenhang mit der Arbeitsplatzstruktur ab. Es wird hieraus deutlich, daß z. B. der Übergang von einem hochmechanisierten zu einem automatisierten Arbeitssystem mit den dadurch verbundenen quantitativen und qualitativen Änderungen der Arbeitskräftestruktur zumindest längerfristig eine Veränderung des Beitragsaufkommens der Betriebskrankenkasse mit sich bringt.
In dem Maße, in dem sich die Betriebskrankenkasse um situationsspezifische Mehr- und Regelleistungen bemüht, wird auch in diesem Bereich eine Veränderung in der Personalstruktur Auswirkungen haben. Man denke in diesem Zusammenhang an den langfristigen Trend eines überproportionalen Wachstums des Angestelltensektors. Hierdurch verschieben sich Besonderheiten der beruflichen Beanspruchung ebenso wie ausgeprägte Lebensgewohnheiten für einen großen Teil der Arbeitnehmerschaft. Dies hat selbstverständlich auch gesundheitspädagogische und gesundheitspolitische Konsequenzen.

[1] Vgl. A. Weiß, Die Betriebskrankenkasse im Dienst der sozialen Betriebsgestaltung, in: Die Betriebskrankenkassen Nr. 11/1951, Sp. 450

Auch *Wandlungen in der Unternehmensstruktur* können sich entscheidend auf die Entwicklung der Betriebskrankenkasse auswirken. Zwar sind die Betriebskrankenkassen infolge ihrer engen rechtlichen Bindung an den jeweils bestehenden Betrieb durch Änderungen der Unternehmensform oder durch den Wechsel in den Eigentumsverhältnissen des Unternehmens nicht unmittelbar betroffen. Da im Prinzip in einer Betriebskrankenkasse aber doch nur ein Arbeitgeber vertreten sein sollte, werden Ausgliederungen und Angliederungen in solchen Fällen, in denen die Betriebskrankenkassen für mehrere Betriebe zuständig sind, doch bei Unternehmensfusionen nicht ausbleiben. Sicherlich wird in diesem Zusammenhang immer wieder die Frage erörtert werden, inwiefern Betriebskrankenkassen durch Unternehmenskrankenkassen oder sogar durch Krankenkassen für mehrere kleinere oder mittlere Unternehmen ergänzt werden sollten bzw. in derartige Formen umgewandelt werden sollten. Dies ist allerdings eine reine Zweckmäßigkeitsfrage, die vom Gesetzgeber jeweils anhand der konkreten Situationen und Erfahrungen zu lösen ist.

Eine bedeutsame Auswirkung von Veränderungen der Unternehmensstruktur auf die Betriebskrankenkassen liegt darin, daß mit wachsender Betriebsgröße bzw. wachsender Unternehmensgröße auch der organisatorische Rahmen der Betriebskrankenkasse stark erweitert wird. Dies kann Vorteile im Hinblick auf die Erstellung kostspieliger Gemeinschaftseinrichtungen haben, es kann aber auch Nachteile bringen, da nun schwerer Gegengewichte gegen die Bürokratisierungstendenz zu schaffen sind.

Nicht unerwähnt sollen auch die Auswirkungen von *Wandlungen der industriellen Arbeitsbeziehungen* auf die Betriebskrankenkassen bleiben. In den letzten 50 Jahren hat sich der unternehmerische Führungsstil grundlegend gewandelt. Autoritäre Strukturen, verkörpert durch den Herr-im-Hause-Standpunkt, sind immer mehr durch kooperative Strukturen ersetzt worden. Die Bestimmungen des Betriebsverfassungsgesetzes und des Mitbestimmungsgesetzes bieten die Handhabe für eine weitreichende Mitwirkung von Arbeitnehmervertretern in Personal- und Sozialangelegenheiten. Es ist zu erwarten, daß diese Repräsentativformen des betrieblichen Interessenausgleichs in zunehmendem Maße ergänzt werden durch eine umfassende Mitarbeiterförderung, d. h. durch die Schaffung von Mitwirkungsmöglichkeiten und Mitwirkungsrechten am Arbeitsplatz im Rahmen kooperativer Arbeitsteams. Wenn die Erstarrung des betrieblichen Soziallebens im Rahmen oligarchisch verwalteter Produktionsbehörden vermieden werden soll, dann bleibt nur der Weg zur Heranbildung möglichst vieler mündiger, d. h. eigenverantwortlich tätiger Mitarbeiter. Die Betriebskrankenkassen können von einer derartigen Entwicklung nur Vorteile haben, weil sie aufgrund ihrer eigenen Struktur angewiesen sind auf Menschen, die vernünftigen Gebrauch von ihren Rechten und Pflichten machen. Die allgemeine Lebenserfahrung, daß die Menschen am meisten dasjenige schätzen, das nicht *für* sie, sondern *durch* sie und *mit* ihnen geschaffen worden ist, bewahrheitet sich zweifellos auch im betrieblichen Alltag.

Wir können zusammenfassend feststellen, daß die Betriebskrankenkassen durch den betrieblichen Strukturwandel grundlegend herausgefordert werden. Umschichtungen von Arbeitskräften, höheres individuelles Anspruchsniveau und höhere Mobilität des Werkangehörigen, Konzentrations- und Fusionsprozesse auf Unternehmensebene und nicht zuletzt die Notwendigkeit, neue Formen für den demokratischen Interessenausgleich im Betrieb zu finden, berühren sowohl die Organisationsstruktur der Betriebskrankenkassen als auch das Verhalten und die Mentalität ihrer Mitglieder. Generell werden die Betriebskrankenkassen am ehesten den Herausforderungen der Zukunft gewachsen sein, die sich nicht allein auf die Organisation von bestimmten Leistungen für ihre Mitglieder konzentrieren, sondern immer wieder auch die soziale Mündigkeit ihrer Versicherten fördern. Ohne Eigenleistungen der Betroffenen ist keine effektive Gesundheitspolitik zu verwirklichen. Es wäre durchaus denkbar, daß in der Zukunft die Betriebskrankenkassen in engem Zusammenwirken mit den Instanzen der betrieblichen Sozialpolitik noch mehr Möglichkeiten der Eigenvorsorge für die Belegschaften schaffen, etwa auch über eine betrieblich geförderte Vermögensbildung oder andere Maßnahmen. Gerade die kostspieligen Formen der Gesundheitsvorsorge werden sich am ehesten dort verwirklichen lassen, wo der Wille zu einer zumutbaren Eigenleistung des Versicherten ergänzt wird durch eine betriebliche Förderung seiner Absichten und die tatkräftige organisatorische Planung und Durchführung mit Hilfe der Betriebskrankenkasse.

Versuch einer Standortbestimmung

Wir wollen abschließend die Ergebnisse unserer Situationsanalyse der Betriebskrankenkassen zu einer grundsätzlichen Standortbestimmung verwenden. Welche Funktionen und Aufgabenstellungen erscheinen angesichts der gegenwärtigen Situation als besonders vordringlich und welche Strukturaspekte begründen den besonderen Beitrag, den die Betriebskrankenkassen im Rahmen einer sozialen Unternehmensverfassung leisten können?

In ihrer eng mit der Herausbildung der modernen industriellen Arbeitswelt verbundenen Geschichte haben sich die Betriebskrankenkassen als wirksames *Mittel der Solidarhilfe* erwiesen. Von besonderer Bedeutung hierbei war ihr stets enger Bezug zu einem wesentlichen Ausschnitt aus der Lebenswelt des modernen Menschen. Ihre enge organisatorische Bindung an den jeweiligen Betrieb bietet erhöhte Chancen der Identifikation der Mitglieder mit dem Zweck der für sie und durch sie geschaffenen Einrichtung. Das genossenschaftliche Strukturelement im System unserer gesetzlichen Krankenversicherung wird in den Betriebskrankenkassen daher besonders wirksam. Alledings liegen hier auch beachtliche Zukunftsaufgaben, denn der Trend zur Privatisierung des Arbeitnehmers, d. h. seine Abweisung aller nicht funktionell durch die spezifische Arbeitsaufgabe gegebenen Beanspruchungen, fördert die ohnehin in jeder Leistungsorganisation gegebene Bürokratisierungstendenz. Es wird wesentlich auf das sozialpädagogische Geschick und die Fähigkeit zu sozialen Neuerungen seitens der für die Betriebskrankenkassen im engeren Sinne verantwortlichen Personen bedürfen, um das Interesse der Arbeitnehmerschaft an dieser Institution wachzuhalten und ihre Mitverantwortung und Mitbestimmung zu stärken.

Eine wichtige und in Zukunft verstärkt zu entwickelnde Zusatzfunktion haben die Betriebskrankenkassen als *Instrument einer modernen Gesundheitspolitik.* Das wachsende Gewicht von Vorsorgeleistungen bedingt auch eine wachsende Eigenverantwortlichkeit des Versicherten und seiner Familienangehörigen für die Erhaltung seiner Gesundheit. Hierzu müssen ihm aber Orientierungs- und Bildungshilfen gegeben werden. Hierbei spielt die Nähe der Betriebskrankenkassen zur Situation des arbeitenden Menschen und damit die Möglichkeit einer gruppenspezifisch orientierten Gesundheitspädagogik eine wesentliche, fördernde Rolle. Eine zweite Hauptrichtung der Aktivität der Betriebskrankenkassen auf dem Gebiet der Gesundheitspolitik betrifft die im Betrieb durch Kooperation aller beteiligten Stellen gegebene Möglichkeit der Schaffung von Arbeitssituationen, die eine starke gesundheitliche Belastung und vorzeitige Aufbraucherscheinungen möglichst ausschließen. Insgesamt kommt den Betriebskrankenkassen also hinsichtlich beider Ansatzpunkte einer modernen Gesundheitspolitik: der Verhaltensbeeinflussung des Menschen und der Situationsbeeinflussung eine wesentliche Rolle zu.

Nicht vernachlässigt werden darf auch in Zukunft die Wirksamkeit der Betriebskrankenkassen als *Modelle der Selbstverwaltung* im Betrieb. Die Erfahrungen, die hier auf der Ebene des sachbezogenen paritätischen Zusammenwirkens von Arbeitnehmer- und Arbeitgebervertretern gesammelt worden sind, bedeuten nicht nur für die jeweils Betroffenen eine wertvolle Horizonterweiterung. Sie sind darüber hinaus wichtig für die weitere Entwicklung der Selbstverwaltungsidee, die wesentlicher Pfeiler einer demokratischen Grundordnung ist. Es wäre sicherlich angebracht, entsprechende Erfahrungsberichte der Betriebskrankenkassen zu sammeln und auszuwerten, um allgemein Aufschluß über die Bedingungen zu erhalten, unter denen Selbstverwaltung im Betrieb möglich und erfolgreich ist.
Nicht zuletzt haben sich die Betriebskrankenkassen auch immer wieder als ein *Stabilisierungsfaktor der betrieblichen Sozialordnung* erwiesen, indem allein durch ihr Bestehen dokumentiert wurde, daß der Betrieb über die Erfüllung technisch-wirtschaftlicher Aufgaben hinaus auch ein soziales Gebilde ist, dessen Eigengesetzlichkeit berücksichtigt werden muß. Es soll hier keineswegs der Beitrag der Betriebskrankenkassen zur Stabilisierung der betrieblichen Sozialordnung enthusiastisch überschätzt werden. Aber auch bei einer sachlich-nüchternen Betrachtung kann der Wert einer derartigen Institution für die Aktivierung sozialpolitischer Interessen im Betriebsgeschehen nicht geleugnet werden. Wo eine Betriebskrankenkasse besteht, gibt es immer wieder Anlaß, allein von den institutionellen Gegebenheiten her die Probleme der sozialen Sicherung der Arbeitnehmerschaft gründlich zu durchdenken und entsprechend betriebliche Förderungsmaßnahmen zu erwägen. Hiervon sind *alle* Vertreter von Gruppeninteressen im Betrieb angesprochen, so daß das Bewußtsein einer gemeinsam zu lösenden Aufgabe und Verantwortung wächst. Dies kann auch dazu beitragen, unsere moderne Arbeitswelt humaner zu gestalten.

6.3 Beteiligung der Mitarbeiter an der Vermögensbildung

Die Forderung nach Vermögensbildung durch die Arbeitnehmer ist so alt wie die moderne industrielle Gesellschaft. Schon in der Revolution von 1848 treten derartige Wünsche auf. Das vergangene Jahrhundert hat eine ganze Reihe von Vorschlägen in dieser Richtung und auch einige einzel-

betriebliche Lösungen hervorgebracht, wie z. B. die von Ernst Abbe geschaffene Carl-Zeiss-Stiftung.
Um zu verstehen, warum diese Forderung nun schon seit beinahe 130 Jahren so hartnäckig gestellt wird, muß man sich vergegenwärtigen, was das Arbeitsverhältnis in der modernen Gesellschaft bedeutet. In einem Arbeitsverhältnis, das dadurch gekennzeichnet wird, daß der arbeitende Mensch in zunehmendem Maße Sachkapital verwendet, ist es sehr wesentlich, wer dieses Kapital zur Verfügung stellt und wer es besitzt, weil davon eine ganze Reihe von zusätzlichen Wirkungen ausgeht.
Nun ist es selbstverständlich, daß überall da, wo dieser Kapitaleinsatz sehr erheblich ist, er nicht mehr von den unmittelbar im Unternehmen Beschäftigten allein geleistet werden kann, daß also eine Konzentration des Produktivvermögens stattfindet. Wir haben also den Sachverhalt einer Trennung von Kapital-Besitzern und jenen, die mit dem Sachkapital arbeiten, und von ihm abhängig sind. Die daraus resultierende „Eigentumsverfremdung", wie sie Götz Briefs einmal genannt hat, ist ein wesentliches Merkmal unserer modernen Gesellschaft. Es geht hierbei um das Produktivvermögen, nicht um das Vermögen an sich. Die Forderung nach Vermögensbildung in Arbeitnehmerhand ist also auch nicht in erster Linie als Sparförderung zu verstehen. Die Arbeitnehmer sollen vielmehr einen Anteil am Produktivvermögen erhalten. Während im Bereich der Sparförderung im Sinne der Ansammlung des konsumfähigen Vermögens erhebliche Fortschritte gemacht wurden, ist die Problematik des Produktivvermögens und seiner Verteilung immer noch unbewältigt.
Die Trennung der Arbeitnehmer vom Produktivvermögen bewirkt zweierlei. Einmal bleibt ein Teil des Unternehmensertrags dem Anteilseigner, dem Besitzer von Produktivvermögen als Kapitaleinkommen vorbehalten. Der zweite wesentliche Gesichtspunkt ist, daß sich die Verfügungsmacht des Unternehmers und der von ihm Bevollmächtigten immer noch aus dem Eigentumsrecht ableitet. Das Produktiveigentum hat drei wesentliche Funktionen: es schafft Besitztitel, es gewährleistet Nutzungsrechte und es bildet Verfügungsmacht.
1966 stellte das Pruduktivvermögen in der Bundesrepublik einen Anteil von 26 % am volkswirtschaftlichen Gesamtvermögen dar. Allerdings ist zu bedenken, daß dieses Produktivvermögen nicht vollständig in der Hand der Unternehmer oder derjenigen ist, die die Unternehmungen in Form von Aktien besitzen. Es ist ein sehr erheblicher Verschuldungsgrad zu berücksichtigen, der in der Bundesrepublik etwa 60 % beträgt. 60 %

der Produktivwerte der Unternehmungen gehören nicht den Eigentümern, sondern werden durch die Banken, durch die Kreditgeber zur Verfügung gestellt. In diesen 60 % sind natürlich auch Arbeitnehmerbesitztitel inbegriffen. Wer heute auf der Sparkasse ein Sparkonto hat, beteiligt sich oft auch indirekt über die Kreditvergabe des Sparinstituts am Aufbau von Produktivvermögen. Man muß also, um einen richtigen Einblick in die Problematik zu bekommen, vor allem den Anteil des Produktivvermögens betrachten, der tatsächlich den Unternehmenseigentümern gehört und der nur einen kleineren Teil des volkswirtschaftlichen Gesamtvermögens ausmacht. Aber gerade dieser Teil hat eine strategische Bedeutung.

Dieses Produktivvermögen der Unternehmungen kommt durch Investitionen in der Form von Selbstfinanzierung zustande. Deswegen ist es auch verständlich, daß die Debatte über die Vermögensbildung besonders stark zu einer Zeit in den Vordergrund getreten war, als diese Selbstfinanzierung der Unternehmungen ein außerordentlich hohes Ausmaß erreicht hatte. Gegenwärtig geht die Selbstfinanzierungsrate zurück. Aber es sind natürlich die Nachwirkungen einer sehr starken Selbstfinanzierung in der Vergangenheit immer noch spürbar.

Durch den Mechanismus der Selbstfinanzierung, der wirtschaftlich große Vorteile bietet, entsteht eine ungleiche Verteilung des Produktiveigentums. Menschen arbeiten in einem Unternehmen und erhalten im wesentlichen Lohn und Gehalt. Dieses Unternehmen wächst gleichzeitig durch Investitionen. Wenn diese in Form von Selbstfinanzierung vorgenommen werden, führt dieses Wachstum zu einer erheblichen Vermehrung des Produktionskapitals in den Händen derjenigen, die das Unternehmen besitzen. Wenn nun nichts weiter geschieht, dann bleiben die im Unternehmen tätigen Arbeitnehmer von der Kapitalakkumulation ausgeschlossen. Dies war im wesentlichen die für den Wiederaufbau der europäischen Industrie nach dem 2. Weltkrieg typische Situation. Andererseits kann man sehr wohl auch den Standpunkt vertreten, daß ja diese Kapitalakkumulation, diese Selbstfinanzierung auch von den Arbeitnehmern selbst mit ermöglicht wird, und zwar durch ihre Arbeitsleistung. Hier ist eine Quelle von gegensetzlichen Auffassungen vorhanden. Daraus kann sich eine Forderung ableiten, die Gerhard Weißer einmal so formuliert hat, daß er sagte, auch die Arbeitnehmer müßten einen Gegenwert ihres Beitrags zur gesellschaftlichen Kapitalbildung anstreben.

Die bisherige Entwicklung hat eine ganze Reihe von Auswirkungen ökonomischer Art etwa in der Weise, daß die Besitzeinkommen einer kleinen Minderheit zufließen, daß die Verfügung über das Produktivkapital auch in den Händen einer kleinen Minderheit konzentriert wird. Sie hat auch entsprechende soziologische Auswirkungen. Unter Umständen können sich dadurch Machtungleichgewichte herausbilden, die dazu führen, daß sich die Gegenseite um so stärker organisiert und ihrerseits Forderungen nach Mitbestimmung erhebt, um diese Situation zu ändern. Sie hat natürlich auch sozialpsychologische Auswirkungen, weil die Mitarbeiter doch mehr oder weniger davon ausgehen müssen, daß nur ein Teil des Arbeitsertrags ihnen zugute kommt, während ein anderer Teil eben gleichsam automatisch anderen zufließt, die vielleicht gar nicht so viel direkt zur Vermehrung des Kapitals beigetragen haben.

Diese Verhältnisse zu korrigieren oder für die Zukunft zu bessern ist der Kern der Forderung nach Vermögensbildung in Arbeitnehmerhand. Diese an sich plausible Forderung, für die man sicherlich sehr viele Menschen gewinnen kann, weil sie auch in vieler Hinsicht gerechtfertigt erscheint, ist jedoch nur außerordentlich schwer zu verwirklichen. Zunächst soll aber die Zielsetzung einer breiteren Streuung des Produktivvermögens geklärt werden. Sie läßt sich so zusammenfassen, daß man die Funktionen des Produktionskapitals breiten Mitarbeiterschichten zugänglich machen will.

Es handelt sich dabei um drei Funktionen. Einmal wird die Beteiligung am Kapitalertrag angestrebt. Es soll eine zusätzliche Einkommensquelle erschlossen werden, so daß die in der Wirtschaft tätigen Menschen zusätzlich zu ihrem Arbeitseinkommen auch einen Anteil an den Besitzeinkommen erhalten. In diesem Sinne hat also die Forderung nach Vermögensbildung eine *Einkommensfunktion.* Ebenso wichtig ist aber ein zweiter Punkt, nämlich die Beteiligung an der Verfügungsmacht über das Kapital als Basis für eine im wesentlichen innerbetriebliche Mitwirkung und Mitbestimmung. In diesem Sinne hat die Forderung eine *Partizipationsfunktion.* Die Mitarbeiter sollen nicht nur am Produktivkapital als Besitzende beteiligt werden, sondern auch die Möglichkeit haben, an Entscheidungen mitzuwirken, die bislang in unserer Rechtsordnung dem Kapitaleigentümer vorbehalten sind. Auf diese Weise soll allmählich eine partizipative Unternehmensstruktur aufgebaut werden, in der Entscheidungen auf eine breitere Basis gestellt werden. Der dritte Punkt ist schließlich die Beteiligung am Kapitalbesitz, also die Möglichkeit, sich gegen spätere Lebensrisiken abzusichern, indem man Vermögenswerte erhält, die man zwar nicht im Moment ausgeben kann, die aber doch längerfristig mobilisiert werden können, vor allem in Notfällen. So ergibt sich eine gewisse *Sicherungsfunktion.*

Darüber hinaus soll die Beteiligung am Kapitalbesitz auch noch als Anreiz für die Mitarbeiter dienen, sich mit den Bestrebungen zu identifizieren, die Kapitalausstattung zu erhalten und zu erweitern. Es geht in diesem Punkt nicht um die Träger des Kapitalbesitzes, sondern um das Produktivkapital an sich. Wenn nämlich dieses Kapital nicht wächst, kann auch im großen und ganzen die Arbeitsproduktivität nicht wachsen, lassen sich auch die Arbeitsplätze nicht vermehren. Produktivkapital ist für das Wachstum der Volkswirtschaft von geradezu strategischer Bedeutung. Wir können nicht alle Erträge konsumieren, wir müssen etwas investieren. Dafür aber haben die Menschen, die durch ihre Arbeit nur einen bescheidenen Anteil am Konsum erwerben, meistens kein großes Verständnis. Es bedarf einiger Anstrengungen, um ihnen klarzumachen, daß die Grundlage ihres Einkommens gepflegt werden muß. Ersatzinvestitionen sind vorzunehmen, um mit der internationalen Konkurrenz Schritt zu halten. Auch Erweiterungsinvestitionen, Neuerungen müssen eingeführt werden, damit die Wirtschaft neue Impulse erhält. Das ist nur über eine fortgesetzte Kapitalbildung möglich. Nun erhoffen sich die Verfechter einer Vermögensbildung in Arbeitnehmerhand, daß auch die Arbeitnehmerschaft mehr Verständnis für diese Zusammenhänge aufbringt, die ja eindeutig die für Löhne und Gehälter zur Verfügung stehende Summe begrenzen. Im wesentlichen geht es bei den großen Verteilungskonflikten in unserer Gesellschaft immer um zwei Fragen: einerseits darum, wieviel investiert und wieviel verbraucht werden soll, zum anderen darum, von wem was verbraucht werden kann, wieviel also die verschiedenen sozialen Gruppen erhalten sollen.

Bestrebungen in Richtung einer Vermögensbeteiligung der Mitarbeiter haben also auch eine *erzieherische Funktion,* nämlich die Erweiterung des Lohninteresses durch Förderung eines Kapitalbildungsinteresses, das heute wieder besonders aktuell ist in einer Zeit mit stagnierenden Wachstumsraten und relativ hoher Inflationsrate.

Es ist nun ein Blick auf die Möglichkeiten der Vermögensbeteiligung zu werfen, die in der Praxis bestehen.

Der erste Grundtyp, die *Ertragsbeteiligung,* wird dadurch gekennzeichnet, daß der Mitarbeiter über seinen Anspruch an Lohn oder Gehalt hinaus einen Anteil vom verbleibenden Betriebserfolg erhält, und zwar anhand einer bestimmten Ermittlungsgrundlage, die das Betriebergebnis, den Erfolg der Arbeitsgruppe oder das Ergebnis der Einzelleistung umfaßt. Diese Erfolgsanteile werden bar ausgeschüttet, sie können aber auch vermögenswirksam als Darlehen im eigenen Unternehmen wieder angelegt werden. Nur die vermögenswirksame Anlage schlägt sich aber in Form einer Vermögensbildung nieder.

Der zweite Grundtyp ist ein reines *Kapital-Beteiligungssystem*. Hier ist die Basis nicht die Mitarbeit des Betriebsangehörigen, sondern seine Kapital-Einlage. Der Mitarbeiter wird genau behandelt wie jemand, der Aktien kauft oder GmbH-Anteile erwirbt.

Der dritte Grundtyp verknüpft die Erfolgsbeteiligung mit der Kapitalbeteiligungsform. Die Mitarbeiter erhalten im Unternehmen Einkommen aus ihrem Arbeiter- oder Angestelltenverhältnis als Lohn oder Gehalt. Darüber hinaus erhalten sie aber einen Erfolgsanteil. Häufig ist das System auch noch gekoppelt mit der Gewinnbeteiligung. Dann erhalten sie zusätzlich noch einen Anteil aufgrund ihres Kapitalbesitzes.

Es werden auch überbetriebliche Möglichkeiten der Vermögensbildung diskutiert, die kurz erwähnt werden müssen. Hier gibt es grundsätzlich zwei Formen: die Staatsinitiative in Form von Gesetzen und Verordnungen und tarifvertragliche Abmachungen zwischen Arbeitgeber- und Arbeitnehmervertretungen. Die gesetzliche Förderung der Vermögensbildung in Arbeitnehmerhand ist in der Bundesrepublik immer sehr stark diskutiert worden. Die bisherigen Sparförderungsgesetze hatten allerdings keinen sehr großen gesellschaftspolitischen Effekt. Der Plan der SPD-FDP-Bundesregierung, eine überbetriebliche Gewinnbeteiligung sämtlicher Arbeitnehmer am jährlichen Vermögenszuwachs der Wirtschaft zu schaffen, wurde bisher nicht verwirklicht. Im besonderen ist die Idee eines Beteiligungsfonds mit entsprechenden Erfordernissen der bürokratischen Handhabung und einer entsprechenden Machtzusammenballung auf Kritik gestoßen.

Für die Möglichkeit einer Förderung der Vermögensbildung aufgrund eines Tarifvertrages gibt es nun ein sehr wesentliches und auch sehr stark diskutiertes, aber auch nicht sehr wirkungsvolles Beispiel, den Tarifvertrag vom 31. 7. 1965 zwischen der IG Bau, Steine und Erden und dem Arbeitgeberverband für das Baugewerbe, der unter dem Titel Leber-Plan bekannt geworden ist. Die Arbeitgeber verpflichteten sich, vermögenswirksame Leistungen zusätzlich zu einer Eigenleistung des Arbeitnehmers zu gewähren, und zwar in der Weise, daß jeder im Baugewerbe beschäftigte Arbeitnehmer vom Arbeitgeber zusätzlich zum baren Lohn 9 Pfennig pro Arbeitsstunde erhalten sollte, falls er seinerseits noch 2 Pfennig dazulegte. Die auf diese Weise zusammenkommenden Beträge blieben dann nach dem damaligen 312-Mark-Gesetz für fünf Jahre gesperrt und wurden vermögenswirksam angelegt. Die Art der vermögenswirksamen Anlage blieb allerdings dem Arbeitnehmer überlassen. Im Grunde genommen ging es hier nicht so sehr um eine Beteiligung am Produktivvermögen, sondern um eine Art Sparförderung. Die Arbeitnehmer sollten angeregt werden, etwas zu sparen, und der Arbeitgeber sollte ihnen eine erhebliche Sparprämie bieten. Aber das Grundproblem, die Konzentration des Produktivvermögens war damit nicht in Angriff genommen.

Wenn wir nun alle diese Versuche kritisch betrachten, dann stellen wir fest, daß es drei Widerstände gegen eine vollgültige Beteiligung der Arbeitnehmer an den Kapitalfunktionen gibt. Zunächst einmal ist die in der Regel geringfügige Kapitalbeteiligung des einzelnen Arbeitnehmers zu nennen. Es handelt sich nur um kleine Beträge, und selbst dort, wo große Firmen, wie etwa Siemens oder die Farbwerke Hoechst Gratisaktien oder Aktien zum verbilligten Preis, also unter Börsenkurs anbieten, fragen sich die Begünstigten, ob sie wirklich schon mit fünf oder sogar fünfzig Aktien vollwertige Miteigentümer dieser Großkonzerne sind. Hinzu kommt, daß diese Kapitalbeteiligung aus dem Vermögenszuwachs entsteht, eine Umverteilung also nicht möglich ist. Was bisher an Produktivvermögen akkumuliert worden ist, bleibt, wie es ist. Da aber dieses bisher akkumulierte Vermögen eine ganz außerordentlich große Masse ist, änder sich durch die Zuwachsbeteiligung, wenn sie in einem sehr kleinen Ausmaß geschieht, nichts Wesentliches. Andererseits würde es durch eine effiziente Umverteilung des Produktivvermögens praktisch zu einer Änderung unseres Wirtschaftssystems kommen. Das hätte u. a. verheerende Folgen für den Kapitalmarkt und würde zu einem System von Zwangsinvestitionen führen. Es käme zu einer Kapitalflucht, und letztlich bliebe nichts anderes übrig, als daß der Staat alles übernimmt. Damit wäre aber, wie wir aus Erfahrungen in anderen Ländern wissen, das Problem einer wirklichen Mitbeteiligung der Arbeitnehmer noch nicht gelöst. Jeder vernünftige Mensch kann deshalb nicht an eine vollständige Umverteilung des bestehenden Produktivvermögens denken, sondern nur eine allmähliche Korrektur dieser Verhältnisse herbeizuführen wünschen.

Das zweite Problem besteht darin, daß viele Arbeitnehmer nur ein geringes Interesse an langfristiger Kapitalanlage haben, so lange sie noch einem erheblichen Konsumzwang unterliegen und inflationäre Tendenzen bestehen. Heute wenden die Arbeitnehmer zusätzliches Einkommen überwiegend noch für dringende Bedürfnisse auf, vor allem für Anschaffung von Gebrauchsgütern und den Erwerb einer Eigentumswohnung. Deshalb wird oft die Idee vertreten, die beste Vermögensbildung in Arbeitnehmerhand sei immer noch der Wohnungs- oder der Hausbesitz. Dies ist eine Tendenz, mit der man sich auch auseinandersetzen muß.

Der dritte Widerstand bezieht sich darauf, daß das Interesse am Kapitalbesitz teilweise neutralisiert, teilweise auch überlagert wird durch andere Grundinteressen des arbeitenden Menschen. Sicherlich hat der arbeitende Mensch Interesse daran, Vermögen zu bilden. Wenn es ihm einigermaßen leicht gemacht wird, dann wird er das sicherlich als eine zusätzliche Belohnung oder als eine Bekräftigung seines Rechtes empfinden. Im Vordergrund stehen aber drei andere, schon erwähnte Interessen: das Interesse an der Verwertung, Erhaltung und Gestaltung seiner Arbeitskraft. Nur wenn diese Grundinteressen berücksichtigt werden, ist es möglich, durch Vermögensbeteiligung weiterreichende, auf Kooperation mit Kapitalbesitzern gerichtete Interessen zu motivieren. Die Vermögensbildung in Arbeitnehmerhand ist also eine wichtige Forderung, die sicherlich, wenn sie sich verwirklichen läßt, einige Impulse geben kann für eine Harmonisierung der Arbeitsbeziehungen, für eine stärkere Beteiligung der Menschen am Wirtschaftsleben, für ein stärkeres Verständnis an den Wirtschaftsvorgängen. Wenn aber die anderen Interessen der Arbeitnehmer nicht hinreichend berücksichtigt werden, dann erreicht man mit der Kapitalbeteiligung im Grunde genommen kaum etwas. Dann ist sie nicht das dringlichste Interesse des arbeitenden Menschen. Davon kann man sich schnell überzeugen, wenn man die Mitarbeiter fragt, warum sie arbeiten, was sie an der Arbeit stört und was sie an der Arbeit freut. Da werden die allermeisten nicht sagen, es störe sie vor allem, daß ihr höchster Vorgesetzter reich sei, so lange dieser Mann verantwortungsbewußt für seinen Betrieb auch etwas leistet und den größten Teil seiner Einkünfte spart.

Die Gesichtspunkte sind wichtig, denn aus unternehmenspolitischer Sicht wird häufig ein Programm zur Vermögensbildung deswegen ausgearbeitet und durchgeführt, weil man damit eine zusätzliche Motivierung für die Arbeitnehmer schaffen und deren Indentifizierung mit dem Unternehmensziel stärken möchte. Man erhofft sich eine Produktivitätssteigerung oder zumindest eine Stützung und Festigung des sozialen Zusammenhangs des Unternehmens, d. h. man erhofft sich Integration. Diese Hoffnungen bleiben aber vergeblich, wenn man die Vermögensbildung nicht

als Teilstück eines großen Konzepts sozialer Unternehmenspolitik betrachtet. Es handelt sich hier nicht um ein Geheimrezept, das alle Grundprobleme löst, sondern um eine flankierende Maßnahme, die die Glaubwürdigkeit des Unternehmers in seinen sozialpolitischen Bestrebungen stützen kann. Aber innerbetrieblich gesehen wird an den Arbeitnehmerinteressen und am Arbeitnehmerstatus doch nicht so viel geändert, daß nicht noch die anderen wichtigen Wünsche und Bestrebungen weiter bestehen würden, z. B. der Versuch, die Weisungsgebundenheit in einem hierarchischen Leistungsgefüge, die sogenannte Fremdbestimmung durch mehr Mitsprache zu mildern, oder die Begrenzung des Handlungsspielraums in hochrationalisierten Arbeitsgefügen, die Arbeitsverfremdung dadurch zu mildern, daß man die Arbeit anders organisiert und den Menschen wieder etwas mehr Spielraum schafft. Vermögensbildung in Arbeitnehmerhand als Unternehmensstrategie ist Teilstück einer umfassenden Partizipationsstrategie. Betriebliche Partnerschaft kann mit Vermögensbildung anfangen, aber sie darf sich nie allein darauf konzentrieren.
Aus überbetrieblicher Sicht muß man sich auch mit dem von Gewerkschaftsseite vertretenen Argument auseinandersetzen, daß durch einzelbetriebliche Förderung der Vermögensbildung begünstigte Arbeitnehmeraristokratien, also an einzelnen Stellen der Wirtschaft besonders günstige Verhältnisse geschaffen werden, die nach Lage der Wirtschaft nicht von der Mehrzahl der Arbeitnehmer nachvollzogen werden können. Man wird sich auch mit einem anderen Argument auseinandersetzen müssen: der Frage, wie es längerfristig aussieht. Vermögensbeteiligung heißt auch Risikobeteiligung. Das Problem der Kapitalerhaltung ist in einer sich rasch wandelnden Wirtschaft und Gesellschaft sehr groß. Davon kann sich jeder in einer Zeit der Inflation und der Wachstumsstagnation in gewissen Branchen überzeugen. Das hat natürlich enorme Auswirkungen auf das Interesse an Vermögensbeteiligung und auf entsprechende Chancen. Es kann sehr wohl ein Unternehmen in eine Krise geraten und auch Substanzverluste hinnehmen müssen. Wem man Vermögen anvertraut, dem muß man auch Ausbildungs- und Informationsmöglichkeiten geben, damit er diese Zusammenhänge begreift. Wo das nicht geschieht, wird man höchstwahrscheinlich in Krisenzeiten eher Undank ernten.

Zusammenfassung

Die Grundidee, eine Trennung von Kapital und Arbeit allmählich in der Weise abzubauen, daß immer mehr Menschen am Produktivvermögen einer Wirtschaft beteiligt werden, ist zweifellos wirklich weiterführend.

Die Verwirklichung ist aber schwierig, weil wir nicht am Anfang beginnen können, sondern weil wir gewachsene Strukturen der Kapitalbildung, der Kapitalverwertung haben und sehr viele andere gesellchaftliche Rahmenbedingungen eine Rolle spielen, z. B. die steuerliche Gesetzgebung. Wenn jemand Gewinne verteilen will, muß er unter Umständen enorme Steuern dafür zahlen. Wenn er die Gewinne nicht verteilt und im Unternehmen läßt, fallen diese Steuern nicht an.

Es ist außerdem zu bedenken, daß das Problem der Vermögensbildung sowohl einzelbetrieblich als auch gesamtgesellschaftlich auftritt und daß sich zumindest drei große Gruppen damit beschäftigen: die Unternehmer, der Staat und die Gewerkschaften. Wenn man entsprechende Maßnahmen nicht als Einzelexperiment auffassen will, gerät man sehr schnell in Bereiche, in denen es wieder um einen Interessenausgleich zwischen diesen Gruppen geht.

Schließlich darf man bei der Diskussion des Themas nicht vergessen, daß Vermögensbildung der Mitarbeiter eine Strategie der sozialen Unternehmenspolitik ist, die aber eher als eine flankierende Maßnahme oder als Initialzündung zu betrachten ist. Sie muß in ein umfassenderes Modell eingebaut werden.

7. Unternehmen und gesellschaftliche Umwelt

Der Aufbau einer funktionierenden Wohlstandsgesellschaft, eines riesigen Produktions- und Konsumpotentials, war nicht in gleichem Maße von der Herausbildung einer allseits anerkannten Gesellschaftsordnung begleitet. Der soziale Aspekt unserer technisch-wirtschaftlich so erfolgreichen Zivilisation bleibt immer noch für große Bevölkerungsteile fragwürdig. Allerdings handelt es sich weniger um akute Notlagen als um ein häufig nicht zu lokalisierendes Unbehagen, das von der Bewußtseinsindustrie beliebig manipuliert werden kann. Die periodisch angeheizten Diskussionen über Umweltverschmutzung, mangelnde Sozialplanung, Bildungsdefizite, säkulare Inflation, Ausbeutung der Entwicklungsländer usw. sind Indikatoren der hektischen Politisierung dieses Unbehagens. Immer wieder und in gewissem Sinne sogar in wachsendem Maße richtet sich die Kritik jedoch auf die materielle Basis unserer Gesellschaft: die wirtschaftlichen Leistungsgefüge, insbesondere die Großunternehmen. Es scheint, als ob die mangelnde gesellschaftliche Gestaltungsfähigkeit unserer Generation immer wieder zur Rache an den Faktoren unserer Wirklichkeit herausfordert, die uns in eine Lage versetzen, die wir nicht meistern. Typisches Beispiel ist die Motorisierung. Es kann der Automobilindustrie keineswegs angelastet werden, daß sie Autos herstellt. Da sich aber bei mangelnder Bewältigung der Motorisierungswelle unangenehme Sekundäreffekte zeigen, müssen schließlich die Automobilhersteller als Prügelknaben herhalten. Ähnliches hat die Elektroindustrie im Falle des Cabora Bassa-Staudammprojektes erfahren, wo von vorwiegend wirtschaftlich orientierten Unternehmensleitungen staatsmännische Entscheidungen gefordert werden.

Wir können also beobachten, daß die Unternehmen eine wesentliche und unabdingbare Leistungsgrundlage unserer Gesellschaft sind, daß sie aber auch durch ihre Tätigkeit gesellschaftliche Zusammenhänge beeinflussen und verändern. Der mit einer Rationalisierung und Modernisierung überlieferter Lebensformen verbundene Industrialisierungsprozeß stellt Aufgaben, die über die technisch-wirtschaftliche Dimension weit hinausreichen. Gelingt es nicht, diese von der Wirtschaft ausgelöste Dynamik gestaltend zu bewältigen, schlagen das Unbehagen und die Kritik bis in den Innenbereich der Unternehmen zurück. Daraus entsteht der nur zunächst widersprüchliche Eindruck, unsere Unternehmen seien relativ autonome Leistungsgefüge, gleichzeitig aber auch in ihrer Funktion und Zielkonzeption abhängig von der gesellschaftlichen Umwelt. Eine Konsequenz allerdings hat diese Einsicht: Es genügt nicht, eine Unternehmenspolitik zu konzipieren, die die Umwelteinflüsse ausklammert und sich auf technisch-wirtschaftliche Sachabläufe zurückzieht. Die „Industrial Statesmanship", die Peter Drucker schon Anfang der 50er Jahre forderte, ist mehr denn je ein Gebot der Stunde.

Die Herausforderungen der gesellschaftspolitischen Situation

Zur Standortbestimmung der Unternehmen in unserer Gesellschaft ist es zunächst erforderlich, die gegenwärtige Situation kurz zu analysieren. Sie wird durch den Aufbruch von Gegensätzen gekennzeichnet, die alle Bereiche des unternehmerischen Entscheidungsfeldes tangieren.

Im rein *technischen* Bereich stellen wir fest, daß fortschreitende Verbesserungen einerseits eine wachsende Mobilisierung der Produktionsfaktoren erfordern, daß andererseits aber die Bindung des Fortschritts an immer komplexere Apparaturen den Immobilismus des Produktionsapparats eher verstärkt. Ebenso tritt ein Widerspruch auf zwischen dem wachsenden Forschungsaufwand sowie der Längerfristigkeit der Entwicklungsperioden einerseits und der relativen Kurzfristigkeit optimaler Nutzung der neuen Produkte.

Im *wirtschaftlichen* Bereich finden wir aus regionaler und teilweise sogar nationaler Sicht eine Abschwächung des Wettbewerbs im Zuge eines umfassenden Konzentrationstrends. Hingegen hat sich der internationale Wettbewerb wesentlich gesteigert. Binnenwirtschaftlich erfolgt allmählich der Übergang zum „Plankapitalismus" (Vollbeschäftigung), außenwirtschaftlich herrscht Anarchie, in der sich allenfalls die multinationalen Unternehmen einen strategisch nutzbaren Spielraum schaffen konnten. Generell nimmt die Abhängigkeit der Industrieländer von den Rohstoffe produzierenden Entwicklungsländern zu.

Ein weiteres Charakteristikum stellt in den hochentwickelten Industriegesellschaften eine allmähliche Veränderung des Verhältnisses zwischen Privat- und Sozialinvestitionen zugunsten der letzteren Kategorie dar. Dies bedeutet für die Unternehmen insbesondere im Investitionsgüterbereich ein wachsendes Gewicht öffentlicher Auftraggeber. Besonders tiefgreifend ist das immer deutlicher werdende Dilemma wirtschaftlicher Unternehmenspolitik zwischen dem Zwang zu längerfristigen Entscheidungen einerseits, bedingt durch die Dauer der technischen Entwicklungen und der Marktentwicklung und andererseits der wachsenden Unsicherheit bei der Beurteilung der Beeinflussungsfaktoren, bedingt durch deren zunehmende Komplexität.

Im *sozialen* Bereich schließlich zeichnen sich neue Herausforderungen besonders deutlich ab. Die Krise der Autorität und damit zusammenhängend der Legitimationsgrundlagen unternehmerischer Entscheidungen ist nur ein Indikator, der in den Gegensätzen zwischen Demokratisierungswünschen und Bürokratisierungstendenzen deutlich wird. Noch grundsätzlicher vielleicht ist der sozialpsychologische Klimawechsel zugunsten eines Nonkonformismus der jüngeren Generation. Er zeigt sich deutlich in den zahlreichen kritischen Auseinandersetzungen mit dem Leistungsprinzip und in der Ablehnung fremdbestimmter Disziplin.

Alle diese Erscheinungen fordern die Leitungen moderner Unternehmungen heraus, neue Strategien zu entwickeln, um Spannungen zu bewältigen, Gegensätze im Rahmen einer allseits anerkannten Ordnung auszugleichen und dadurch die Kooperation zu ermöglichen. Wie vielleicht nie zuvor sind die Unternehmensleitungen gezwungen, als Innovatoren von Problemlösungen aktiv zu werden, wobei diese nicht nur eine technische und wirtschaftliche, sondern zunehmend auch eine soziale Dimension haben.

Spielräume für eine realistische Unternehmenspolitik

In der Ausgangsthese dieses Buches wurde festgestellt, daß in der hochentwickelten Industriegesellschaft jedes Unternehmen auf zwei Grundvoraussetzungen beruht: den technisch-wirtschaftlich-organisatorischen Sacherfordernissen und den subjektiven Interessenlagen der beteiligten Personen und Gruppen, sowohl innerhalb als auch außerhalb des Unternehmens. Das Unternehmen verwirklicht diese duale Struktur dadurch, daß es gleichzeitig als Leistungseinheit und als soziales Gebilde erscheint. Die Mehrzahl der Probleme erfordert also neben einem spezifischen Sachverstand auch die Fähigkeit zur Beilegung von Interessenkonflikten. Wer Führungsentscheidungen trifft, hat es nicht nur mit der Regelung funktionaler Abläufe, sondern auch mit Macht- und Einflußproblemen zu tun. Diese allgemeinen Voraussetzungen müssen stets berücksichtigt werden, wenn wir nun das gesellschaftsbezogene unternehmerische Entscheidungsfeld analysieren.

Im einzelnen können wir als Determinanten des unternehmerischen Entscheidungsfeldes, das über den Einzelbetrieb hinausreicht, folgende soziale Beziehungen unterscheiden: Zunächst gibt es den vor allem bei

Großunternehmen recht weitverzweigten Kreis der *Marktpartner*, die Kunden und Abnehmer von Erzeugnissen, die Zulieferer von Rohstoffen und Fertigteilen. In gewissem Sinne sind auch die Gewerkschaften Marktpartner, da sie die Angebotsbedingungen des Einsatzes von Arbeitskräften kontrollieren. Neben den Marktpartnern ist der Kreis der *Wettbewerber* zu berücksichtigen. Einen anderen wichtigen Beziehungskreis stellen die *Eigentümer* und *Kreditgeber* des Unternehmens dar. Niemand gibt auf die Dauer Geld für ein Verlustgeschäft. Dies gilt auch für den Staat und die Steuerzahler. In den gemeinwirtschaftlichen Unternehmen geht es allerdings nicht allein um den materiellen Gewinn, sondern vor allem um die zweckmäßige Erfüllung öffentlicher Aufgaben, die in der Praxis oft schwer zu messen ist. In der Privatwirtschaft ist es insofern leichter, als die Zweckmäßigkeit des Wirtschaftens sich zahlenmäßig im Gewinn oder Verlust niederschlägt. Hieraus Schlüsse für den Kapitaleinsatz zu ziehen, kann keinem Kapitalbesitzer verwehrt werden.

Die Unternehmen sind aber auch sehr stark mit außerwirtschaftlichen Bereichen unseres gesellschaftlichen und politischen Lebens verflochten. Von der Qualität der Schulen und Ausbildungseinrichtungen z. B. hängt das Können zukünftiger Arbeitskräfte ab. Bildungsinhalte prägen darüber hinaus die Mentalität der Arbeitnehmer, insbesondere ihre Leistungsmotivation und ihre Fähigkeit zu verantwortungsbewußter Partizipation. Die Raumplanung beeinflußt die Standortpolitik der Industrie. Politische Neuerungen, wie z. B. der mögliche Zusammenschluß Westeuropas, haben außerordentlich tiefgreifende wirtschaftliche Folgen.

Andererseits fordert alles, was die materielle Existenzgrundlage der Menschen berührt, diese zum Handeln heraus. Geschehnisse im Betrieb, Schwankungen im Beschäftigungsniveau und in der Güterversorgung schlagen sich handfest in politischen Haltungen nieder. Noch heute sind in den Grundeinstellungen weiter Kreise der Industriearbeiterschaft sozialpolitische Versäumnisse vergangener Generationen spürbar. Es ist also der breite Raum der Öffentlichkeit, der Gesellschaft und des Staates überhaupt, den die Führungskräfte des Unternehmens bei ihren Entscheidungen zu berücksichtigen haben.

Am Beispiel der Beziehung zwischen *Unternehmen und Gemeinde* soll die Reichweite der Umweltbindungen und -einflüsse verdeutlicht werden. Eine Reihe von wichtigen Wechselbeziehungen zwischen Betrieb und sozialer Umwelt entsteht aus der Tatsache, daß dieser standortgebunden ist und für die Werkangehörigen und deren Familien ein Agglomerationszentrum bildet. Der Betrieb entwickelt sich also nicht in einem ungegliederten sozialen Raum, sondern immer in Verbindung mit einem oder mehreren bestehenden bzw. entstehenden Gemeinwesen. Die Sozialstrukturen des Betriebes und der mit ihm verbundenen Gemeinde sind dadurch oft in hohem Maße wechselseitig bedingt, so daß dann von einer zwangsläufigen Analogie der sozialen Beziehungen innerhalb des Betriebs und derjenigen zwischen Betrieb und Gemeinde gesprochen werden kann. Schon die Wahl der Betriebsstandorte beeinflußt wesentlich das interne Betriebsgeschehen. Wenn z. B. erst die Errichtung des Betriebes eine Gemeindegründung bewirkte, ein Fall, der nur bei der Erschließung relativ unterentwickelter Gebiete vorkommt, oder zur Entwicklung eines bisher unbedeutenden Dorfes führte, hat die mehr oder weniger große Monopolstellung des Betriebes auf dem Arbeitsmarkt eine entsprechend starke Abhängigkeit der Werkangehörigen sowohl vom Arbeitgeber als auch von den Kollegen zur Folge. Durch die besonders in ländlichen Gegenden damit verbundene Pendelwanderung zwischen Arbeitsstätte und Wohnort erstreckt sich der Einfluß des Betriebes noch weit über die Grenzen seiner Heimatgemeinde hinaus. Bei einer derartigen Machtverteilung wird das Entstehen einer betrieblichen Sozialordnung mit patriarchalischen Zügen begünstigt. Von vornherein hat dann auch die Betriebsführung entscheidenden direkten und indirekten Einfluß auf die Politik des Gemeinwesens, dessen öffentliche Institutionen, wie Schulen, Krankenhäuser, Kirchen, Sportplätze, Schwimmbäder und nicht zuletzt der Club meistens dem Betrieb zu „verdanken" sind. Solange auf diese Weise individueller Reichtum zu öffentlicher Wohlfahrt beiträgt, an der jeder Bürger sichtbar teilhat, kann sich auch innerhalb der Gemeinde eine Art von Stolz auf den Betrieb bilden, wie die zahlreichen entsprechenden Bemerkungen in Reiseprospekten und Ankündigungen des betreffenden Fremdenverkehrsvereins sowie die häufigen Ernennungen von Managern zu „Ehrenbürgern" beweisen.

Umgekehrt kann in den Fällen, in denen das Management seine Verbindung zur Gemeinde vernachlässigt, sei es durch rigorose Arbeitsmarktpolitik, sei es durch die besonders bei Zweigniederlassungen meist von vornherein gegebene Abwesenheit einer entscheidenden Führungsschicht, eine unfreundliche, ja sogar feindliche Stimmung innerhalb der Bevölkerung entstehen. Sie kann sich vor allem bei innerbetrieblichen Konfliktsituationen sehr nachteilig auswirken. Ganz allgemein bringt wachsender Formalismus in den Beziehungen zwischen Betrieb und Gemeinde die Gefahr der Bildung wechselseitiger Vorurteile mit sich. Beschleunigt wird diese Entwicklung durch das schnelle Wachstum des Be-

triebes und die Bedeutungszunahme des Gemeinwesens, denn dadurch werden die gegenseitigen Beziehungen immer verwickelter und häufig auch spannungsreicher. Kenntlich werden diese Spannungen vor allem durch die offizielle oder inoffizielle öffentliche Meinung über den Betrieb.
Derartige Erscheinungen haben besonders in den USA zahlreiche Unternehmensführungen veranlaßt, die Beziehungen zwischen Betrieb und Gemeindeorganen gezielt zu beeinflussen. Eine einseitige Dominanz des Managements in der Gestaltung der Beziehungen zwischen Betrieb und Gemeinde wird allerdings eher spannungsfördernd als -mindernd sein.
Der Mensch in der modernen Industriegesellschaft lebt in vielschichtigen Lebensräumen, die zwar miteinander zusammenhängen, jedoch in ihrer eigenständigen Struktur erhalten bleiben sollten. Ohne den Schutz der außerbetrieblichen Lebenswelt des Menschen wird jeder noch so effizient organisierte Leistungsvollzug fragwürdig.
Dies gilt ganz besonders für die *Beziehungen zwischen Unternehmen und Familie.* Beide stellen normalerweise die sozialen Lebensräume dar, in deren Wirkungsbereich der erwachsene Mensch den weitaus größten und bedeutsamsten Teil seines Lebens verbringt. So sind die Wechselwirkungen zwischen beiden auch besonders ausgeprägt, was sich schon im Zeitbudget der Familienmitglieder zeigt. Während der Betrieb die Existenzgrundlage für die Familie bildet, ist diese für den Betrieb das Reservoir der Arbeitskraft, sowohl im Hinblick auf deren Hervorbringung als auch in bezug auf ihre Pflege und Erhaltung. Jedes Management sollte eine gute Kenntnis der allgemeinen Lebensgewohnheiten und Lebensformen der verschiedenen Mitarbeitergruppen haben und sie, wenn möglich, bei betrieblichen Entscheidungen auch respektieren.
Hierbei ist ein Problem zu beachten. Für die überwiegende Mehrzahl der modernen Menschen hat der Bereich der Intimsphäre, der persönlichen Kontakte Priorität. Er wird gegenüber der Berufs- und Öffentlichkeitssphäre stark abgeschirmt. Das führt zu geringer Anteilnahme an den Problemstellungen „überpersönlicher" Art. Gerade diese Problemstellungen bestimmen aber entscheidend das Schicksal des modernen Menschen. So entsteht für viele die Gefahr, sich in einer Scheinwelt mit Scheinansprüchen und Scheinanforderungen zu verlieren, wie sie durch unsere „Bewußtseinsindustrie" kommerziell hergestellt wird. Für eine Minderheit hingegen, zu der insbesondere die industriellen Führungskräfte zu zählen sind, ist eine völlig umgekehrte Wahl der Prioritäten typisch. Die betriebliche Berufssphäre wird nahezu verabsolutiert, und der Intimbereich

schrumpft ebenso wie der Bereich der Öffentlichkeitskontakte. Es entsteht der Typ des Berufsmenschen, der ständig in der Gefahr lebt, alle Motivationen im Beruf ausleben zu wollen, also aus dem Beruf eine Ersatzfamilie, eine Ersatzgemeinde, Ersatzöffentlichkeit usw. zu machen. Damit sind die Betriebe jedoch strukturell überfordert, denn in ihnen herrschen Zweckrationalität und Konkurrenz, nicht Emotionalität, Eros und Caritas. In umgekehrter Weise vermag der Rückzug in die Intimsphäre niemals das Selbstwertgefühl auf die Grundlage anerkannter Leistungen zu vermitteln, das die betriebliche Berufswelt als Anreiz bereithält.
Derartige Einseitigkeiten in der Lebensweise, die immer auch unterschiedliche Chancen der Selbstverwirklichung und der Gewinnung von Selbstvertrauen andeuten, führen letztlich zur Resignation, zu Ressentiments und zur Aggressivität. Grundvoraussetzung für eine stärkere Integration des Arbeitnehmers in die Industriegesellschaft muß deshalb die Verbesserung der Möglichkeiten sein, durch Eigenleistung Anerkennung zu finden, durch Mitarbeiterförderung Entwicklungschancen zu bekommen und durch Mitwirkungsrechte nach Maßgabe des zu entwickelnden Sachverstandes auch Mitverantwortung an den Entscheidungen zu tragen, die seine Lebenswelt betreffen. Der funktionelle Einfluß des Managements auf diese Gegebenheiten sollte durch systematische intentionale Bemühungen ergänzt werden.

Industrie und Gesellschaftsordnung

Die Struktur der Unternehmen und dementsprechend auch die Verhaltensweisen des Managements werden nachhaltig von der jeweiligen Wirtschafts-, Rechts- und Gesellschaftsordnung geprägt, die Ausmaß und Richtung der Autonomie bei der Gestaltung der Marktbeziehungen und der internen Sozialordnung des jeweiligen Unternehmens festlegt. Hierfür gibt es drei Grundmodelle.
In einer staatlichen Rahmenordnung, die eine extrem liberale Verfassung des Wirtschaftslebens widerspiegelt, wie zu Beginn der Industrialisierung, werden auch die Unternehmen dem Marktmechanismus unterworfen. Hierbei wird ihre individuelle Anpassung an die Wirtschaftslage und die gesellschaftlichen Notwendigkeiten weder behindert noch gefördert. Die Dispositionen am Markte müssen möglichst unabhängig und schnell erfolgen, in dem Maße, in dem die Wirtschaftslage wechselt. Die Autonomie der Betriebe auf dem Markt führt durch entsprechende Anpassungserfordernisse, z. B. Entlassungen und Versetzungen, zu Änderun-

gen der betrieblichen Sozialordnung. Diese tendiert dahin, Schauplatz der verschiedenartigsten Interessenkämpfe zu werden, deren Ausmaß nur gelegentlich entweder durch die Auswirkung von Sozialgesetzen oder das allmähliche Entstehen von Verbandsinteressen, wie z. B. der Gewerkschaften, vermindert wird. Die Sozialgeschichte hat gezeigt, daß unternehmerische Marktautonomie und betriebliche Sozialautonomie keine stabilisierenden Faktoren im modernen Staat sind. Am Markte sind die Konkurrenzformen durch unterschiedlichste Formen der Kooperation und der wechselseitigen Beeinflussung ergänzt worden, wobei regulierende Einflüsse des Staates wirksam wurden. In der betrieblichen Sozialordnung sind sowohl durch die Sozial- und Arbeitsgesetzgebung als auch durch den Einfluß der gewerkschaftlich organisierten Arbeitnehmergruppen und fortschrittlicher Unternehmer allmählich Ausgleichsformen entstanden, die eine einseitige willkürliche Interessendurchsetzung verhindern. Wir können also feststellen, daß eine extrem liberalistische Prägung des Verhältnisses zwischen Staat und Betrieb nicht stabil ist, wenn sie auch in bestimmten Situationen große soziale und wirtschaftliche Kräfte freisetzt.

Ein anderer Versuch der Gestaltung der Beziehungen zwischen Betrieb und Staat eliminiert weitgehend die Markt- und Sozialautonomie der Unternehmen zugunsten staatlicher Planung und Reglementierung. Die Betriebe sind dann als Produktionszentren weitgehend von wirtschaftlichen Wechsellagen unabhängig, aber die Erfüllung des Planziels erfordert eine straffe und häufig auch starre Lenkung der betrieblichen Arbeitsabläufe. So kommt eine Verminderung kurzfristiger Anpassungsprozesse zwar zustande, aber der Zwang zur Anerkennung der Zentralgewalt kann ebenfalls zu Fehldispositionen führen. Sie zeigen sich dann in der unvorhergesehenen Knappheit bestimmter Produktionsfaktoren und der Unmöglichkeit, die für die Planerfüllung erforderlichen Kombinationen der Produktionsfaktoren zu verwirklichen. Hinsichtlich der betrieblichen Sozialordnung wird die Weisungsgebundenheit der Arbeitnehmer und damit der betriebliche Disziplinarzwang nicht grundsätzlich verändert. Es gibt weiterhin privilegierte Schichten und dementsprechend auch Interessengegensätze. Durch großzügige sozialpolitische Einrichtungen ist es möglich, diesen Sachverhalt z. T. zu kompensieren. Die Abhängigkeit von bürokratischen Regelungen ist aber nicht geeignet, die Initiative der Beteiligten von sich aus weiterzuentwickeln. Deshalb benötigen derartige Rahmenordnungen ständig von oben her organisierte Anreizaktionen, um die mangelnde Dynamik des Systems auszugleichen. Im Laufe der

Entwicklung hat sich gezeigt, daß eine allmähliche Lockerung staatlicher Einflußnahme auf die Betriebe nicht zu umgehen war. Die Betriebe brauchen in einer hochentwickelten, arbeitsteiligen Wirtschafts- und Gesellschaftsordnung ein garantiertes Maß an Eigenständigkeit.

In der Bundesrepublik ist gegenwärtig als dritter Typ der Beziehungen zwischen Unternehmung und Staat eine Mischform festzustellen, in der die Elemente der Freiheit und der Bindung in ein möglichst ausgewogenes Maß gebracht werden sollen. Im Marktbereich werden die Industriebetriebe nur minimal durch staatliche Rahmenordnungen beeinflußt. Ihre Autonomie findet jedoch an der wachsenden Organisation und Verflechtung der Marktpartner und des Marktgeschehens eine Grenze. Durch Spitzenverbände, Handelskammern, Konzerne und Berufsverbände wird die Dynamik des Wirtschaftsablaufs reguliert. Die relative Autonomie der Unternehmen am Markte ist teils von der relativen Marktmacht der Unternehmen auch innerhalb umfassender Organisationen, teils von jeweils regulierenden Eingriffen des Staates abhängig. Die innerbetriebliche Gestaltung der Sozialordnung ist durch allgemeine sozial- und arbeitsrechtliche Vorschriften, insbesondere aber durch die Bestimmungen des Betriebsverfassungsgesetzes bzw. des Mitbestimmungsgesetzes sowie durch Vereinbarungen der Tarifpartner geregelt. Hierdurch wird ein Mitsprache- und teilweise ein Mitentscheidungsrecht der Belegschaften in vorwiegend sozialen und personalen Fragen begründet, sowie der Schutz des arbeitenden Menschen gegen die hauptsächlichen Risiken des Arbeitslebens im Betrieb gewährleistet. Ein gewisser Spielraum für Sachentscheidungen der Unternehmensführung ist jedoch auch im sozialen Bereich gegeben.

So entwickelt sich allmählich das Leitbild einer multilateralen Kooperation auf der Basis des Interessenausgleichs. Wichtigste Voraussetzung für seine Verwirklichung ist allerdings, daß die angestrebte Ordnung nicht nur funktioniert, sondern den Beteiligten sinnvoll erscheint.

Als Grundlage für eine derartige sinnvolle, unserer Wirtschaftsgesellschaft entsprechende Lebensform werden wir sicherlich die vom Individuum getragene Gestaltung seiner Lebensmöglichkeiten akeptieren, d. h. Freiheit in der Motivbildung voraussetzen, sofern sie nicht die grundsätzliche Solidarität mit den Mitmenschen gefährdet. Gleichzeitig werden wir wohl auch anerkennen, daß die Umwelt so gestaltet werden sollte, daß sie dem Menschen Selbstverwirklichungschancen bietet. Hierzu sind allerdings drei Vorbedingungen zu erfüllen.

1. Es wäre zweifellos eine Fehlentwicklung, wenn die Menschen sich nicht mehr als Gefangene einer Naturumwelt, aber doch als Gefangene einer technisch geprägten sozialen Umwelt erfahren und auf sie wie auf ein Ärgernis reagieren. Das rein reaktive Verhalten sollte durch eine innere Distanz gegenüber der Umwelt und Anreize zur kritischen Stellungnahme abgelöst werden, die dem Menschen einen gestaltenden Einfluß auf die Situation ermöglichen. Ein derartig distanziertes Engagement ist nur durch bewußte Erziehung und Bildung auch in der modernen Arbeitswelt möglich.
2. Der Mensch wird jede Umwelt, die er zu bewältigen hat, als wesensfremd erfahren, solange er nicht die Möglichkeit der Teilhabe hat. Teilhabe setzt aber dreierlei voraus: eine Fähigkeit, die Zusammenhänge zu erkennen und sich an ihnen zu orientieren, einen Spielraum zum Handeln und schließlich Spielregeln, die als Verhaltensmuster dienen können.
   Betrachten wir unsere betriebliche Wirklichkeit unter diesem Gesichtspunkt, so bleibt allerdings noch sehr viel wünschenswert. Gerade der Mensch, der technische Zusammenhänge erkennt, gestaltet und nutzt, sollte danach streben, auch in nichttechnischen Bereichen die Bedingungen zu schaffen, die an die Stelle der bloßen Hinnahme von Gegebenheiten die aktive Teilnahme setzen. Leider gibt es noch viele Menschen, die für sich selbst zwar nach dieser Regel verfahren, es aber für undurchführbar halten, ihren Mitarbeitern ähnliche Möglichkeiten zu bieten.
3. Selbst inmitten einer ständig wachsenden Güterfülle und angesichts kaum begrenzter technischer Möglichkeiten muß der Mensch ein Gefühl der Vergeblichkeit bekommen, wenn er sich keinen persönlichen Lebensraum schaffen kann. Diese Eigenleistung des Individuums ist nur möglich durch eine realistische Einschätzung der Erwartungen und eine Harmonisierung der vielen Rollenzumutungen, die an den Menschen herantreten. Der Aufbau einer derartigen persönlichen Welt ist wiederum das Ergebnis einer entsprechenden Erziehung und Bildung. Wird er verfehlt, muß sich der einzelne als Spielball übergeordneter Kräfte verstehen.

Diese knappen Hinweise zeigen, daß die Frage nach einer Stabilisierung unserer Leistungsgesellschaft Aufgaben schafft, die in jedem Sozialbereich seiner Eigenart entsprechend verwirklicht werden müssen. Es ist aber ehrlicher, sich diesen Aufgaben zu stellen, als Zuflucht zu Überzeugungen der Vergangenheit zu nehmen, mit deren Hilfe man unliebsame

Erscheinungen der Gegenwart verketzern oder sogar dämonisieren kann. Wir brauchen nicht neue Dämonen, Ketzer und Sündenböcke, sondern eine neue Form des Humanismus, ein Bild vom Menschen, der in innerer, kritischer Distanz an den Möglichkeiten dieses Zeitalters teilhaben kann und sie in einem persönlichen Lebensraum zur Selbstverwirklichung nutzt. Hieran mitzuarbeiten kann gerade für den unternehmerisch tätigen Menschen eine sinnvolle Aufgabe sein.

Literaturverzeichnis

1. Allgemeine Beiträge zur sozialen Unternehmenspolitik

Braun, W., H. Kossbiel und G. Reber (Hrsg.): Grundfragen der betrieblichen Personalpolitik. Wiesbaden 1972.

Briefs, G. (Hrsg.): Probleme der sozialen Betriebspolitik. Berlin 1930

Gaugler, E. (Hrsg.): Handwörterbuch des Personalwesens. Stuttgart 1975.

Geck, L. H. Ad.: Soziale Betriebsführung. 2. Aufl. Essen 1953.

Grochla, E. (Hrsg.): Handwörterbuch der Organisation. Stuttgart 1969.

Häusler, J.: Grundfragen der Betriebsführung. Wiesbaden 1966.

Hax, K.: Personalpolitik und Mitbestimmung. Köln und Opladen 1969.

Kasteleiner, R. H.: Partnerschaft und humane Arbeitswelt im Unternehmen von morgen. Düsseldorf 1974.

Likert, R. F.: Neue Ansätze der Unternehmensführung. Bern–Stuttgart 1972.

Mc Gregor, D.: Der Mensch im Unternehmen. Düsseldorf–Wien 1970.

Management Enzyklopädie, 6 Bde.. München 1969–1972.

Marx, A. (Hrsg.): Personalführung Bd. 1–4. Wiesbaden 1969–1972.

Mellerowicz, K.: Allgemeine Betriebswirtschaftslehre, Bd. 5: Die betrieblichen sozialen Funktionen. Sammlung Göschen Bd. 4004, Berlin–New York 1971.

Potthoff, E.: Theorie und Praxis der sozialen Betriebspolitik. Stuttgart–Düsseldorf 1953.

Rühli, E.: Unternehmensführung und Unternehmenspolitik I. Bern–Stuttgart 1973.

Wistinghausen, J. (Hrsg.): Soziale Betriebspraxis (Losebl.). Neuwied o. J.

2. Humane Arbeitsgestaltung

Baldamus, W.: Der gerechte Lohn. Berlin 1960.

Grandjean, K.: Physiologische Arbeitsgestaltung. München 1967.

Herbst, P. G.: Autonomous Groups. London 1962.

Hettinger, Th.: Angewandte Ergonomie. Frechen 1970.

Jungbluth,. A., und E. W. Mommsen: Angewandte Arbeitswissenschaft. München 1968.

Kaminsky, G.: Praxis der Arbeitswissenschaft. München 1971.

Peters, Th.: Arbeitswissenschaft für die Büropraxis. Herne 1973.

Rehhahn, H.: Umrisse einer betrieblichen Sicherheitsstrategie und deren Organisation. Dortmund 1974.

Schulte, B. u. a.: Die arbeitswissenschaftlichen Gesichtspunkte des Betriebsverfassungsgesetzes – Ideal und Wirklichkeit. Berlin–Köln–Frankfurt/M. 1974.

Schriftenreihe des Instituts für angewandte Arbeitswissenschaft e. V. Köln

Stier, F.: Methodik der Arbeitsgesteltung. Berlin 1969

Ulich, E., P. Groskurth und A. Bruggemann: Neue Formen der Arbeitsgestaltung. Frankfurt/M. 1973.

3. Die Planung des Personaleinsatzes

Bertelsmann, G.: Die Personalplanung im Bereich der Unternehmensführung. Sonderheft Datenverarbeitung in Wirtschaft und Verwaltung. Bielefeld 1969.

Dedering, H.: Personalplanung und Mitbestimmung. Opladen 1972.

Eckardstein, D. v.: Laufbahnplanung für Führungskräfte. Berlin 1971.

Gaugler, E., K.-H. Huber und Chr. Rummel: Betriebliche Personalplanung. Göttingen 1974.

Müller-Hagedorn, L.: Grundlagen der Personalbestandsplanung. Köln–Opladen 1970.

Potthoff, E.: Betriebliches Personalwesen. Sammlung Göschen Bd. 6005. Berlin–New York 1974.

Schoenfeld, H. M.: Die Führungsausbildung im betrieblichen Funktionsgefüge. Wiesbaden 1967.

Zander, E.: Personalprobleme bei Rationalisierung und Automation. Neuwied und Berlin 1967.

4. Strategien zur Aktivierung der Mitarbeiter

Bräutigam, G.: Die innerbetriebliche Information. In: Handbuch der Psychologie, Bd. 9.: Betriebspsychologie, 2. Aufl. Göttingen 1970.

Coenenberg, A. G.: Die Kommunikation in der Unternehmung. Wiesbaden 1966.

Dirks, H.: Fortbildung im Industrieunternehmen. Stuttgart 1973.

Gebert, D.: Gruppendynamik in der betrieblichen Führungsschulung. Berlin 1972.

Herzberg, F., B. Mausner und B. Snyderman: The motivation to work. New York 1959.

Krause, E.: Zukunftsorientierte Berufsbildung. Köln 1972.

Krafft, W.: Das betriebliche Vorschlagswesen als Gruppenaufgabe und Gruppenproblem. Berlin 1966.

Reber, G.: Personales Verhalten im Betrieb. Stuttgart 1972.

Scheitlin, V.: Ausbildungstechnik in der modernen Unternehmung. Stuttgart 1970.

Wirth, H.: Bildungsarbeit im Industrieunternehmen. München–Wien 1969.

5. Kooperation im Führungsvollzug

Bieding, F., und K. Scholz: Personalführungssysteme. Methoden und Auswirkungen. Arbeits- und betriebskundliche Reihe Bd. 21, Köln 1971.

Fiedler, F. E.: A theory of leadership effectiveness. New York 1967.

Guserl, R.: Das Harzburger Modell – Idee und Wirklichkeit. Wiesbaden 1973.

Lievegoed, B. C. J.: Organisationen im Wandel. Bern 1974.

Rosemann, B., und W. F. Neubauer: Sozialpsychologie des Führungsverhaltens. Bonn–Bad Godesberg 1975.

Staehle, W. H.: Organisation und Führung soziotechnischer Systeme. Stuttgart 1973.

Zander, E. u. a.: Führungssysteme in der Praxis. Heidelberg 1972.

Zogg, A.: Projektmanagement. Eine systemtheoretische Darstellung und Interpretation. Diss. ETH Zürich 1973.

6. Strukturen der Mitwirkung und Mitbeteiligung

Bihl, G.: Von der Mitbestimmung zur Selbstbestimmung – Das skandinavische

Modell der selbststeuernden Gruppen. München 1973.
Birkwald, R., und H. Pornschlegel: Mitbestimmen im Betrieb, ein arbeits- und betriebskundliches Handbuch für Arbeitnehmervertreter. Köln 1973.
Budäus, D.: Entscheidungsprozeß und Mitbestimmung. Wiesbaden 1975.
Fürstenberg, F.: Industrielle Arbeitsbeziehungen. Wien 1975.
Gaugler, E. (Hrsg.): Mitarbeiterbeteiligung an Erfolg und Kapital desf arbeitgebenden Unternehmens. Wiesbaden 1975.
Goossens, F.: Erfolgsbeteiligung und Vermögensbildung. München 1961.
Krüger, W.: Macht in der Unternehmung. Stuttgart 1974.
Lattmann, Ch.: Die Humanisierung der Arbeit und die Demokratisierung der Unternehmung. Bern–Stuttgart 1974.
Maier, K.: Interdependenzen zwischen Mitbestimmung und betrieblicher Partnerschaft. Berlin 1969.
Reichwein, R.: Funktionswandlungen der betrieblichen Sozialpolitik. Köln und Opladen 1965.
Vilmar, F. (Hrsg.): Menschenwürde im Betrieb. Reinbek 1973.

7. *Unternehmen und gesellschaftliche Umwelt*

Fürstenberg, F. (Hrsg.): Industriesoziologie III: Industrie und Gesellschaft. Darmstadt–Neuwied 1975.
Galbraith, J. K.: Die moderne Industriegesellschaft. München–Zürich 1968.
Noelle-Neumann, E.: Unternehmerbild und öffentliche Meinung. Köln 1973.
Rice, A. K.: The enterprise and its environment. London 1963.
Sandig, C.: Der Ruf der Unternehmung. Stuttgart 1962.
Steinmann, H.: Das Großunternehmen im Interessenkonflikt. Stuttgart 1969.

Nachweise

Für das vorliegende Buch wurden folgende Veröffentlichungen des Verfassers in teilweise erheblich veränderter Fassung verwendet:

Betriebliche Führungslehren im sozialen Wandel, in: *„Grundfragen der Betriebssoziologie"*, Köln und Opladen 1964, S. 90–98.

„Die Laufbahnplanung als ein Mittel betrieblicher Nachwuchsförderung", in: *Mensch und Arbeit*, Jg. 13 (1961), S. 47–49.

„Das Arbeitsverhalten in soziologischer Sicht", in: *Arbeit und Leistung*, Jg. 20 (1966), S. 115–119.

„Soziale Beeinflussungsfaktoren des Arbeitsstudiums, in: *Arbeidskundig Tijdschrift*, Jg. 16 (1967), S. 432–438.

„Der soziale Wandel der betrieblichen Personalstruktur erfordert langfristige Personalplanung", in: *Personal*, Jg. 21 (1969), S. 141–147.

„Möglichkeiten und Voraussetzungen eines flexiblen Personaleinsatzes", in: *Personal*, Jg. 22 (1970), S. 162–167.

„Die innerbetriebliche Information in einer fortschrittlichen Unternehmensstruktur", in: *Arbeit und Leistung*, Jg. 25 (1971), S. 12–15.

„Vom Befehlsempfänger zum Mitarbeiter", in: *Wirtschaftswoche – Der Volkswirt*, Nr. 50 (1971), S. 41–43.

„Die Mitwirkung der Arbeitnehmer im Betrieb", in: *Vorgänge*, Jg. 13 (1974), Heft 3, S. 93–104.

„Strategien für eine humane Arbeitsgestaltung", in: *Fortschrittliche Betriebsführung und Industrial Engineering*, Jg. 25 (1976), S. 5–8.

Sachverzeichnis

FSC
www.fsc.org
MIX
Papier | Fördert
gute Waldnutzung
FSC® C083411

Kolibri 360 GmbH
Ferdinand-Jühlke-Straße 7
99095 Erfurt, Deutschland
produktsicherheit@kolibri360.de